보바리즘

보바리즘

Le Bovarysme

쥘 드 고티에 | 진인혜 옮김

도서출판 b

| 일러두기 |

1. 이 책은 Jules de Gaultier, *Le Bovarysme* (Paris: Ed. du Mercure de France, 1913)을 완역한 것이다.
2. 옮긴이가 독자의 이해를 돕기 위해 붙인 주는 [옮긴이]라고 표시했고, 표시가 없는 주는 고티에의 '원주'이다.

| 차 례 |

이 책을 읽기 전에

이 책은 개선책을 세우는 것을 목표로 하지 않는다. 저자가 제안한 몇 가지 변화를 초래하면 상황이 좋아질 거라고 설득하는 것은 이 책의 목적이 아니다. 하지만 다른 어떤 주제보다도 사람들이 스스로 '이 책에서는 인류의 진화를 다루고 있다'라는 식으로 표현하지 않을 수 없다고 생각하기에 적당한 주제이다. 다시 말하자면 이 책에서는 현상적 광경에서의 변화 방식을 다루는데, 현상적 광경에서 의식 행위는 변화를 겪는 존재에게 변화를 일으키는 능력과 함께 변화를 이끄는 의무를 부여하는 것처럼 보인다. 그런 착각의 영향으로, 원인과 결과의 소용돌이에 붙잡혀 있는 인간의 의지는 개입할 수 있다고 믿는다. 어떤 결정을 내리면, 어떤 조치를 실행하면, 이러저러한 것을 원하면, 이어지는 사건 전체가 변경될 것처럼 보이는 것이다. 그리고 그런 결정이 더 이상 취해질 수 없기 때문에, 더 이상 그런 바람이 가능하지 않기 때문에 상황이 그러하다는 것을 잊는다.

인간의 언어로 이루어지는 모든 사실 확인이 도덕적 규칙으로 표현되는 경향이 있는 것은 그런 믿음에서 비롯된다. 활동의 반영으로 의식에 야기된 착각이 너무 강해서 언어의 형태를 지배하고 단어에 그 흔적을 남겨놓았기 때문이다. 따라서 단어들로 구성된 이 책을 읽는 동안, 알 수 없는 이유로 변하기 쉽고 유약한 인간의 의지가 사물의 척도로 자처하는 기미가 느껴질 것이다. 우리의 정신적 습성이 지닌 그러한 운명을 완전히 벗어날 수 있다고 생각하지는 않았다. 이 연구의 진정한 목적은 다른 곳에 있다는 것, 그 이외의 다른 목적은 정하지 않았다는 것을 알려주는 것으로 충분하다고 보았다. 즉 정신적인 시각 장치, 이를테면 인간적 현상을 지배하는 몇 가지 규칙을 앎으로써 그 현상의 작용에 관심을 갖게 해주는 쌍안경과 같은 것을 몇몇 사람들의 손에 맡기는 것, 그것이 이 연구의 진정한 목적이다.

제 I 부

보바리즘의 병리학

제1장

플로베르 인물들의 보바리즘

1

일류 예술가들을 알아볼 수 있게 해주는 표식 중의 하나는
그들의 모든 작품에서 나타나는 일관성인 것 같다. 이 한결같은
특성은 그들 내부의 무의식적인 것과 필연적인 것을 드러내
준다. 이류 예술가들은 다양한 모델을 모방하면서 여러 가지로
변하는 능력을 가지고 있지만, 위대한 사람은 모방하지 않고
자기 천재성의 절대적인 법칙에 줄곧 복종한다. 그에게 독창적

이고 새로운 시각을 불러일으키는 그 재능은 끊임없이 그 독특한 시각을 적용하지 않을 수 없게 한다. 마치 개혁하는 능력, 과거의 형태를 모방하지 않는 능력은 매우 대단한 힘을 전제하고 있어서 일단 어떤 사람에게 그 힘이 나타나게 되면 그 후로 계속해서 그를 지배할 수밖에 없는 것처럼 말이다. 렘브란트나 모차르트나 셰익스피어나 코르네유 같은 사람들의 작품에는 모든 부분에 그런 지배의 흔적이 있다. 천재의 다양한 창조물에서는 아무리 배경이 풍부하게 전개되고 주제가 다양하더라도, 압도적인 시각의 방식이 항상 느껴지게 마련이다. 플로베르의 경우도 마찬가지이다. 그의 일련의 소설들보다 독특한 개념 작용[1]이 더 위력적으로 행사되는 문학 작품은 거의 없다. 그의 작품에서 그것은 심리적 관점으로 표출되는데, 그 관점에 의해 모든 인물은 똑같은 조명 아래 변형된 모습으로 묘사되고 똑같은 결함을 지닌 것으로 나타난다.

정신적인 것에 적용되든 생리적 세계에 적용되든 지식을 얻는 과정은 동일한 것 같다. 그런데 생리적 세계에서는 흔히 병적인 경우에서 볼 수 있는 변형을 통해 기능의 정상적인 메커니즘을 찾아낼 수 있었다. 학자와 철학자들은 그런 관찰로 연구 방법까지 만들어냈다. 그 방법을 믿는다면, 플로베르의

● ●

1. [옮긴이] conception. 경험되거나 지각되는 것에 의미를 부여하는 일반적인 작용을 말하는 용어이다.

인물들이 표출하는 결함은 정상적인 상태에서 인간에게 존재하는 본질적인 능력을 전제하는 것으로 나타난다. 그 능력은 자기 자신을 실제와 다르게 생각하는 사람에게 주어진 역량이다. 우리는 플로베르의 여주인공 중 한 명의 이름을 따라 그것을 보바리즘이라고 불렀다.

우선 플로베르를 뒤좇아, 그가 비관적으로 생각했던 대로 병적인 측면에서만 이 독특한 변신 능력을 보여 주는 데 전념할 것이다. 그러나 또한 그 보편성도 보여 주고자 할 것이다. 현상의 일반적인 특성에 의해, 그 능력의 유용성과 필연성을 인정하게 되고 인류 진화에 필요한 수단이자 원인으로서의 역할을 명확히 알게 될 것이다.

***

개성의 결핍은 플로베르의 모든 인물이 자신을 실제와 다르게 생각하도록 만드는 첫 번째 요인이다. 그들은 일정한 성격을 갖추고 있지만, 열정, 감탄, 흥미, 생존의 필요성에 영향을 받아 다른 성격을 받아들인다. 그러나 그들에게서 이런 개성의 결핍은 항상 무능함을 동반하므로, 그들은 자신을 실제와 다르게 생각하더라도 마음속에 품은 모델과 같아지는 데 성공하지 못한다. 그러나 자애심自愛心 때문에 그들은 스스로 무능함을 인정하지 못한다. 판단력을 흐리게 하는 자애심으로 인해, 그들은 자신을 기만하고 자신의 고유한 시각에 따라 자아를 대체한 이미지와 자신을 동일시하는 상황에 놓이게 된다. 이 속임수에 도움이 되도록, 그들은 모방하기로 결심한 인물의 모든 것, 몸짓, 억양, 의복, 어투 등 겉으로 드러나는 모습과 외모 전부를 최대한 모방한다. 그런데 그 모방은 한 에너지의 가장 피상적인 효과를 복원할 뿐, 그 효과를 야기할 수 있는 근원을 재현하지는 못하므로 사실대로 말하자면 서투른 흉내에 불과하다. 그리하여 그들은 많든 적든 저마다 일정한 재능을 타고났음에도, 느끼고 생각하고 원하는 일정한 방식에 소질이 있고 활동을 표현하는 특유의 방식이 예정되어 있음에도, 그런 재능과 성향을 인식하지 못하거나 무시하고 자신을 다른 존재와 동일시한다. 그들은 자신의 에너지가 성공을 거둘 수 있는 모든 행동을 등한시한 채, 이해하고 감탄할 수는 있었지만 흉내 낼 수 없는 행동 방식, 느끼는 방식, 사고방식에 전력을 기울인다. 따라서 도달할 수 있는 목적지에는 등을 돌리고 불가능한 것을 향해 반응하는 그들의 모든 에너지는 헛된 노력으로 탕진되어 좌절하고 실패한다.

그러한 모든 인물이 걸려 있는 질병은 세밀한 측정에 따라 평가된다. 그들이 스스로 정한 목표와 타고난 적성에 의해 자연적으로 끌리는 목표 사이에 형성되는 차이가 클수록 그 병은 깊어진다. 여기서 인간을 이루는 두 개의 선, 관념적으로 같은 지점에서 시작되는 두 개의 선을 생각해 볼 수 있다. 하나는 존재 내부의 실질적인 동시에 잠재적인 모든 것, 그의 내면에 있는 유전적인 경향과 천부적인 성향이나 재능과 같은 모든 것, 선천적으로 에너지의 방향을 결정하는 모든 것을 나타낸다. 그리고 다른 하나는 환경이나 외적인 상황 — 본보기, 교육, 속박 — 의 영향 아래 그 존재가 자기 자신에 대해 만들어내는 이미지, 자신이 되어야 하고 되고자 하는 것의 이미지를 나타낸다. 주변 상황에서 오는 자극이 유전적인 자극과 같은 방향으로 작용한다면, 이 두 개의 선은 일치하여 하나를 이룬다. 그러나 플로베르가 검토한 모든 경우에서는 그런 일치가 절대 이루어지지 않는다. 어떤 순간에 외부에서 오는 가장 강한 자극은 유전적인 자극을 일으키는 것과 언제나 다른 방향으로 작용한다. 그러면 방금 심리적 가치를 규정했던 두 개의 선은 같은 지점으로부터 서로 떨어져나와 각각의 경향이 얼마나 다른지에 따라 점점 서로 멀어진다. 그래서 개인의 에너지가 자기 자신과 분열되는 정도에 따라 각도가 벌어지는 둔각을 그리게 된다. 이 각이 바로 보바리즘 지수이다. 그것은 각 개인에게 상상적인 것과 실재하는 것, 즉 그의 실제 모습과 그가 믿는 자기 모습 사이에 존재하는 차이를 측정해 준다.

2

인생의 모든 희비극은 그렇게 그려진 두 개의 선 사이에 포함되는 간격 안에 들어 있다. 플로베르의 작품은 그의 관심이 집중되었던 내적인 결함을 두 가지 양상, 즉 희극과 비극으로 부각시킨다.

그 결함은 개인의 에너지가 분열되는 것으로, 에너지의 모든 부분이 같은 노력으로 합쳐지지 않고 서로 분리된다. 그런데 현상이 희극의 범주로 분류될지 비극의 범주로 분류될지를 결정하는 것은 쟁점이 되는 에너지의 수준이다. 사실 작중인물은 자기 자신에 대해 스스로 형성하는 잘못된 개념 작용을 위해서, 불가능한 것을 위해서, 타고난 재능을 발전시키는 데 사용했어야 할 것과 똑같은 양의 힘을 언제나 쏟을 것이다. 그가 부여받은 에너지가 보잘것없다면, 그는 하찮은 행동만 하게 되므로 그 결과가 심각하지 않아 별로 불행을 초래하지 않을 것이다. 그런 행동에서는 부적격과 무능력의 결과로 나타나는 무력함이 서투름, 우둔함, 어리석음, 찌푸린 얼굴, 헛디디는 걸음으로 표현되는데, 그것은 구경꾼들의 웃음만 유발할 뿐이다. 대개의 경우 그는 자신이 스스로 생각하고 있는 존재라는 착각을 일으키기 위해 외모를 모방하는 것으로 그치는데, 그것은 실질적 행동을 실행할 것을 전혀 요구하지 않는다.

『감정 교육 L'éducation sentimentale』에서 르쟁바르는 드러나지 않은 신중함에 이끌려 오직 서투른 흉내를 토대로 자신이 원하는 평판을 얻고자 하는 인물의 유형이다. 그 사람 자체는 완전히 텅 비어 있다. 그러나 무시당하지 않으려는 보존 본능에 힘입어, 그는 몇 가지 수단을 그야말로 천재적으로 사용하여 사상가이자 정치가로서의 인물을 재현하는 데 성공한다. 그는 공화주의자이고 애국자이며, 영국을 증오하고, 라인강을 탈취하고 싶어 한다. 그는 포병술에 정통하다고 자처하는데, 그의 주장을 확고히 하기 위해서는 이공과 대학의 양복점에서 옷을 맞춰 입는 것으로 충분하다. 그는 그런 주제들에 대해 자신의 가짜 자아의 논제를 전개한다. 그리고 그의 근엄한 표정은 아무 말 하지 않아도 그의 신념의 신뢰성을 증명해 주는 동시에, 그의 침묵에는 신비한 의미를, 그의 몸짓에는 예언자와도 같은 가치를 부여한다.

『감정 교육』에는 르쟁바르보다 조금 더 높은 수준의 에너지를 부여받은 인물들이 있다. 그들은 자신의 진짜 자아에 대해 속았기 때문에 실패를 선고받은 인물들이다. 그들의 에너지는 평범한 것이므로, 그들은 우리를 감동시키지 못하고 우리 눈에는 우스꽝스러운 흉내를 내는 인물로 보인다. 자신의 비판 능력, 회화의 역사에 대한 기초 지식, 거장에 대한 감탄을 개인의 실행 능력과 혼동하는 펠르랭이 바로 그런 인물이다. 그는 항상 지적인 노력을 통해 천부적인 소질이 생기기를 바라고, 기이한 옷차림이나 몸짓과 어휘로 재능을 보충한다. 알퐁스 도데의 작중인물 들로벨[2]의 조상이라고 할 만한 델마르도 그런 인물이다. 콘서트 카페의 가수이던 그는 연극배우가 되고, 그가 재현하는 인물들이 그의 텅 빈 자아를 대신한다. 그는 자기가 맡았던 역할을 도시에서 연기하며 허세를 부리는 인물인데, 연극에서 인도주의적인 역할을 맡았던 탓에 자기 자신에게 사회적인 소명이 있다고 믿는다. 즉 자신이 그리스도요, 구원자라는 것이다. 그리하여 1848년에는 대중에게 자기 얼굴을 보여줌으로써 폭동을 진정시키겠다고 제안한다.

『마담 보바리*Madame Bovary*』에서 오메는 르쟁바르와 유사한 인물로 묘사된다. 르쟁바르와 마찬가지로 내면이 비어 있고 결핍된 그는 과학자가 되고자 한다. 두 꼭두각시가 다른 인물로 가장하는 방식은 다르다. 오메는 말이 많고 르쟁바르는 과묵하다. 하지만 그들은 둘 다 스스로 생각하는 자신의 모습과 실제 모습 사이에 생기는 차이로 인해 희극적이다. 보바리 부인도 자신이 구현하는 꾸며낸 존재를 환기하기 위해 단지 외양만

· ·

2. [옮긴이] 1874년에 발표되어 이후 많은 연극과 영화로 각색되기도 했던 알퐁스 도데(Alphonse Daudet, 1840~1897. 주로 프랑스 남부 지방의 인물과 생활을 익살스럽고 정감있게 묘사한 프랑스의 소설가)의 소설 『젊은 프로몽과 나이가 더 많은 리슬레(*Fromont jeune et Risler aîné*)』에 나오는 등장인물로, 자신의 재능을 확신하지만 극장 감독들의 악의로 성공하지 못했다고 생각하며 15년째 실직 상태로 있는 배우이다.

추구하는 동안에는 희극적 인물로 남아 있다. 귀부인이 되고 싶어 하는 소시민인 그녀가 자신이 고용한 식모를 대저택의 하녀처럼 가르칠 때, 중세에 심취하여 불편하고 기이한 옷을 입는 것만으로 자기 눈에는 자신이 다이애나 버논[3]과 같은 인물로 변모할 때, 또는 아직 생기지도 않은 애인에게 사랑의 말을 쓸 편지지를 사면서 연애의 열정을 충족시킬 때가 바로 그러하다.

『감정 교육』에서 플로베르는 자기 자신에 대한 잘못된 개념 작용 때문에 왜곡되었으나 정확하게 비극에도 희극에도 속하지 않는 인물들, 혹은 더 날카로운 시선으로 관찰해 보면 비극과 희극 둘 다에 가까운 인물들을 독특한 기교로 등장시켰다.

플로베르는 처음에 『감정 교육』에 다른 제목을 붙였었다. 그는 그 책을 『메마른 과일Fruits secs』이라고 명명하여, 자신의 능력과 적성에 대한 잘못된 개념 작용이 하찮은 사람들에게 가장 빈번하게 초래하는 결과를 강조했다. 프레데릭 모로는 낭만주의의 영향을 받아 이상적인 사랑을 마음속에 품고, 자신을 주인공으로 하여 그 이상적인 사랑을 연출하고자 한다. 그러나 그의 감수성은 그가 만들어내는 개념 작용에 부응하지 못한다. 그에게는 강렬한 열정이 결핍되어 있다. 그러나 그는

• •

3. [옮긴이] Diana Vernon. 1817년에 발표된 월터 스콧의 역사소설 『롭 로이(Rob Roy)』에 나오는 작중인물로, 쾌활하고 세련된 18세의 아가씨이다.

자신에 대한 잘못된 개념 작용에 행동을 맞춘다. 그는 사랑하기를 원하기 때문에 사랑한다. 라 로슈푸코[4]가 지적하듯 사랑에 대해 말하는 것을 듣지 않았더라면 사랑하지 않을 사람들, 그는 그런 사람에 속한다. 아르누 부인은 그가 경험하기로 결심한 위대한 열정의 대상이 된다. 그러나 그는 자신이 사랑하고 있다고 확신하는 데는 성공하지만 실제로는 사랑의 효과를 전혀 느끼지 못한다. 그는 질투도 하지 않고 그녀의 부재에도 고통받지 않는다. 이 상상의 열정은 진정한 열정을 표현하는 행동, 대상을 소유하고자 하는 행동으로는 전혀 표출되지 않는다. 그러나 실현되지 않은 꿈의 상태로 머무는 이 사랑에도 온통 마음을 빼앗긴다. 이 사랑을 불러일으키고 충족시키려는 그의 헛된 노력은 그의 감수성이 충족될 수 있었던 감정과 쾌락을 무시하게 만든다. 이 열정의 환영은 그를 루이즈 로크의 순진한 사랑에 무감각하게 만들고, 로자네트와의 관계를 구속하고, 우리가 알다시피 당브뢰즈 부인과의 결혼을 깨뜨린다.

그는 자신의 감수성에 대한 잘못된 개념 작용의 피해자일 뿐만 아니라, 자신의 지성에 대해서도 잘못된 개념 작용의 피해자이다. 그는 미술과 문학의 이상理想에 열중했고, 그렇게

· ·

4. [옮긴이] La Rochefoucauld (1613~1680). 프랑스의 귀족 출신 작가이자 모럴리스트로서, 간결하고 재치 있게 예절과 행동에 대한 격언들을 지어내는 것에 뛰어난 자질을 보였다. 그의 『잠언집』은 생전에 5판이나 발행되었다.

열중하는 가운데 자질이 있다고 생각한다. 그리고 자신을 시인, 화가 또는 소설가, 아니면 적어도 미술 비평가, 경제학자, 역사 가로 칭송받게 해줄 재능이 불시에 발현되기를 기다린다. 그는 실현되지 않는 그 가능성을 위해 평생 모든 것을 준비했고, 헛된 희망으로 인해 더 하찮은 능력을 이용하려는 노력을 전혀 시도하지 않는다. 그가 부인하는 그 하찮은 능력은 그가 타고난 것으로서 삶에서 그를 자신의 진짜 자리에 자리 잡게 했을 텐데 말이다. 그러나 그의 에너지는 보잘것없는 것이므로 그가 상상하는 자아는 그를 위험한 시도로 끌어들이지는 않는 다. 자신에 대한 잘못된 개념 작용은 지성에 있어서나 감수성에 있어서나 그를 단지 메마른 과일, 즉 실패자로 만드는 결과를 초래할 뿐이다.

***

『감정 교육』의 활기 없는 인물들 대신 보바리 부인처럼 더 강한 에너지를 갖춘 존재가 있다. 그래서 보바리 부인의 자신에 대한 잘못된 개념 작용은 완전히 다른 결과로 나타난다. 보바리 부인은 광기에 가까운 열광에 의해 우스꽝스러운 존재 에서 벗어난다. 그녀의 경우, 자아에 대한 착오는 비극적 요인이 된다. 그녀는 자기 자신과 바꿔치기한 상상의 존재를 위해 자신의 모든 열의를 사용한다. 그녀는 자신이 원하는 존재라는 것을 스스로 확신하기 위해 앞에서 서술한 허식적인 몸짓에 만족하지 않고, 대담하게도 진정한 행동을 실행한다. 그런데 그녀는 허구의 이야기에서만 유효한 방법을 현실에 적용한다.

그녀가 자신에 대해 스스로 형성한 감정적 개념 작용은 사실 그녀 자신의 감수성과 다른 감수성을 요구하고, 또한 그녀가 속한 상황과는 다른 상황을 요구한다. 하찮은 시골 의사의 아내는 자신을 귀부인으로 생각한다. 적어도 본성의 욕구를 충족시켰을 연애를 여러 번 할 운명을 타고난 감각적 기질의 그녀는 호화로운 배경과 소설의 우여곡절 속에서 생겨나는 과도하고 유례없는 열정의 형태로 사랑을 이해한다. 따라서 그녀는 자신의 고유한 감수성을 변조한 후에는 자신이 종속된 외적 상황도 변조해야 한다. 그리고 자신의 감상적인 꿈에서 주인공 역할을 맡기기로 결심하게 될 남자의 내적 존재도 변조해야 한다. 그런데 사실 그녀가 자기 자신을 기만하는 데 성공한다 해도, 그녀의 변형 능력이 외부 세계에까지 미치지는 못한다. 그녀는 실제로 여러 상황을 원래와 다르게 만들 수 없다.

그리하여 자신의 목적에만 몰두하는 호색가 로돌프 불랑제는 맹세나 미사여구 이외의 다른 것을 강요하지 않는 한 정부情婦가 정해주는 감상적인 역할을 하기로 받아들인다. 그러나 에마 보바리는 자신이 경험하고 있다고 상상하는 사랑, 자신이 불러일으킨다고 상상하는 사랑, 그런 절대적 사랑이 극단적인 결과를 초래하기를 기대한다. 즉 그녀는 애인과 함께 도망가기를 원한다. 그러나 애인의 속된 열정은 그런 결과를 허용하지 않는다. 이 허구의 독촉장 앞에서, 로돌프는 자신의 진짜 자아를 되찾는다. 그는 허구에 허구로 화답하기를 그만두고, 에마의 꿈은 그녀가 경솔하게 불러온 현실에 부딪혀 깨어지고 만다.

또한 꾸며낸 자아의 욕구가 초래한 금전적 필요에 대처하기 위해 그녀는 어음에 서명하면서 남편의 사인을 위조한다. 이 새로운 현실과 부딪치면서, 자신을 실제와 다르게 생각하는 그녀의 능력은 외부 세계를 변화시키는 데 효과가 없다는 것이 또다시 드러난다. 어떤 반대의 이미지를 동원해도 지불이 약속된 어음이 만기일에 제시되는 것도, 부도 어음의 지불이 거절되는 것도 막지 못한다. 꼼짝없이 자백할 수밖에 없게 된 에마는 자살을 선택한다. 그녀는 자신을 실제와 다르게 생각했던 그 위험한 잘못, 현실을 상상에 굴복시키려고 했던 이상주의자의 그 오만함에 대한 대가를 목숨으로 치른다.

***

우리가 고찰하는 인물의 에너지 수준에 따라 보바리즘이

때로는 희극적인 효과로 나타나고 또 때로는 비극적인 결과로 나타난다면, 앞선 분석을 통해 보바리즘이 인간의 다양한 부분에 작용한다는 것을 이미 볼 수 있었다. 사실 사람은 본성에 대해, 감수성이나 지성이나 의지의 수준에 대해 차례로 속을 수 있다. 플로베르의 작품에서 그것을 쉽게 구별할 수 있다. 강도의 차이는 있지만 보바리 부인과 프레데릭 모로는 감정적인 보바리즘의 전형이고, 프레데릭 모로는 가장 일반적인 측면에서 지적인 보바리즘의 사례도 보여 준다. 그리고 델로리에[5]를 분석해 보면 의지의 보바리즘을 발견할 수 있다. 지적인 보바리즘은 다시 구분될 수 있다. 프레데릭 모로의 경우에는 지적 보바리즘이 거의 모든 정신적 능력을 대상으로 하지만, 오메의 경우에 그것은 특히 과학적 보바리즘이 되고, 펠르랭의 경우에는 예술적 보바리즘이 된다.

3

비극의 영역에 속하든 희극의 영역에 속하든, 감수성의 결함을 보여 주든 지성이나 에너지의 결함을 보여 주든, 플로베르의

• •

5. [옮긴이] 델로리에는 『감정 교육』의 등장인물로 주인공 프레데릭의 친구이다. 그는 감상적이고 우유부단한 프레데릭과 달리 출세주의자로서 모든 기회를 놓치지 않으려고 수단과 방법을 가리지 않는다. 가난한 집안에서 태어난 그는 프레데릭의 재산이나 인맥을 이용하여 출세하고자 친구까지 배신하지만 결국 실패한다.

모든 인물에게는 서로 유사하게 만들어 주는 공통점이 있다. 최면술에 걸린 사람처럼 자신을 실제의 모습과 다르게 생각하게 만드는 암시 원리principe de suggestion가 모두에게서 발견된다.

***

보바리 부인이나 프레데릭 모로처럼 가장 두드러진 경우의 암시 원리는 열광인데, 열광은 현실에 대한 예견된 지식에서 유래한다. 부르제[6]는 플로베르에 관한 훌륭한 연구에서 이 특이한 요인을 지적하고 설명했다. 그는 이 요인을 생각, 즉 "경험을 뒤따르는 것이 아니라 경험에 앞서는 생각"[7]의 해악이라고 명명했다. "현실보다 먼저 현실에 대한 이미지를, 감각과 감정보다 먼저 감각과 감정에 대한 이미지를 알게 된 해악"[8] 말이다. 그는 플로베르 인물들의 경우에, 이 예견된 이미지로 인해, "삶에 앞서는 관념으로 인해, 먼저 상황이 몰락하고 그다음에는 그들 자신이 몰락한다"[9]라고 말한다.

• •

6. [옮긴이] Paul Bourget (1852~1935). 프랑스의 소설가이자 비평가로서 처음에는 실험적 분석 소설에 몰두하다가 방향을 바꾸어 "문제 소설", 즉 관념 소설로 향했다. 고티에가 다음 각주에서 언급한 『현대 심리론』은 평론가로서의 부르제가 19세기 후반 작가들의 염세 사상을 해명한 책이다.

7. *Essais de psychologie contemporaine*(『현대 심리론』), (Paris: Alphonse Lemerre, 1885), p. 148.

8. 위의 책, p. 149.

***

그러나 열광이 플로베르의 인물들에게 가짜 자아를 요구하는 유일한 암시 원리는 아니다. 그들 중 많은 인물에게는 사회적 환경, 직업, 계급이 감정과 의견, 심지어 슬퍼하고 기뻐하는 이유와 기쁨이나 고통까지 자기 것이라고 주장할 만한 충분한 동기가 된다. 사실 그런 인물들은 고정된 성격과 고유한 독창성이 본질적으로 부족하다는 특징을 보인다. 그래서 사회적 환경의 영향을 받아 그들이 자기 자신을 실제와 다르게 생각한다고 표현할 수 있다면, 그것은 그들이 스스로는 아무것도 아니므로 암시에 복종함으로써 이것이든 저것이든 뭔가가 되기 때문이다. 그리하여 『부바르와 페퀴셰*Bouvard et Pécuchet*』나 『감정 교육』에서 공증인 마레스코, 푸로 면장, 죄프루아 신부, 부르니지엥 신부,[10] 시지 자작, 파베르주 백작은 그들의 뚜렷한 인간성을 만들어 주는 모든 것을 사회적 신분에서 얻는다. 그들은 정확하

• •

9. 위의 책, p. 148.

10. [옮긴이] 부르니지엥 신부는 『부바르와 페퀴셰』나 『감정 교육』의 등장인물이 아니라 『마담 보바리』의 등장인물인데, 저자가 착각한 것으로 보인다. 본문에서 언급된 인물 중 시지 자작은 『감정 교육』에, 나머지 인물들은 『부바르와 페퀴셰』에 나오는 등장인물이다. 이들 이차적인 인물들은 각자 자기가 속한 사회 계층을 대변하는 전형적인 인물들로 나타난다.

게 그들의 직업, 그들의 재산, 그들의 계층이 요구하는 감정과 의견을 가지고 있다. 그들은 먼저 공중인이나 관리나 사제나 귀족이 아니라고 한다면, 생각하고 행동하기가 몹시 난처했을 것이고 인간이 되기가 힘들었을 것처럼 보인다. 똑같은 무지, 똑같은 일관성 결여, 똑같은 개인적 반응의 부재로 인해 그들은 내면에서 나오는 자기 암시가 아니라 외부 환경의 암시에 복종하도록 정해진 운명인 듯하다.

***

그러나 이 꼭두각시들에게도 실질적인 동기가 남아 있다. 그것은 바로 보존 본능이다. 보존 본능이 효과를 발휘하게 되면, 그것은 곧바로 암시 원리가 되어 그 전능함으로 그들을 새롭게 변신하게 만들고 평소의 자아를 천연스레 거부하게까지 한다. 1848년 혁명은 플로베르의 몇몇 인물들에게 그런 갑작스러운 변화를 야기한다. 샤비뇰에서 파베르주 백작은 자신이 왕정주의자라는 것을 잊고 오를레앙 가문에 대한 증오만 기억하여 민중과 공동 전선을 편다. 그리고 죄프루아 신부는 자유의 나무를 축성하고, 복음의 이름으로 혁명의 원칙을 찬양한다. 파리에서는 오를레앙파의 부유한 은행가인 당브뢰즈 씨가 자신은 항상 공화주의자였다고 밝힌다.

4

이와 같이 작가의 작품에는 인물들이 자신을 실제와 다르게 생각하는 다양한 관점들과 그들에게 암시 원리가 되는 여러 가지 동기들이 동시에 드러난다. 그런데 플로베르는 소설가로서 현상의 외적 특성과 총체적 조건을 구성하는 현상 주변의 상황과 동기들을 자세하게 설명하지 않을 수 없었다. 그것은 그가 여주인공에 대해서도 게을리하지 않은 작업이었다. 우르술라 수녀회 수도원의 귀족적이고 신비스러운 분위기에서 이루어진 시골 소녀의 교육, 공개적으로 혹은 비밀리에 읽은 책들이 그녀에게 미친 낭만적인 영향, 이런 것들이 소녀의 영혼 안에서 사치에 대한 욕구와 동시에 감정에 대한 갈망을 자라나게 한 원인이라고 그는 강조한다. 그런 점에서 보바리 부인은 낭만적인 교육에 대한 비난으로 보이기도 했다.

그러나 인간은 외적인 상황과 영향에 의해 불가피한 형태가 새겨지는 말랑말랑한 밀랍에 불과한 존재는 아니다. 인간에게는 반응 원리가 있는데, 그것은 각 개인의 개성을 형성하고 똑같은 외적 상황이 사람에 따라 다른 결과를 초래하게 한다. 수도원 교육과 낭만주의가 에마 보바리에게 우리가 아는 그런 방식으로 작용해야만 했던 것은 아니다. 그녀가 아니라 다른 사람이었다면 똑같은 영향에서 벗어나거나 완전히 다른 방식으로 반응했을 수도 있다. 그러므로 소설가가 등장시키는 에마 보바리가 어느 정도는 상황에 의해 결정되는 인물로 보이더라도, 그녀의 심리 전면에는 개인적인 성향이 존재하고 있고 거기에 우선순위를 주어야 마땅하다. 그런데 하필 그 성향이 자신을 실제와 다르게 생각하는 능력의 병적인 기이한 과장으로 나타난다. 플로베르가 우리에게 알려주는 에마 보바리의 모든 특징을 보여 주는 것은 바로 이 과장된 능력이다.

따라서 보바리 부인을 상황의 산물이라고 생각하기보다는 그녀를 지배하는 내적 필연성이 주변 상황들 가운데 그녀의 성향을 충족시키기에 알맞은 상황을 선택한 것이라고 판단해야 한다. 자신을 실제와 다르게 생각하고자 하는 욕구는 그녀의 진정한 자아를 형성한다. 그녀에게 그 욕구는 비할 데 없이 강렬하고, 다른 어떤 현실도 절대 받아들이지 않고 만족하지 않는 것으로 표현된다. 상상력에 의해 용도에 맞게 미리 변형되고 바뀐 이미지가 아니면 아무것도 그녀에게 영향을 미치지 못한다. 그런 준비 없이는 어떤 현실도 그녀에게 이해되지 못한다. 엄밀하게 철학적인 의미에서 말하자면, 보바리 부인은 이상주의자이다. 아마도 모든 인간의 집단 작업이라는 사실에서 견고함과 힘을 얻는 공통의 현실은 그녀에게는 인지되지 않는다. 그녀는 자신이 접촉하는 모든 사물을 개인적인 소비를 위해 스스로 창조해야 한다. 그런데 그녀가 인지하기 위해서 변형시킬 수밖에 없는 그 사물들 가운데 그녀의 고유한 자아와 인격이 나타난다. 그녀는 자신의 진짜 적성은 염두에 두지 않고 그 자아에게 허구의 적성을 부여한다. 그리고 이 거짓 적성을 만족시키고 위장된 자아를 충족시키느라 자신이 지닌 모든 에너지를 사용한다.

하지만 만일 그녀가 자신의 진짜 존재를 이상화한 후에, 그 표상을 만들어낸 후에, 그것을 자신이 똑같이 상상한 다른 표상들하고만 대립시켰더라면, 그것이 평범한 현실과 관계를 맺지 않도록 조심했더라면, 보바리 부인은 성녀 테레사처럼 신비로운 위인이 되거나 제작 능력이 있다면 예술가가 될 수 있었을지도 모른다. 그러나 그녀에게는 비판 능력이 부족해서 자신이 창조한 현실과 집단적인 현실 사이의 차이를 모른다. 계속해서 그녀는 극도의 격정에 휩싸여 그 다른 현실에 자신의 꿈으로 맞서는데, 자신이 생각했던 것과 달리 경직된 형태에 부딪혀 그녀의 꿈은 부서지고 만다. 마치 밤중에 잘못된 지도를 가지고 단단하고 평탄한 길을 발견하게 되리라고 생각한 곳에서 낭떠러지를 만나게 되는 비운의 여행자와도 같다.

게다가 개인적인 꿈의 요구에 따라 집단 현실을 변경하려는 시도에는 서로 충돌하는 두 적대적인 힘 사이에 드러나는 불균형 자체보다 훨씬 더 본질적인 실패 원리가 내포되어 있다. 사실 현실에 대한 보바리 부인의 증오는 너무도 강해서, 만일에라도 그녀의 꿈이 현실의 형태를 취하게 된다면 그녀는 자신의 꿈을 거부할 수밖에 없을 것이다. 극단적인 이상주의의 결과인 이 증오는 실제로 이미 형성된 것, 가능성 있는 것에서 나온 것, 생성된 것을 모두 부인하고 무너뜨리고 변모시킬 것을 요구한다. 그녀는 보들레르가 「달의 친절Les Bienfaits de la lune」이라는 시를 바친 아이, 달이 "너는(⋯) 네가 있지 않을 장소, 네가 알지 못할 애인을 사랑하게 될 것이다"라고 예언하는 그 아이와 유사하다. 그녀에게서는 탐욕의 원리, 모든 균형과 조화와 평화와 휴식을 파괴하는 원리, 나중에 인간 본성의 중요한 원동력 중 하나인 이동과 변화의 원천을 발견하게 될 도주의 원리를 볼 수 있다.

그러므로 보바리 부인의 개성 한가운데에는 현실에 대한 증오가 자신을 실제와 다르게 생각하는 능력과 뒤섞이는데, 두 경향은 너무도 밀접히 결합하여 어느 것이 어느 것을 야기하는지 말할 수 없을 정도이다. 사실 때때로 그녀가 자신과 사물에 대해 갖는 잘못된 개념 작용은 모든 현실을 혐오하게 만들기에 충분해 보인다. 그녀는 자신이 느끼기에 적합한 모든 감정을 영혼에서 추방하고 허구의 다른 감정을 자기 것으로 여기는데, 결과적으로 현실은 그 허구의 감정을 그녀에게 불러일으키지 못한다. 따라서 그녀는 현실과의 접촉에서 감동하지 못하므로 현실을 증오하는 것으로 생각된다. 그 책임은 오로지 그녀에게 있는데, 현실을 비난하는 것이다. 그녀가 열정에 대해 스스로 만들어놓은 예견된 이미지에 남편이 화답하지 못하기 때문에 남편의 사랑에 무감각할 때가 그런 경우이다. 그러나 다른 경우에서는 반대로 현실에 대한 증오가 결과가 아니라 그녀가 자신을 실제와 다르게 생각하기로 결심하게 만드는 원인으로 보이기도 한다. 실제로 그녀는 용빌라베이 공중인의 서기인 레옹에게 반하는 데 성공하였다. 똑같은 독서 덕분에 레옹은 사랑, 예술, 자연에 대해 그녀와 비슷한 개념 작용을 형성하였다. 그녀는 꿈속에서 그렸던 바로 그 감정적 배경 속에서 그에게 사랑받을 수 있을 것이다. 그녀와 마찬가지로, 똑같은 변조에 따라 레옹은 자신을 실제와 다르게 생각한다. 그리고 이 두 허구의 인물이 일치를 이루어, 자연적인 두 감정이 이행할 역할을 대신하게 된다. 즉 그 만남으로부터 사랑에 빠지는 현실이 생기는 것이다. 그러나 자신을 지배하는 운명에 떠밀린 에마 보바리는 곧 자신을 현재의 모습과 다르게 생각하고 새로운 인물을 상상한다. 그리고 그 인물의 요구에 따라 막 실현될 듯한 즉각적이고 충동적인 욕망을 포기한다. 그녀에게는 의무에 열정을 희생시키는 영웅적 행위가 정신적 아름다움을 감추고 있는 것으로 보인다. 그녀는 그 아름다움으로 자신의 영혼을 치장하고자 한다. 그리하여 몸가짐과 태도로 희생의 연극을 연기한다. 갑작스러운 그녀의 냉담함에 소심한 서기는 낙담하고, 막 형성되려고 했던 감정적 현실은 태어나기도 전에 허구에 의해 깨져버린다. 비현실의 승리이다.

이처럼 자신을 실제와 다르게 생각하는 능력이 그녀의 진짜 개성을 형성할 정도로 이상화되고 모든 현실에 대한 증오와 합쳐져서 서로 원인과 결과가 되는 그 두 요인이 그리는 원안으로 그녀의 모든 행동이 귀착된다는 것, 이것이 바로 보바리 부인에게서 전형적으로 나타나는 모습이다. 그런 관점에서 볼 때, 보바리 부인이 자신을 실제와 다르게 생각하도록 결심하게 만드는 듯한 다양한 상황은 작품의 근본적인 관심사를 이루지 않는다. 여기서 중요한 것은 바로 그녀를 지배하는 성향이고, 소설의 개별적인 상황들은 그 주된 성향이 행사되기 위한 핑계에 불과하다. 만약 그런 상황들이 없었다면 그 절대적 성향은 다른 상황들을 선택했을 테고, 그 성향으로 인해 어떤 생활 조건이든 그것이 현실이라는 사실 하나만으로도 반대되는 개념 작용을 에마 보바리에게 불러일으켰을 것이다.

사실 플로베르의 드라마는 심리적인 것에 본질이 있으므로 상황과 여건을 바꾼다 해도 변하지 않을 것으로 보인다. 실제로 보바리 부인을 그녀가 꿈꾸는 환경으로 옮겨놓는다 해도, 그녀가 오브레[11]의 농부 루오 노인의 딸이 아니라 백만장자 귀족인 부모에게서 태어났다 해도, 노르망디 작은 마을 의사의 아내가

· ·

11. [옮긴이] 플로베르 소설 속에서 루오 노인이 사는 지역명은 베르토인데, 저자가 착각한 것으로 보인다.

아니라 대귀족의 아내로서 파티와 사치와 남자들의 친절 속에 살아간다 해도, 그녀는 여전히 똑같이 주변의 그 현실에 혐오를 느낄 것이다. 허영심이 밑바닥에 깔린 인위적인 즐거움과 마음이 담기지 않은 방탕한 열정을 경멸하고, 억지로 즐거워하고 끊임없이 화려함을 강요받는 것에 지쳐서 시골 깊숙이 감추어진 삶과 행복하고 친밀한 관계의 단순한 기쁨을 꿈꿀 것이다. 데쥴리에르[12]나 루소 같은 사람들의 권유에 따라 트리아농[13] 같은 곳을 생겨나게 한 것이 바로 그런 종류의 보바리즘이 아니겠는가?

게다가 플로베르의 소설에서는 눈앞의 모든 것과 자기 자신을 변모시키는 그 능력이 보바리 부인의 진짜 실체와 완전히 혼합되어, 그것을 빼앗으면 그녀는 죽는 것으로 드러난다. 로돌프에게 버림받고 좌절했던 그녀는 레옹을 향한 새로운 열정을 하나부터 열까지 아주 철저하게 되살린다. 그러나 그녀는 더 이상 자신이 느끼는 감정에도 자신이 불어넣는 감정에도 속지 않는다. 그녀에게 비판 능력이 깨어난 것이다. 그녀는 그 사랑에 끼어드는 연극적인 부분을 따져본다. 그녀는 자신이

●●
12. [옮긴이] Antoinette Des Houlières (1638~1694). 프랑스의 여류 시인으로 주로 목가적인 전원시를 썼다.
13. [옮긴이] 베르사유 근처에 있던 마을로, 1668년에 베르사유 정원에 통합되어 그랑 트리아농과 프티 트리아농이 세워졌다.

사랑을 부추기는 유일한 여자가 아니라는 것을 알고, 애인을 평가하고, "기교로 과장하는 열정의 빈약함"을 깨닫는다. 그런데 세상의 범속함을 고려하는 그 보편적인 방식은 합리적이라고 불릴 수 있지만, 그녀가 치유되었다는 표시는 아니다. 그것은 그녀에게 삶의 원리였던 것이 그녀를 버리고 있다는 표시이다. 그녀는 자신의 시야와 현실 사이에 꿈을 개입시켜 현실 세계를 모호하게 만드는 능력을 잃어버렸다. 그렇게 강요된 직접적인 접촉을 그녀의 영혼은 견디지 못한다. 이제 자신을 실제와 다르게 생각할 수도, 사물과 존재를 실제와 다르게 생각하고 자신의 욕망이 바라는 대로 변모시킬 수도 없게 된 그녀는 딱딱해져서 더 이상 주무를 수도, 빚을 수도 없는 점토처럼 다루기 어려운 그 현실을 자살로써 거부한다.

그녀에게 끊임없이 변화를 실행하게 만든 끈질긴 무분별에 의해, 그녀의 힘과 광기를 나타내는 자발적이고 비극적인 결말에 의해, 보바리 부인은 작가가 작품 내내 병적인 측면을 강조해서 재현한 인간 영혼의 본래적 기능을 플로베르의 다른 어떤 인물보다도 더 잘 상징화한 것으로 보인다. 그녀를 통해 현상이 가장 보편적인 측면으로 나타났고, 그것을 결정하는 듯한 동기와 상황의 영향 아래 고유한 행동의 원천이 밝혀진 것 같다. 이 예를 통해, 자신을 다르게 생각하는 것은, 그것을 하나의 능력으로 보든 결점으로 보든, 본질적인 내용에 있어서 인간 행동의 필수적인, 혹은 숙명적인 요소라는 것이 밝혀진다.

5

게다가 플로베르는 보바리 부인, 프레데릭 모로, 오메,『감정교육』과『부바르와 페퀴셰』의 이차적인 인물들에 대해서 그렇게 했던 것처럼, 자신에 대해 속일 수 있게 하고 때로는 그렇게 하도록 속박하는 듯한 그 변모 재능을 단지 개인의 의식에서 보여주는 것으로 그치지 않았다.『성 앙투안의 유혹*La tentation de saint Antoine*』이나『부바르와 페퀴셰』와 같이 더 종합적인 차원의 작품을 썼을 때도, 그는 똑같은 예술가의 시각에 의해 그 능력이 작용하도록 더 넓고 새로운 영역에 활기를 불어넣었다. 몇몇 개인에게서 자신을 다르게 생각하는 능력이 과장되어 그들을 희극이나 비극의 인물로 만들고 예외적이라고 생각할 수 있는 존재들을 우리에게 보여 주긴 해도, 이제 그 능력은 인간을 움직이게 하는 메커니즘으로, 인간의 토대를 이루고 본질을 형성하는 파괴되지 않는 치명적 원리로 나타난다.

이 형이상학적 보바리즘은 플로베르 작품의 해당 부분에 비관적인 분위기를 부여한다. 그것이 다른 해석을 허용한다는 것을 곧 보게 되겠지만, 플로베르의 작품에서 보바리즘을 고찰하는 한 거기에서 받게 되는 그 첫인상을 존중하기로 하자. 그것은 사실 예술가의 시각에 필연적으로 내포되는 과장된 강조의 결과이고, 바로 그 과장 덕분에 현상적 현실이 우리가 알고 있는 형태로 나타나게 되는 원리를 나중에 더 잘 이해할 수 있을 것이다.

기 드 모파상[14]은 『부바르와 페퀴셰』에 나타난 비관적 인상을 보고, 그것을 "노력의 무력함, 확언의 공허함, 모든 것의 끝없는 비참함"으로 표현했다. 사실 플로베르는 예술가의 시각을 철학으로 옮겨놓으면서 인간에게서 피할 수 없는 보바리즘을 확인한 것 같다. 실수와 거짓말을 본성의 법칙으로 만드는 보바리즘, 모든 현실을 무시하고 비현실의 매혹에 굴복하게 만드는 상상과 생각의 해악, 도달하려고 온갖 노력을 해도 결국 멀어지는 저 너머를 자신의 지성과 감각이 미치지 않는 데에 이르기까지 생각하도록 강제하는 보바리즘 말이다. 그는 우리 정신의 불안정이 제기하는 질문과 거기에 대답하는 우리의 방식 사이에 나타나는 엄청난 불균형을 우리에게 알려주고자 한 것 같다. 어떤 기이한 작용이 본능 앞에서 관념을 내세우고 우리의 실질적인 욕구 옆에 우리에게 특권을 부여받은 상상의

• •

14. [옮긴이] Guy de Maupassant (1850~1893). 프랑스 근대 자연주의의 대표적인 작가 중 한 사람으로, 프랑스 최고의 단편소설 작가로 인정받고 있다. 외삼촌이 플로베르의 절친이었으므로, 어렸을 때부터 플로베르 집을 자주 방문하면서 가르침을 받았다. 그는 인간의 위선과 야수성 등을 정확하고 세밀한 관찰력, 간결한 문체로 담담하게 표현했는데, 단편소설 300여 편과 『여자의 일생』, 『벨아미』, 『피에르와 장』 등의 장편소설을 남겼다.

욕구를 만들어내면서 이처럼 우리를 우리 자신에게서, 현 시간에서 벗어나게 하는 것일까? 어떤 히스테릭한 원리가 마치 우리의 과장된 감각을 거슬러 내려간 것처럼 우리 본성의 밑바닥에서 생기는 것일까? 그 치명적인 거짓의 힘은 개인들을 궤도에서 벗어나게 하더니, 이제는 전 인류에게 영향력을 드러내어 다른 운명과 다른 지식을 위해 태어난 인류가 자신을 실제와 다르게 생각하도록 강요한다. 모든 과학을 탄생시킨 것은 바로 그 힘이다. 플로베르는 이 본질적 보바리즘을 두 가지 형태로 파악하여, 환각에 사로잡힌 시詩와 같은 작품인 『성 앙투안의 유혹』과 풍자적인 희극 『부바르와 페퀴셰』에서 이중의 노력으로 보바리즘의 아이러니를 표현하고 그것의 치명적 전개를 보여 주었다.

***

『성 앙투안의 유혹』의 전면에서 앙투안은 순수한 생리학에 속하는 보바리즘의 광경을 우리에게 보여 준다. 그의 잇따른 발작과 함께 환각이 작품의 골격을 형성하기 때문이다. 그러나 이 개인적인 병리학의 일화에서, 은둔자 앙투안은 그를 사로잡는 환영들의 성격에 의해 다른 차원의 다른 현상을 상징한다는 것을 잘 알 수 있다. 우리는 그의 정신 착란에서 인간의 지식으로 알 수 있는 한계를 초월하여 알고자 하는 인류의 모든 노력의 축소판을 볼 수 있다. 앙투안과 함께, 더 이상 이러저러한 개인이 아니라 추상적 의미의 인간은 자기 지성의 자질과 한계에 관하여 자신을 실제와 다르게 생각한다. 인간은 자기 자신에 대한 그 잘못된 개념 작용에 집중하고 그것을 믿음으로써 세계를 변질시킨다. 그 대가로 인간은 알고자 하는 능력에 한계가 없다는 증거를 자신에게 제공할 수 있게 된다. 그래서 인간은 오만한 소망에 따라 대 존재를 그 법칙과 함께 상상하는데, 바로 이때 종교와 형이상학의 경이적인 개화가 이루어진다. 은둔자의 열렬한 소망이 불러내자, 마치 인간의 뇌 속에서 앞뒤가 맞지 않는 꿈이 이어지듯이 사막에 홀로 있는 그의 눈앞에 모든 계보의 신들과 종교가 나타난다. 그들의 복잡한 형태는 그의 지식에 따른 것으로, 차례로 나타나 육체를 찬미하거나 경멸하고, 양립할 수 없는 단언으로 서로 파괴한다. 이것이 바로 지식의 보바리즘의 첫 번째 양상이다.

***

『부바르와 페퀴셰』에서는 그 두 번째 국면을 볼 수 있다. 여기서도 플로베르는 『성 앙투안의 유혹』에서처럼 모든 범주의 현실을 지각하는 자신의 시각 방식을 이중으로 적용했다.

예술가적 기질의 지배를 받는 그는 추상적 관념을 다루기 위해 그 관념들을 살아 있는 인물들에게 통합시켜야 했으므로 인물들에게 구체적인 개성을 만들어 주어야 했다. 인물들이 즉각적인 몸짓을 통해 더 고차원적인 해석을 환기할 수 있도록 하기 위해서였다.

부바르와 페퀴셰는, 그들의 의미를 일차적인 차원에서만 고려한다면, 플로베르의 다른 인물들, 즉 오메나 아르누와 다소 비슷한 점을 보여 준다. 그런 관점에서 보면, 그들은 현대적인 인간을 구현한다. 우리 시대 고유의 현상인 교육의 대중화에 의해 현대적인 인간에게는 이전 문명이 노력하고 공들여 구상한 수많은 철학적, 도덕적, 문학적, 과학적 관념에 대해 무한한 전망이 열려 있다. 그러나 창작 능력과 지적 역량은 선조들이 축적하여 유산으로 받은 기초 지식의 총량이 늘어나는 것과 똑같은 비율로 증가하지 않았다. 그리하여 균형이 깨어졌다. 한 문명이 오래 계속되는 동안 그 문명의 가장 훌륭한 대표자들의 천재성에 의해 실현된 노력의 결과를 소유하다 보면, 후대의 사람들 중 가장 하찮은 몇몇 사람들은 자신의 고유한 가치에 대해 속게 된다. 그들은 인류의 엘리트가 이룩한 것이지만 전 인류의 공통된 특권이라는 명목하에 자신들이 혜택을 누리고 있는 지적인 정복이 마치 개인의 장점인 것처럼 자만한다.

그리하여 오메는 몰리에르[15]가 그의 서민 귀족을 통해 창조한 것과 유사한 광경을 훨씬 더 넓은 무대 위에 제공한다. 주르댕[16]이 궁정인의 의상과 태도와 언어를 채택하고 춤과 예절 교육을 받음으로써 그들과 똑같아진다고 생각하는 것처럼, 오메는 과학자의 언어를 흉내 내고 그들의 태도를 조잡하게 재현하고 그들의 근심을 가장함으로써 학문의 위엄을 나누어 갖는다고 확신한다. 꼭두각시의 지적 빈약함과 그가 얼핏 보고 도달하고 싶어 하는 이상형의 까다로운 권위 사이의 명백한 대조에서 수준 높은 코미디가 생겨난다.

마찬가지로 교육 대중화 덕분에 매우 다양한 활동 방식의 기초를 배운 아르누는 목표에 대한 지식과 함께 모든 목표를 달성하게 만들어 주는 소질을 얻었다고 쉽게 믿는다. 그 때문에

• •

15. [옮긴이] Molière (1622~1673). 17세기 프랑스의 위대한 희극 작가이자 배우이다. 그는 익살극부터 성격극까지 희극의 모든 장르를 익혔고, 동시대의 관습과 행동을 명석하고 날카롭게 관찰하여 그려냈다. 성직자들과 귀족 등 상류층을 묘사하는 데 거침이 없었으므로 프랑스의 교회 및 세속 당국은 그를 적대시했지만, 몰리에르의 희극적 천재성은 마침내 그에게 위대한 작가로서의 명성을 안겨주었다. 『타르튀프』, 『아내들의 학교』, 『인간 혐오자』 등 총 30여 편에 달하는 희극을 남겼다.

16. [옮긴이] 『서민 귀족(*Le Bourgeois Gentilhomme*)』은 몰리에르와 프랑스로 귀화한 이탈리아 작곡가 륄리(Lully)가 함께 만들어낸 풍자적인 내용의 코미디 발레이다. 총 5막으로 구성되었으며, 1670년에 샹보르 궁에서 초연되었다. 귀족이 되고 싶었던 부유한 서민을 풍자한 이 작품의 주인공 이름이 바로 주르댕(Jourdain)이다.

그는 무능력하여 늘 실패하면서도 손쉽게 모든 것을 시도한다.

부바르와 페퀴셰도 그와 유사한 오만함으로 인해 인간 활동이 만들어낸 모든 역할을 차례로 구현하기로 결심한다. 그러나 그들에게는 자기기만 능력이 아무것도 혼합되지 않은 채 가장 기본적인 동기로 축소되어 나타난다. 아르누는 모든 영향에 휩쓸리는 극도의 경박함 및 개성의 결여와는 별도로, 이득을 향한 동기에 의해서도 자신을 실제와 다르게 생각하고자 한다. 비판 정신의 부재와 과학적 열광이 오메에게 그런 변화를 낳는 유일한 동기는 아니다. 오메에게서는 과도한 허영심도 발견되는데, 이 보충적인 동기는 자신과 동시에 다른 사람들도 속이도록 그를 부추기면서 변모의 단순성을 모호하게 만든다. 부바르와 페퀴셰가 실행하는 행동에서는 그런 혼합된 동기가 더 이상 존재하지 않는다. 그들이 자신을 실제와 다르게 생각한다면, 거기에는 이득이나 이해관계나 허영심과 같은 다른 원리의 개입 없이 보바리즘에 의한 변화가 가장 단순한 요소로 분석된다.

그들이 타고난 빈약한 정신 에너지, 그리고 출판물과 대중화된 개론서에 의해 온갖 종류의 지식이 보급되어 모든 사람에게 아낌없이 제공되는 교육이 그들의 눈앞에 펼쳐놓는 기초 지식과 관념의 총합, 이 둘 사이의 불균형은 명백하다. 그 불균형으로 인해 그들은 적나라하게, 그들이 보잘것없는 존재이다 보니 과장되게 중요한 사실을 보여 준다. 모든 동물 중에서 오직 인간에게만 종을 대표하는 가장 훌륭한 존재의 개인적 공헌과 집단적 존재로서의 인류에 의해 전달된 자산 사이에 엄청난 차이가 있다는 사실 말이다. 그들은 그런 불균형이 우리 시대에 더 심해진 것을 보여 준다. 우리 시대에는 교육의 급격한 발달, 기계화된 방식, 일반적으로 말하자면, 그리고 칼라일[17]의 훌륭한 지적을 빌어 오자면, 개인이 발명의 수고를 전혀 하지도 않았고 내적 메커니즘을 이해할 필요도 없이 자기 수중에서 유효한 결과를 얻기 위해 마음대로 사용할 수 있는 수많은 수단의 영향을 받기 때문이다.

우리 시대에 그토록 명백한 불균형은 수많은 표본에서 벼락출세자, 즉 서민 과학자[18]의 유형을 추출하여 대중화시켰다. 우리는 플로베르가 오메를 통해 서민 과학자의 첫 초안을 제시한 것을 보았는데, 부바르와 페퀴셰는 더 전형적이고 호의

• •

17. [옮긴이] Thomas Carlyle (1795~1881). 영국의 평론가이자 역사가로서, 이상주의적인 사회 개혁을 제창하여 19세기 사상계에 큰 영향을 끼쳤다.

18. [옮긴이] "서민 과학자(Le Bourgeois scientifique)"는 각주 16번에서 설명한 몰리에르의 작품 『서민 귀족(Le Bourgeois Gentilhomme)』에서 빌어 온 표현이다. 즉 몰리에르가 진짜 귀족이 아니면서 귀족이 되고 싶어 하는 인물을 풍자하여 서민 귀족이라고 한 것처럼, 과학자가 아니면서 과학자처럼 행세하는 인물을 가리키는 표현이다. 여기서 Bourgeois는 오늘날 우리가 이해하는 의미처럼 프롤레타리아와 대립하는 자본가 계급을 가리키는 것이 아니라 귀족과 대립하는 평민 혹은 서민 계급을 말한다.

적으로 그것을 표현한다. 그들에게는 나쁜 감정이나 저속한 감정이 전혀 없어서, 그들이 대단히 희극적으로 보이더라도 그들의 순박함이 호감을 불러일으키기 때문이다. 그들은 어마 어마한 지적 자산을 발견하고 그저 과학, 예술, 철학, 사상에 대해 최고의 형태로 감탄할 뿐이다. 그들은 집중력을 하나의 방향으로 끌어모아 줄곧 되살아나는 기쁨으로 마음을 사로잡고 만족시켜 줄 만큼 강한 특별한 안목이 전혀 없으므로, 그들 주위에서 봉우리를 곤추세우고 모든 측면에서 똑같이 집요하게 그들을 자극하는 관념의 매혹에 굴복한다. 그리고 그 높은 봉우리를 기어오르다가 현기증에 사로잡혀 무게중심을 옮긴다. 그리하여 더 이상 거리를 측정하지 못하게 되고, 그들에게서 모든 비판 능력이 사라진다. 그들은 과학의 결과를 언뜻 보고는 그 비밀을 소유했다고 믿는다. 하찮은 지성을 위해 정돈해 놓은 지식의 일부 영역을 거닌 끝에, 그들은 가장 빠져나오기 힘든 잡목림에 들어가 새로운 길을 발견할 소질이 자신들에게 있다고 믿는다. 물건을 손에 넣게 해주는 잔돈을 소유하고 관리하다 보니, 그 잔돈에 자신들의 초상이 새겨져 있고 자신에게 새로운 황금 동전을 발행할 능력이 있다고 믿는 것이나 마찬가지이다.

플로베르가 두 인물을 이용해서 탁월한 희극적 효과로 재현한 이 첫 번째 비유 이면에서 페시미즘이 더 결정적으로 드러나는 수준 높은 상징이 발견된다고 사람들은 말했다. 인간의 지성, 이해하는 능력 자체가 표현의 주제가 되어, 앞서 보았던 몇몇 인물과 똑같은 질병에 걸린 채 우리에게 나타나기 때문이다. 인간의 지성은 본질적으로 자기 자신을 부인하고, 자신이 이를 수 없는 목표를 겨냥하며 언제나 예상하지 못했던 형태를 따라 자신을 실현하면서 자기 능력에 대해 잘못된 개념 작용을 만들어내는 것이다.

『성 앙투안의 유혹』에서는 성자의 정신 착란이 수많은 종교와 형이상학을 불러내어 오직 그것들이 대조적이라는 사실에 의해서만 서로 반박하게 만드는데, 부바르와 페퀴셰의 지적 열정은 그들에게 모든 것을 배우게 하고 온갖 방향의 정신 활동으로 끊임없이 돌진하게 만들고 모든 철학과 과학을 백과사전식으로 검토하게 만든다. 그런데 그 검토는 모든 종류의 현상에 대한 관찰에서 모순적인 다양한 해석이 이어졌다는 것을 보여준다. 즉 가장 잘 연구된 문제에 대해서도 저자들의 선호도에 따라 매우 다양한 해결책이 부여된 것이다.

인간의 정신은 서로 다른 두 가지 방식에 따라 확신을 얻고자 노력했다. 초기에는 종교적 믿음에서 그런 욕망을 실현했다. 그 당시 인간의 정신은 신앙을 객관화하고 욕망의 강도와 힘으로 욕망하는 현실을 만들어낼 능력을 가지고 있었기 때문이다. 인간의 정신이 성숙해진 후기에 이르면, 인간의 정신은 그런 능력을 잃어버리고 다른 방법으로 확신을 얻고자 한다. 즉 현상을 관찰하고 연쇄적인 인과 관계를 신뢰하여 거기서 사물에 대한 결정권을 얻으려고 한다. 원인은 끝없이 서로 얽혀 있으므로, 인간의 정신은 인내심을 가지고 현상에 이름을 부여하고 거기 적용되는 다양한 과학에도 이름을 부여하면서 골조가 확정되지 않은 실재 속에서 분류와 분리를 해나간다. 이런 방법을 통해, 규정하고 합의하는 기법을 통해, 인간의 정신은 몇 가지 부분적인 확신에 대한 환상을 스스로 부여하면서 더 광범위한 확신을 가지려는 희망을 유지한다.

플로베르가 부바르와 페퀴셰를 통해 문제 삼는 것은 바로 이 두 번째 상태의 인간적 확신이다. 여기서 그런 시도는 더 무모해 보인다. 그 시도가 인간의 정신에 대한 영향력이 여전히 살아 있는 신앙을 뒤흔들게 될 것이기 때문이다. "믿음은 우리 정신의 산물이지만, 우리는 우리 마음대로 그것을 변경할 수 없다. 그것은 우리의 창조물이지만, 우리는 그 사실을 모른다. 그것은 인간적인 것이지만, 우리는 그것을 신으로 믿는다. 그것은 우리 능력의 결과물인데, 우리보다 강하다."[19]라고 퓌스텔 드 쿨랑주[20]는 말했다. 그런데 이전의 신앙과 마찬가지로

• •

19. Fustel de Coulange, *La Cité antique*(『고대 도시』), (Paris: Librairie Hachette, 1864), p. 149.
20. [옮긴이] Fustel de Coulanges (1830~1889). 프랑스 역사학자로, 실증사학의

우리가 만들어낸 과학적 믿음은 한창 번창하는 중이므로, 그 믿음이 그것을 만든 자보다 더 강하다. 옛날 신의 종교가 인간에게 명령하던 것만큼 준엄하게 오늘날 과학의 종교가 인간을 지배하고 있다고 말하는 것은 과장이 아니다. 몇몇 우월한 정신의 소유자들만 이 지배력에서 벗어날 뿐이다. 평범한 사람들에게 과학적 믿음은 절대적이다. 과학이 실제로 적용되는 모든 경우에 대해 그들이 맹신적으로 증언하는 것을 볼 수 있다. 그런 식으로 외과학과 의학을 신봉하는 사람들이 있는데, 그들은 단지 몰리에르의 풍자 대상이 아니라 종종 새로운 종류의 순교자가 될 수도 있다.

　과학이 대중적인 의견에 부합하는 확실한 결론을 창출하려면, 인간의 정신이 신뢰했던 인과적 결정론은 필연적으로 제1원인[21]을 버팀목으로 삼아야 할 것이다. 그런데 이 제1원인은 천성적으로 정신이 인정하기를 거부하는 것으로 사실 과학적 지성은 결코 도달할 수 없는 것이다. 모든 개별 과학은 인간의 정신이 사색의 편리를 위해 현실의 어떤 지점에 경계선을 긋기로 정하는 결심에 그 기원을 두고 있다. 과학이 뿌리내리고 몰두하는 사물들의 본질에서 과학이 시작되는 것이 아니다.

* *

주요 인물로 알려져 있으며 사회학의 발전에 기여했다.
21. [옮긴이] 철학에서 모든 원인의 연쇄가 궁극적으로 거슬러 올라가는 자기 창조된 존재를 말하는 용어로, 일반적으로는 신을 가리킨다.

바로 거기에서 과학이 다소 복잡한 현상의 영역을 건드리자마자 모든 과학적 결론의 상대성이 대두된다. 따라서 플로베르는 역사, 자연사, 의학, 철학, 미학, 정치학, 교육학과 같은 학문에서 체계의 모순을 나타내기에 유리한 입장이었다. 역설적이라고 그를 비난할 게 아니라, 인간 지식의 불확실성에 대한 주제가 엄밀히 말해 일종의 등장인물 같은 역할을 담당하여 겉보기에 더 명확해 보이는 과학 이론들을 그 근본에서 뒤흔들었다고 생각해야 한다. 클로드 베르나르[22]처럼 철학적인 지성까지 겸비한 학자라면 계속 분석하고자 했을 테지만, 작가는 그 과학 이론들에 대해 분석도 실행하지 않은 채 말이다.

따라서 과학의 절대성에 대한 대중적 신앙은 현상적 질서를 전체적으로 추론해 낼 수 있는 제1원인의 존재에 대한 잠재적 믿음을 근거로 한다. 그것은 제1원인의 보바리즘으로 표현된다. 여기서 지성은 자신의 방식에 속한다. 즉 지성은 자신이 도달하려는 정해진 목적지를 향해 그려진 길을 선택한다고 생각하지만, 실은 그 길을 만드는 방법에 불과한 인과 관계의 흐름을

• •

22. [옮긴이] Claude Bernard (1813~1878). 근대 프랑스 의학사에서 가장 위대한 생리학자로 꼽히는 인물로, 관찰과 실험을 중요시하고 특히 화학적, 물리적 방법에 의한 인공적 질병의 재현을 생체에 시도한 실험의학 및 생화학의 창시자였다. 또한 과학 철학자와 인식론자로도 알려져 있으며, "관찰-가정-실험-결과-해석-결론"이라는 실험 방식을 공식화한 주요 인물 중 한 사람이다.

선택하는 것이다.

그러므로 결국 다음과 같은 사실을 인정해야 한다. 철학과 과학을 통해, 보편적인 지식의 방식을 통해, 인간은 도달할 수 없는 영역에 이를 수 있고 결코 획득할 수 없는 지식을 소유할 수 있다고 생각한다. 그리고 인간은 자신의 것이 아닌 목적을 위해 태어났다고 생각한다. 인간의 운명과 인간이 스스로 가정하는 목적지 사이에는 커다란 차이가 있다. 본질적으로 인간은 가장 고귀한 활동을 하면서 자기 자신을 실제와 다르게 생각한다.

제2장

의식 행위로서의 보바리즘, 그 수단 : 심상

1. 플로베르의 시각에 직관으로 내포된 보바리즘의 문구: 철학적
   탐구 방법으로서의 확실성.
2. 보바리즘의 주요 수단: 교육에 의해 의식에 투영된 이미지 —
   이미지의 추상적이고 인간적인 형태인 심상.
3. 심상의 위험: 소문처럼 실수를 전달하고 퍼뜨릴 수 있는 수단
   — 심상은 개인에게 그의 실현 능력을 초월하는 존재 방식을
   제안함 — 심상들 중에서 단순한 지식의 대상으로 남아 있어야
   하는 것과 개인의 활동에 목표를 정해줄 수 있는 것을 구별하는
   어려움.

1

우리는 플로베르의 작품을 분석한 결론을 가장 간략한 방식
으로 표현했는데, 심리적인 관점에서 그것은 정확하게 "인간은
자신을 실제와 다르게 생각하는 능력을 가지고 있다"라는
말로 요약된다.

이 문구는 철학적 조사를 위해 확실하게 믿을 수 있는 수단이
될 것이다. 그것은 실증적인 **자료**이기 때문이다. 여기서 말하는

것은 예술적 직관에서의 자료라는 의미이다. 어떻게 보면 그것은 플로베르의 고유한 시각 방식을 그대로 옮겨놓은 것이다. 그러므로 그것은 미리 숙고한 의도대로 다소 자의적이고 변증법적인 절차에 따라 길게 이어진 논거에서 추론된 결과가 아니다. 그것은 직접적인 시선이다. 그런 점에서 거기에는 확신이 내포되어 있다.

심리학자와 비평가와 예술가의 지적知的 방식을 구분할 필요가 있다. 예술가의 시각은 어둠 속에서 현실이 떠오를 수 있도록 현실을 비추는 빛이다. 그러면 심리학자나 비평가는 창조된 그 현실의 존재를 확인하고, 그것을 명명하고 분류할 뿐이다. 플로베르는 말 그대로 진정한 예술가였다. 따라서 그가 심리적 법칙의 정당성을 입증하고 그것을 공식화하려는 목적에서 책을 썼다고 생각하지 않도록 조심해야 한다. 여기서 우리가 그에게 그런 의도를 부여하고 있다고 여겨지지 않도록 조심해야 한다. 아마 그것보다 더 그의 정신과 거리가 먼 것은 없을 것이다. 평범한 사람처럼 도덕적이거나 과학적인 모든 관심을 배제하고 순수 예술을 선호하는 그의 성향은 그 점에 대한 무관심을 보증해 준다. 그러나 그가 의식적으로 그런 목적을 지향하지는 않았지만, 그 목적은 그의 시각 형태 자체에 내포되어 있었다. 사실대로 말하자면, 그의 시각이 그런 목적을 만들어내었다. 그가 뚜렷이 눈에 보이게 만든 모든 현실은 여기서 보바리즘에 대해 주어진 정의에 종속되는 것으로 나타난다. 그 모든 현실은 어떤 에너지의 본래 목적지와 그 에너지가 의식적으로 자신의 노력을 이끌어가는 목표가 필연적으로 일치하지 않는다는 것을 우리에게 자각하게 한다. 보바리즘의 정의가 대상의 존재에 대한 확신을 수반하는 것은 그것이 시각 행위에서 초래된 것이기 때문이다.

세계가 순수한 관념론의 현상인지 아니면 객관적 현실을 포함하고 있는지, 우리 지각知覺의 유일한 기원은 우리 자신에게서 생겨 현상을 만들어내는 우리의 감각인지 아니면 외부의 사물을 계기로 지각이 스스로 형성되는 것인지 결정하기란 어려운 일이다. 그러나 어떤 가설을 세우든, 정신에게 현실이란 오로지 지각 행위와 함께 존재한다. 색깔, 소리, 냄새는 그것이 지각되지 않는 한 존재하지 않는다. 현실을 지각하는 기관을 창조하든, 감각의 변형에 의해서 현실이 스스로 창조되든 사실 모든 현실은 예술적 창조물이다. 오직 그런 종류의 현실만 존재하는데, 그런 현실을 부인할 수는 없다. 현실에 관해 펼치는 추론은 맞을 수도 있고 틀릴 수도 있지만, 현실 그 자체는 참도 거짓도 아니다. 그것은 존재하는 것이다. 보바리즘의 문구에는 그러한 특성이 있다. 그것은 추론의 결과가 아니라, 시각의 양태를 표현한 것이고 또한 시각의 방법이 될 수도 있다.

이 방법을 사용하고 다양한 범주의 현상에 적용하여 유익하게 활용하기에 앞서, 어떤 정신적 조건이 보바리즘 능력에 연결되는지 탐구해 보자. 이 쌍안경의 메커니즘을 더 잘 알게 되면, 나중에 그것을 더 잘 이용할 수 있을 것이다. 우리가 알아내려는 것은 그 능력의 원인이나 최초의 기원이 아니다. 그것은 스스로 존재하는 주어진 현실로서, 이유를 말해주지 않는다. 그것은 원인 없는 현실이다. 그러나 거기에 동반되는 가장 일반적인 현상들을 파악할 수는 있다.

언뜻 보기에 자신을 실제와 다르게 생각하는 능력은 의식 행위에 연결되는 것처럼 보인다. 여기서 말하는 것은 심리적인 의식으로, 현실의 이미지들이 반영되는 거울이다. 그런데 인간의 의식은 다른 어떤 종류의 생물보다 훨씬 더 높은 수준으로 개인적인 감정과 사고와 행동의 이미지들뿐만 아니라 낯선 감정과 사고와 행동의 이미지도 반영하는 속성을 지니고 있다. 또한 언뜻 보기에, 의식에 나타나는 이 이미지들은 개인의 에너지를 자극할 수 있고 의식을 현혹하여 그 이미지들을 본받아 어느 정도 스스로 발전하고자 결심하게 만드는 것 같다. 이러한 심리적 양상은 모방의 원리를 근거로 하는데, 타르드[23]는 그의 훌륭한 저서[24]에서 모방의 원리를 인류 진화

• •

23. [옮긴이] Gabriel Tarde (1843~1904). 프랑스의 사회학자로, 그의 이론은 사회심리학에 크게 이바지하였다.

의 두 가지 주축 중의 하나로 적절하게 설명했다. 인과 관계에 영향을 미칠 수 있는 이미지가 의식에 반영되어 반짝이고 있다고 하자. 그 이미지는 마음을 사로잡고, 최면과 암시의 원리가 된다. 그러면 곧 개인이 어떻게 위험을 무릅쓰며 길을 잃고, 속고, 의식 속에 투영된 이미지들의 부추김에 낯선 활동을 하면서 자신을 실제와 다르게 생각하게 되는지 보게 될 것이다.

개인은 태어날 때 자신의 형태와 현실을 외부로부터 받아들일 준비가 된 무기력한 실체가 아니라는 사실을 주목할 필요가 있다. 개인은 적성이 있는 것과 없는 것, 다른 행동보다 특히 어떤 행동을 하게 만드는 잠재성을 유전적 특성으로 물려받는다. 이 유전적 특성이 개인을 전부 구성하는데, 거기에는 새로운 형태를 얼마나 손쉽게 얼마나 많이 취할 수 있느냐를 결정해주는 융통성까지 포함된다. 그리고 그에 따라 정도가 결정되는 변화 성향도 포함된다. 태어날 때 개인은 완전히 유전적인 산물이다. 출생 후 이어지는 생애 초기부터 이 유전적 산물은 처음에는 본보기에 의해, 그다음에는 도덕적 가르침이나 학식이나 문학이나 예술에 의해 개인의 의식 안에서 반짝이는 이미지들과 협력 혹은 싸움을 시작한다.

• •

24. Gabriel Tarde, *Les lois de l'imitation*(『모방의 법칙』), (Paris: Félix Alcan, 1890).

한마디로 말해서, 유전적 요인과 접촉하여 개인의 개성을 형성하게 되는 영향들 전체를 교육이라고 부를 수 있다. 『감정 교육』이라는 제목은 자발적으로 영역을 제한하고 그 영역 안에서 예술가의 시각이 행사된 일군의 현상들을 가리킨다고 플로베르는 말했다. 이 문구의 응축된 표현에 따르면, 일반적으로 인간이 자기 자신 혹은 자신의 에너지 자원과 사용에 대해 잘못된 개념 작용을 택할 위험이 가장 많은 곳을 정확히 밝혀야 한다면 교육이라고 말해야 한다.

2

유전적 존재에게 교육이 끼치는 놀라운 영향은 의식에 투영되어 최면술사처럼 작용하는 이미지를 수단으로 한다는 것을 앞에서 보았다. 이 이미지의 성격도 명확하게 밝혀야 한다. 인간의 의식은 다른 모든 동물에 비해 낯선 감정과 사고와 행동의 이미지를 반영하는 능력이 훨씬 더 크다고 말한 바 있다. 그것은 첫 번째 능력, 즉 인간이 자신의 뇌 안에 형성되는 이미지의 근사치를 소리나 선으로 표시되는 형태인 외적 기호와 단어에 보존시킬 수 있게 해준 추상抽象 능력에 기인한다. 일련의 동의와 합의로 승인된 추상에 의해, 언어는 직접적이고 즉각적인 지각을 통해 이미지를 받아들이지 않은 뇌에 이미지를 전달하고 불러일으키는 수단이 되었다.

그러나 지각을 통해 첫 번째 뇌에 형성되는 이미지와 단어를 중개로 다른 뇌에 연상되는 이미지 사이에는 두 감수성 사이의 크고 작은 차이에 따른 편차가 존재한다. 똑같은 단어가 정확하게 똑같은 이미지를 불러일으키려면 똑같은 두 개의 감수성을 상상해야 할 것이다. 한 사람의 감수성이 연달아 이어지는 두 순간이래야 겨우 그런 일치가 이루어질 것이다. 따라서 단어는 불완전하고 요약된 이미지만 전달할 뿐이다. 이 특수한 성격의 이미지에 확실한 이름을 부여해야 하는데, 그것이 바로 심상[25]이다.

심상은 지식과 관련되는 범위 내에서는 거의 보편적인 가치를 갖는다. 그러나 심상이 첫 번째 뇌에 형성된 바로 그 이미지를 낯선 뇌에 재현하고자 한다면, 똑같지 않더라도 적어도 유사하거나 닮은 감수성과 적성을 만날 때에만 성공할 수 있다. 미개인

• •

25. [옮긴이] 원문에서 사용된 프랑스어 단어는 notion이다. notion은 일상에서는 흔히 '개념'이나 '관념'으로 번역되지만, 여기서는 철학에 적용된 용어로서 저자는 concept(개념), idée(관념), conception(개념 작용)과 구별하여 사용하고 있다. 프랑스어 백과사전에 의하면, notion은 일종의 지식으로서 실재하는 사물이나 현상의 특징 및 본질적 관계가 정신에 반영된 것이다. 대개 경험적인 관찰에서 끌어낸 기초 지식을 가리키는데, concept보다 덜 다듬어진 추상적인 용어이다. 하지만 이에 해당하는 정확한 우리말이 없으므로, 본문의 저자 설명을 토대로 마음속의 생각이라는 의미의 심상(心想)으로 옮긴다. concept와 구별하여 사용된 경우 이외에 일반적인 의미로 사용된 경우, 또는 굳이 concept와의 구별이 필요 없는 경우에는 자연스러운 우리말을 위해 개념, 기초 지식 등 맥락에 맞게 옮긴다.

들은 어떤 표식에서 사냥하려는 동물의 흔적을 찾아낸다고 한다. 여기에는 하나의 심상이 있다. 그러나 만일 어떤 탐험가가 내 앞에서 그런 종류의 사실을 언급한다면, 그가 나에게 말로써 전달하게 될 심상 이미지는 야만인의 두뇌에 생기는 이미지만큼 정확하고 풍부한 실제 이미지를 내 두뇌에 일깨우지 못할 것이다. 만일 이 심상 이미지가 내게 제안한 사례에 부추김을 받아 내가 개의 도움 없이 사냥하는 모험을 감행한다면, 미개인은 성공할 시도에서 나는 딱하게도 실패하게 될 것이다. 나는 색깔과 캔버스와 붓으로 벨라스케스가 걸작을 만들었다는 사실을 알고 있다. 여기에는 하나의 심상이 있다. 감탄에 사로잡힌 나는 똑같은 방법으로 똑같은 결과를 얻으려고 노력한다. 그리고 그 시도에 도움을 받기 위해 벨라스케스가 사용한 몇 가지 기법을 심상으로 얻을 수 있다 하더라도, 나는 여전히 걸작을 만들 수 없다.

3

매우 많은 수의 심상 이미지를 만드는 능력은 인간의 독특한 특성이다. 그런데 인간의 지적 역량이 실현 역량의 한계를 훌쩍 넘어서는 것은 바로 이 특성에서 기인한다. 인간은 두 가지 자산의 혜택을 받고 있다. 하나는 유전적 특성에 의해 인간에게 전달된 것으로, 다른 것보다 더 선호하는 표현 방식을 만들고 특정한 행동을 더 완벽하게 실행하는 적성으로 이루어진다. 대대로 전해지는 이 유산은 인간뿐만 아니라 다른 동물들에게도 공통된 것이다. 사냥감이 숨어 있는 곳에 멈춰서서 알려주는 사냥개나 짐승을 쫓는 사냥개와 같은 사냥개의 사육, 또는 경마용 말이나 속보마나 구보 경주마 같은 말의 사육은 이 유전적인 적성을 토대로 한다. 인간이 지닌 자산의 다른 하나는 교육을 통해 많든 적든 인간에게 전달된다. 여기서 교육은 단어를 통해 심상 이미지를 인간에게 불러일으키고, 오랜 세월에 걸쳐 인류의 가장 훌륭한 대표자들이 노력한 결과를 소유할 수 있게 한다.

이러한 자산에는 다양한 위험이 포함되어 있다. 세대가 이어지며 축적한 보물이 증가하고 교육을 통해 가장 최근의 세대도 그것을 소유하게 됨에 따라, 각 개인이 타고난 창조력과 그에게 전해진 지식의 총체 사이의 불균형, 즉 그의 고유 가치와 교육을 통해 얻은 다양한 자산 사이의 불균형도 증가한다. 이제 그의 뇌는 많은 심상 이미지로 채워진다. 그런데 그는 그 심상 이미지의 내용을 확인할 능력이 없으므로, 그것은 그에게 결코 실제의 이미지가 되지 못한다. 그는 일종의 신앙 행위에 의해 그것을 받아들여야 한다. 심상을 받아들이는 사람에게 그것을 만들어낸 사람에게 요구했던 것과 똑같은 에너지 소비를 요구하지 않는다는 것은 장점이다. 하지만 단점도 있다. 틀리거나 잘못 만들어진 심상이더라도 조정할 수 없다는 것이다. 심상은 개인의 경험을 무익한 것으로 만들어 없애버리고, 진리를 전달할 때와 똑같은 힘으로 거짓과 오류를 전달하기 때문이다.

실제 이미지가 대상에 대한 확신을 가져다준다면, 사실 심상은 그렇지 않다. 심상 형성에 개입되는 추상적인 요소로 인해, 종종 엄청난 수의 실제 이미지가 혼합되는— 변증법적인 과정에 의해 변형된— 내용의 복잡성으로 인해, 항상 심상은 신용할 수 없다. 그런 심상들을 당연히 구별할 필요가 있는데, 그와 동시에 심상이 제공하는 이점은 구별하지 말 것을, 반박하지 말고 받아들일 것을 요구한다. 그 대가로 심상들이 정확하고 응축된 표현, 사물을 얻기 위한 경제적 수단으로서의 가치와 유용성을 보존하기 때문이다. 따라서 심상으로 인해 몇몇 개인의 두뇌에뿐만 아니라 인간의 과학에도 오류가 도입된다. 그것이 심상의 단점인데, 라블레[26]는 팡타그뤼엘이 사틴 나라에서 만나는, "증언학교를 경영하는" 위디르[27]라는 이름의 "흉측하

. .

26. [옮긴이] François Rabelais (1483/1494~1553). 르네상스 시대 프랑스의 인문주의 작가로서 익살스럽고 풍자적인 걸작 『가르강튀아와 팡타그뤼엘』로 잘 알려져 있다. 이 작품은 거인 가르강튀아와 그의 아들 팡타그뤼엘 및 동료들의 기이한 모험을 다룬 이야기인데, 총 5권으로 구성되어 있다. 본문에서 말하는 위디르의 에피소드는 5권에 수록되어 있다.
27. [옮긴이] 위디르라는 작중인물의 이름은 "소문"을 뜻하는 oui-dire라는 단어를 상기시키는 상징적 효과가 있다.

게 생긴 기형의 키 작은 꼽추 노안"을 통해 이를 상징적으로 나타냈다. "그는 입이 귀까지 찢어져 있고, 입안에 일곱 개의 혀가 있는데 혀마다 일곱 부분으로 갈라져 있었다. 그런데도 그는 그 일곱 개를 가지고 다양한 이야기를 다양한 언어로 동시에 말했다. 머리와 몸의 나머지 부분에는 옛날 아르고스[28]가 가지고 있던 눈만큼 많은 귀가 있었다. 게다가 그는 장님이었고, 다리가 마비되어 있었다."라고 라블레는 이야기한다. 그의 주위에서 사람들이 이야기를 듣고 있었는데, "잠시 후 그들은 서기와 학자가 되어 많은 경이로운 것들을 놀라운 기억력으로 우아하게 말했다. 그중 백 분의 일만 알려고 해도 평생이 걸릴 것들이었다. 피라미드, 나일강, 바빌론, 혈거인穴居人, 히만토포드족, 블레미아이족, 피그미족, 식인종, 히페르보레이의 산들, 아이지판족, 모든 악마, 위디르에게 들은 모든 것을." 그런데 여기서 풍자가 겨냥하는 것은 단지 대중적인 지식만이 아니다. 왜냐하면 라블레는 헤로도토스,[29] 플리니우스,[30] 마르코 폴

• •

28. [옮긴이] 그리스 신화에서, 세 개 또는 네 개의 눈을 가진 괴물인데 온몸에 무수한 눈을 가지고 있었다고도 한다.

29. [옮긴이] Herodotos (BC. 484?~425?). 그리스의 역사가로, 고대에 창작된 최초의 위대한 이야기체 역사인 그리스와 페르시아 전쟁의 『역사』(『페르시아 전쟁사』라고도 함)를 썼다. 서양 문화에서 그는 "역사학의 아버지"로, 체계 있게 사료를 수집하고 어느 정도 사료의 정확성을 검증하였으며 잘 짜여진 생생한 줄거리에 따라 사료를 배치한 최초의 역사가로 알려져 있다.

30. [옮긴이] Gaius Plinius Secundus (23~79). 로마의 학자이자 작가로서, 저작물은

로,[31] 스트라본,[32] 알베르투스 마그누스[33]와 같은 저자들이 위디르 주변에서 주의 깊게 메모하는 모습을 빠짐없이 등장시켰기 때문이다. 평판이 좋은 저서로 그 시대 학생들에게 그때까지 인간의 학문에 의해 기록된 심상들을 제공한 많은 저자들을 말이다. 라블레의 눈에는 심상이, 여기서 우리가 제시하는 것처럼, 경우에 따라 인류에게 사물을 실제와 다르게 생각하게 하는 하나의 수단으로 보인 것이다.

***

··
모두 102개에 달하지만 현존하는 것은 77년에 완성된 『박물지』뿐이다. 『박물지』는 백과사전적인 저서로, 모두 정확하지는 않지만 중세에 이르기까지 과학적인 문제에 있어 권위를 지녔다.

31. [옮긴이] Marco Polo (1254~1324). 이탈리아 베네치아 출신의 상인이자 탐험가이다. 그는 『동방견문록』으로 유명한데, 그것은 마르코 폴로가 여행한 지역의 방위와 거리, 주민의 언어, 종교, 산물, 동물과 식물 등을 서술한 책이다. 그러나 마르코 폴로가 이 책을 직접 쓴 것은 아니다. 그는 제노바 전쟁에 참전했다가 포로로 잡혔을 때 함께 수감 생활을 했던 루스티켈로라는 작가에게 동방에서 겪은 일을 구술했고, 루스티켈로가 집필했다.

32. [옮긴이] Strábōn (BC. 64/63~24). 고대 그리스의 지리학자, 역사가, 철학자이다. 프톨레마이오스와 함께 고대 그리스에서 가장 뛰어난 지리학자로 일컬어진다. 유럽, 이집트, 리비아, 아시아 등 여러 곳을 다니면서 지형, 지구대, 동식물을 관찰하여 모두 17권으로 된 『지리학』을 집필했다.

33. [옮긴이] Albertus Magnus (1193~1280). 독일의 신학자, 철학자, 자연 과학자로서, 토마스 아퀴나스와 함께 스콜라 철학을 완성시켰다. 폭넓은 지식과 학문 영역의 보편성 때문에 대(大)알베르투스, 보편적 박사라고도 불린다.

심상은 개인에게도 더 직접적인 보바리즘의 원인이 된다. 이미 주목한 것처럼, 각 개인에게 있어서 교육은 유전적인 요소와 협력 또는 싸움을 시작한다. 유전적 특성에 의해 정해진 적성을 타고난 인간은 그런 방식으로 제시되지 않았다면 습득하지 않았을 존재 방식을 심상을 통해 자기 것으로 만들 수 있다. 그러나 그것이 다가 아니다. 심상에 의해 실제로 변화될 수 있는 능력 이외에, 인간에게는 자신이 실현할 수 없는 존재 방식, 자신에게 적합하지 않은 감정, 자신이 도달할 수 없는 목표를 심상을 통해 생각하는 능력도 있다. 인간의 지식 능력은 실현 능력을 초과한다고 말한 바 있다. 바로 이 초과 때문에 인간은 자신의 에너지가 방향을 바꾸고, 감소하고, 낭비되는 것을 볼 위험을 무릅쓴다. 도달할 수 없는 목표가 성취할 수 있는 목표와 동시에 인간의 의식에 투영되고, 이 거울 안에서 둘 다 에너지의 선택에 회부되기 때문이다. 그 선택은 멋대로 이루어지는 것은 아니다. 그것은 두 종류의 관계에 의해 결정된다. 한편으로는 유전적 적성과 관심사의 힘이 얼마나 막강한가에 따라, 교육의 영향을 받는 정도가 다양하게 나타난다. 다른 한편으로는 교육이 어느 정도 적성에 적합할 수도 있고 적성에서 벗어날 수도 있다. 교육으로 대표되는 사회적 환경이 보유한 모든 심상 이미지 중에 개인의 유전적 특성에 가까운 방향으로 활동을 야기하기에 적합한 이미지를 의식의 거울에 나타나게 한다면, 개인은 가장 유리한 조건에서 자기실현을 하게 될 것이다. 똑같은 강도로 제시되는 다양한 목표 중에서, 당연히 개인은 이미 천성적인 충동에 의해 끌리는 목표를 선택할 것이다. 그와 달리 낯선 심상과 이미지가 유전적 특성에 알맞은 이미지와 심상보다 더 강하고 선명하게 가장 매혹적인 모습으로 의식의 거울에 나타난다면, 에너지는 자기 자신과 분리될 것이다. 한쪽은 본능, 다른 한쪽은 본보기라는 상반되는 두 가지 방향에 이끌려 에너지는 주저하고 고통받게 될 것이다. 게다가 유전적 개성의 힘이 강한지 약한지에 따라 좌우되는 싸움의 결과가 어떻든, 에너지는 심상에 갇혀 있는 낯선 이미지들로부터 심각하든 아니든 공격을 받게 된다. 싸움에서 지면, 에너지는 유전적 특성에 의해 정해진 목표와 알맞은 일을 무시하고 더 나아가 경멸까지 하면서, 자신에게 가장 맞지 않는 목표와 일에 열중한다. 바로 이런 식으로 인간은 자신을 실제와 다르게 생각하게 된다.

게다가 자기 자신에 대한 잘못된 개념 작용에는 수많은 미묘한 차이와 몹시 불공평한 결과가 포함된다는 것을 알 수 있다. 사실 인간은 유전적 특성으로부터 단 하나의 방향만 갖게 되는 일은 거의 없다. 오히려 수많은 성향이 인간의 내부에 존재하여 모든 방향의 감수성과 정신으로 자기 발전을 하기에 적합하게 해주는 경우가 대부분이다. 아마도 이런 다양성 때문에 인간은 온갖 영향을 받을 수 있을 것이다. 그러나 이 성향들은 정도의 차이를 가지고 존재한다. 그것들은 상호 서열을 이루게 되는데, 성향의 서열이 존재한다는 것은 보바리즘의 상태를 만들어내기에 충분하다. 환경에 의해 부과된 심상의 영향으로 순서가 뒤바뀌기만 하면, 이미지의 부추김을 받아 인간이 더 강한 성향보다 더 약한 성향에 우선권을 주기만 하면 된다.

인간이 자신을 실제와 다르게 생각하는 위험성은 문명의 발달과 함께 증가하는 것 같다. 과거의 모든 취득물 중에서, 이전의 인류가 정신적, 지적, 감정적 노력으로 실현한 모든 개념 작용 중에서, 한마디로 말해 개인에게 제공되는 모든 심상 중에서, 개인이 자신에게 지식과 구경거리의 대상으로 남아 있어야 하는 것과 실천의 대상이 될 수 있는 것을 구별하는 어려움은 집단 자산의 증가와 함께 더 커진다. 따라서 보바리즘 의 개념 작용은 진보한 문명의 모든 시대에서 흔히 볼 수 있다. 그것은 비평 능력의 결여에 좌우되는 모습을 보인다. 그런 경우 그것은 흔히 발생하는 결과를 더 자주 초래한다. 즉 에너지가 사용되는 일에 완전히, 혹은 거의 적응하지 못한 탓에 에너지가 파괴되거나 약화된다.

제3장

개인의 보바리즘

1. 몰리에르와 희극 작가들에서 나타나는 개인의 보바리즘.
2. 쇼펜하우어의 웃음 이론.
3. 비극적 보바리즘의 원리로서의 관습.
4. 유년 시절.
5. 천재성.
6. 속물근성.

1

앞에서 살펴본 관점에 따라 플로베르의 소설을 읽으면, 그가
인물들의 희극적인 면을 부각하는 한 개인의 보바리즘에 대해
말할 것이 거의 없다.[34] 이 경우, 플로베르는 몰리에르에 의해

‥

34. 이 관점의 더 상세한 적용에 대해서는 쥘 드 고티에가 1892년에 레오폴드
세르프(Léopold Cerf)에서 출판한 *Le Bovarysme, la psychologie dans l'oeuvre
de Flaubert*(『보바리즘, 플로베르 작품에 나타난 심리학』)이라는 제목의

보완된다. 『서민 귀족』, 『우스꽝스러운 프레시외즈들*Les Préci-euses ridicules*』, [35] 『유식한 여인들*Les Femmes savantes*』은 보바리즘의 많은 경우를 우리에게 보여 주는데, 그것을 논증하기가 너무 쉬워서 굳이 강조할 필요도 없다. 여기서는 신분, 계급, 성별, 타고난 지능이라는 상황에 의해 일정한 존재 방식이 정해진 인물들이 열기에 사로잡혀 본성과 사회가 만들어놓은 모습과 다르게 자기 자신을 생각하고, 비틀거리고, 경험이 없는 탓에 수많은 실수를 저지르고, 환경으로부터 끊임없이 피해를 보는 역할을 맡기 때문에 우리의 웃음을 유발한다. 그들은 자신이 상상하는 모습과 유사하다고 확신하는 것으로 보이는데, 이 확신 때문에 결국 그들은 웃음거리가 되는 동시에 그들의 괴벽에 비위를 맞출 줄 아는 사람들에게 쉽게 속는다.

아르놀프, 스가나렐, 바르톨로 같은 사람들은 동일한 경우에 속한다. 스가나렐의 경우, 자신이 사랑을 불러일으킬 수

• •

소책자를 볼 것.

35. [옮긴이] 17세기 프랑스 사교계에서 유행한, 취향과 감정의 섬세함을 과시하는 사교 및 표현의 한 양식을 프레시오지테(Préciosité)라고 한다. 이 풍조는 랑부예 후작 부인의 살롱에서 처음 시작되어 점점 문학으로 파급되었는데, 그렇게 도도하고 고결한 태도를 취하는 재치 있고 세련된 귀부인들에게 붙여진 이름이 바로 프레시외즈(précieuses)이다. 프레시외즈의 꾸민 말투나 세련된 표현은 많은 사람으로부터 칭송을 받았지만, 그들의 현학적 취미와 허세를 비웃는 사람들도 있었다. 대표적으로 몰리에르는 희극 『우스꽝스러운 프레시외즈들』에서 그들을 웃음거리로 삼았다.

있다는 믿음과 자신이 사랑받고 있다는 확신만으로도 그가 조잡한 술책을 몰라보고 거기에 속는 것이 충분히 설명된다. 『수전노*L'Avare*』는 실제의 즐거움보다 정신에 의해 준비된 비현실적인 즐거움을 더 좋아하는 능력의 과도한 발달을 그 해악과 함께 우리에게 보여 주고, 『상상병 환자*Le Malade imaginaire*』는 상상하는 능력에 굴복한 생리학 자체를 보여준다.

시각의 방식이 우리가 보바리즘으로 표현한 것과 똑같다면, 다른 모든 작가의 희극적 주인공들도 몰리에르의 주인공과 똑같은 특징을 드러낼 것이다. 고대와 현대의 연극을 검토해 보면, 그런 주장의 보편성이 증명될 것이다. 즉 인간의 모든 웃음은 보바리즘 각도의 구간 안에, 어떤 인물의 현실과 그가 집착하는 자기 자신에 대한 잘못된 개념 작용 사이에 형성되는 편차 안에 존재한다. 바로 이 구간 안에서 그는 비틀거리고 균형을 잃으며 우스꽝스러운 광경을 제공한다.

2

이런 전개는 그것만으로도 여러 권의 책을 써야 할 텐데, 어떤 장치의 메커니즘을 명시하는 것 이외의 다른 목적이 없는 연구에는 알맞지 않다. 희극을 전부 검토하는 시도는 단념하고, 그 검토의 서문에 해당하는 쇼펜하우어의 웃음 이론을 언급하는 것으로 충분하다. 그것은 여기서 설명하는 관점에 명확하게 부합될 수 있다. 사실 쇼펜하우어는 언제나 웃음은 같은 대상에 관한 두 가지 지식 상태의 불일치가 갑자기 드러나게 되는 것에서 유래한다고 지적한다. 하나는 개념에 의해 주어진 상태의 지식이고, 다른 하나는 직접적인 직관에 의해 주어진 지식이다. 개념은 앞에서 묘사한 심상과 다르지 않다. 그것은 생각의 수단인데, 오직 직관만이 그 재료를 마련해줄 수 있는 특권을 가지고 있다. 인간의 정신은 서로 유사점을 제공하는 개개의 직관들을 개념이라는 형태로 한데 모으고, 생각의 골조를 세우기 위하여 개념이라는 형태를 통해 결합이나 대립과 같은 다양한 관계에 따라 개개의 직관들을 연관시킨다. 그러나 심상과 마찬가지로 개념은 오류와 비약의 장소이다. 특수한 경우에만 해당하는 특수한 직관을, 완전히 다르거나 혹은 많은 경우에 다른 개념에 속하는 직관을 정신은 일반적인 개념으로 지레 이해하는 일이 빈번하다. 이런 편견에 사로잡힌 정신이 직관과 접촉하게 되면, 정신과 실재의 직접적인 관계를 표현해 주는 확실한 직관은 이전에 생각했던 대상과 실제 대상 사이에 존재하는 모순이나 불일치를 곧바로 드러낸다. 이 두 가지 지식 상태의 급작스러운 만남에서 어김없이 웃음이 터져 나온다. 그것은 메마른 물체에 유황을 문지르면 어김없이 불꽃이 튀는 것과 마찬가지이다.

우스꽝스러운 분장은 웃음을 야기하는 고전적인 방식으로,

그런 법칙에 토대를 두고 있다. 코르셋, 페티코트, 와토[36]의 그림에 나오는 것 같은 바구니, 깃털 달린 모자, 부채, 분과 연지와 같은 다양한 물건들은 모두 여성의 옷이나 장식이라는 개념에 포함된다. 이런 물건들로 성인 남자를 분장시키고 치장하면, 그의 목소리, 몸짓, 거동, 변장하여 그의 진짜 본성을 저버리는 모든 것은 대조를 통해 즉시 모두의 웃음을 야기하게 될 것이다. 이야기나 사건이 처음에는 추상적으로 보일 수 있다 하더라도, 웃음을 초래하는 모든 경우에는 이 우스꽝스러운 분장의 요소가 들어 있다. 쇼펜하우어는 이런 주제에 관해 다양한 사례를 모았다. 그것은 『의지와 표상으로서의 세계』 제1부에 대한 부록[37]의 제8장 "우스꽝스러움의 이론에 관하여"

· ·

36. [옮긴이] Jean Antoine Watteau (1684~1721). 18세기 초 프랑스 로코코 양식의 대표적인 화가이다. 로코코 양식은 루이 15세 시절 프랑스에서 유행하던 화려하고 장식적인 미술 양식을 일컫는데, 와토는 우아하고 목가적인 전원 풍경을 배경으로 남녀의 연애나 축제 같은 여흥을 화려하게 표현하는 데 특출났다.

37. [옮긴이] 『의지와 표상으로서의 세계』는 1819년에 출판되었는데, 쇼펜하우어는 1844년에 제2판을 두 권(Volume)으로 출판한다. 제1권은 1819년의 제1판의 내용을 부분적으로 보완한 것이지만, 제2권은 제1권에서 다룬 주제들을 확장시킨 수십 편의 에세이로 구성된다. 따라서 제1권은 표상으로서의 세계와 의지로서의 세계를 번갈아 다루는 총 4부(Book)로 구성되어 있고, 제2권은 제1부에 대한 부록, 제2부에 대한 부록, 제3부에 대한 부록, 제4부에 대한 부록으로 구성되어 있다. 본문에서 말하는 것은 바로 제2권에서 제1부에 대한 부록 중의 여덟 번째 에세이를 가리키는 것이다. 국내의 번역본들에서는 한 권의 책을 구성하는 Book을 "권"으로 옮겨 『의지와 표상으로서의 세계』가

에서 찾아볼 수 있다.

자신을 실제와 다르게 생각하는 존재의 모든 실제 행동은 쇼펜하우어가 설명한 것과 같은 웃음 이론에 속한다. 그 행동들은 모두 결과적으로 개인의 진짜 현실과 추측했던 현실 사이의 모순을 분명하게 드러낸다. 희극 작가들은 항상 이런 이중의 빛으로 인물들을 관객에게 소개한다. 인물들 각자는 정해진 에너지의 질과 양을 나타내는 일반적인 개념에 포괄되는데, 인물 고유의 특수한 에너지는 결코 그 개념에 속하지 않는다. 따라서 인물의 모든 행동은 직접적인 직관을 통해 인물 내부의 모순, 즉 그의 에너지를 불안정하게 만드는 균형과 조화의 결핍을 인물의 의도를 알고 있는 구경꾼의 눈에 드러낸다.

연극에서는 보바리즘 현상이 다르게 사용되기도 하는데, 주인공은 자신과 다르다는 것을 잘 알면서도 목적을 위해 어떤 인물로 가장한다. 여기서 심리학을 실행하는 사람은 바로 주인공이다. 그는 자신이 다르다는 것을 알고 있는 명석한 정신의 소유자로서 냉소적인 태도로, 속이기로 선택한 사람의 눈앞에서 자신을 꾸민다. 모두의 마음속에 미리 심상의 형태로 그 표상이 존재하는 일반적 자질, 즉 관대함, 덕성, 선함, 신앙심,

..

제1권, 제2권, 제3권, 제4권으로 구성되어 있으나, Volume 1, 2를 의미하는 것과의 혼동을 피하기 위해 여기서는 『의지와 표상으로서의 세계』가 총 4부로 구성되어 있다고 설명하였다.

종교와 같은 것들로 치장하는 것이다. 그리고 상대방을 확실하게 지배하기 위해, 상대방이 속아서 자신의 태도가 환기하는 개념들과 자신을 동일시하기를 기대한다. 이런 계산을 하면서 비극과 희극의 중간 단계에 있는 인물이 바로 타르튀프[38]이다.

3

보바리즘이 개인에게 비극의 원인이 되는 경우에 대해서는 강조할 필요도 없다. 격렬한 에너지를 갖춘 인물의 영혼이 현상의 무대에 등장하면 즉시 희극은 비극으로 변한다는 것을 보바리 부인을 계기로 이미 살펴보았다. 이런 인물은 모델의 외양을 모방하는 행동으로 그치지 않는다. 그는 자신과 다른 그 모델과 자신이 일치한다는 것을 실제 행동으로 증명하고자 모델이 성공을 거둔 일에 착수한다. 이 실제 현실과의 싸움에서 그의 무능력, 나약함, 무경험은 그의 파멸을 야기한다. 희극의 인물이 우스꽝스럽게 비틀거리는 구간이 그에게는 심연으로 움푹 파이고, 그는 그 심연 속에서 무너진다. 이런 형태의 보바리즘에는 패배한 티탄[39]과도 같은 특징이 있어서, 힘이나

· ·

38. [옮긴이] 프랑스 극작가 몰리에르가 1664년에 발표한 희극 『타르튀프(*Le Tartuffe ou L'imposteur*)』의 주인공으로 전형적인 위선자이며 사기꾼이다.
39. [옮긴이] 그리스 신화에 등장하는 거대하고 강력한 신의 종족이다. 문헌에 처음 등장하는 12명의 티탄은 우라노스와 가이아의 아들 6명과 딸 6명인데, 가이아의 부추김을 받아 막내아들 크로노스의 지도 아래 아버지 우라노스에

능력을 자만하는 데에서 비롯된 가장 저속한 사건, 모든 신체적 재난, 온갖 다양한 사고를 언급하게 될 정도로 품위가 실추되기도 한다.

자신의 지능, 재주, 신체적 힘의 가치에 대해 개인이 자만하는 경우를 각자 상상해 보면, 그런 경우들에서는 비극적 보바리즘의 사례들처럼 환경과 풍습이나 관습의 영향으로 개인이 자신의 감수성에 대해 스스로 만들어내는 잘못된 개념 작용만 포착하게 될 것이다. 복수하고 죽이게 만드는 질투가 있다. 또 모욕한 사람의 것이든 모욕받은 사람의 것이든, 자극받으면 피를 통해서만 격분을 가라앉힐 수 있는 과민함이 존재한다. 그런 극단적인 감정은 바로 그 강렬함 때문에 대부분의 인간 사회에서 모델로 여겨졌고, 그런 사례들을 토대로 명예의 규범이 형성되었다. 그런 방식의 감정을 찬양하는 여론 때문에, 각 개인은 그런 감정을 느끼지 않으면 비열하다고 믿게 된다. 그리하여 소문으로 전해 들어 그런 방식을 강요받지 않았더라면 생각하지도 못했을 사람들이 타인의 경멸이나 자기 경멸에 대한 두려움 때문에 그것을 자신의 행동 규칙으로 받아들인다.

• •

반기를 들고 전쟁을 일으켜 결국 우라노스를 몰아내고 세계를 지배했다. 그러나 크로노스의 아들 제우스가 역시 아버지에게 반기를 들고 일어나자 많은 티탄은 크로노스의 편에서 싸웠다. 제우스를 비롯한 올림포스의 신들은 이 전쟁에서 승리하고 티탄족을 지하 세계인 타르타로스에 감금하고 봉인해 버렸다.

이렇게 해서 사람들은 실제 자신의 감수성이 아니라 자신의 것이라고 믿는 감수성에 따라 행동하게 된다.

명예에 관한 일은 각 국민의 관습에 의해 정해지는 것으로, 대부분의 개인 의식에 막대한 지배력을 가지고 있다. 그로 인해 본성보다 더 강한 여론이 개인의 깊은 내면이나 본능을 왜곡시키고 가공하는 것을 볼 수 있다. 서투른 사람이 자기 발가락을 다치게 했다는 이유로 칼에 맞아 죽는 사람들이 있다. 관습의 지배를 받지 않았더라면, 자신을 모욕한 사람에 대해서조차 생명을 위협할 생각을 하지 않았을 사람들인데 말이다. 일본의 할복자살은 명예에 관한 일이 요구한 결과로서 우리의 결투보다 훨씬 더 기이하고 극단적이다. 여기서 관습은 모욕받은 사람이 굴욕과 모욕을 받은 이후에 살아남지 말 것을 요구한다. 우리의 경우는 더 솜씨 좋은 상대방에게 죽임을 당할 위험을 무릅쓰는 것이지만, 일본에서는 자기 배를 갈라 자살하는 것이다. 비방하려는 목적에서, 어설픈 합리주의의 하찮은 관점으로 경멸하기 위해서, 편견과 관습의 결과를 인용하지 않도록 하자. 그것은 다만 예로 제시될 뿐이다. 우리가 제시하는 이런 자발적인 죽음의 상당수가 관습의 암시 때문이라고 생각해도 성급한 판단은 아닐 것이다. 관습의 암시는 개인의 무게 중심을 옮김으로써 그가 자기 자신을 실제와 매우 다르게 생각할 수밖에 없게 만든다. 그때 개인은 자신의 고유한 자아와 가장 강한 보존 본능을 가장 비극적인 방식으로 자신에 대한 잘못된 개념 작용에 희생시킨다.

따라서 관습은 나라마다 다르지만 같은 나라에 사는 사람들에게는 일률적인 암시 원리라는 것을 알 수 있다. 그런데 이 암시의 영향을 받는 감수성들은 아무리 공통점이 있다고 하더라도 절대 똑같지는 않으므로, 각 관습에 대해 개인적인 경우들을 수집할 수만 있다면 다양한 관습에 관한 연구는 보바리즘의 풍부한 근원을 밝혀 주는 결과가 될 것이다. 하지만 여기서는 정해진 방법에 따라 예상할 수 있는 전반적인 방향만 알아보기로 한 의도에 충실하여, 오랜 연구를 해야만 철저히 파헤칠 수 있는 심리학적 연구 분야에 대해서는 그저 언급만 하는 것으로 그친다.

4

개인의 보바리즘에 대한 고찰을 끝맺기 전에, 현상이 대단히 명료하게 드러나고 구성 요소들이 매우 다양한 비율에 따라 모여 있는 것으로 나타나는 경우 세 가지만 살펴보고자 한다.

첫 번째 경우는 유년 시절의 보바리즘이다. 분명하게 병적인 원인에 의해 인격이 변해 보이는 망상이나 광기 같은 비정상을 제외하면, 유년 시절은 자신을 다르게 생각하는 능력이 가장 명백하게 나타나는 자연적 상태이다. 여기서 이 능력은 보편적이고 매우 활발하게 행사되는데, 그것을 보면 이 능력에 본래 인간적인 특성이 있다는 것을 알 수 있다. 인생의 초기에는 유전적 역량이 온통 골격과 세포 조직과 신경, 일반적으로 말해서 육체적인 존재를 구성하는 데에 쓰이므로 환경에 의해 야기된 심상 이미지와 정신 상태에 관해서는 대단한 저항을 하지 못하는 것 같다. 그래서 아이들은 외부의 모든 자극에 대한 비범한 감수성과 동시에 인간이 학습을 통해 획득하여 심상에 담아 전달하는 모든 지식에 대한 놀라운 욕구를 나타내는 것을 볼 수 있다. 이 감수성으로 인해, 아이들은 독서나 본보기를 통해 강하게 그 이미지가 암시된 취향이나 성향을 주저 없이 자기 것으로 삼는다. 메인 리드[40]와 페니모어 쿠퍼[41]가 아이의 머리에 깃털을 꽂아주고 활과 화살을 주며 야생의 삶에 대한 애정을 고취시키자, 아이는 싸움터로 돌진한다. 샹젤리제에서, 튈르리에서, 또는 부모의 시골 정원에서 아이는

• •

40. [옮긴이] Mayne Reid (1818~1883). 아일랜드 출신의 미국 소설가로 1846~1848년에 멕시코–미국 전쟁에 참전했다. 그의 책들은 대부분 북아메리카의 모피 사냥꾼, 야생의 영토, 인디언, 노예를 착취하며 살아가는 식민지의 농지 소유자들을 통해 아메리카의 삶을 이야기한다.

41. [옮긴이] James Fenimore Cooper (1789~1851). 미국의 소설가로 '미국의 스콧'이라 일컬어질 정도로 모험적 로맨스의 이야기에 능했다. 식민지, 바다, 개척지 등을 소재로 낭만주의의 세계를 그렸고, 그 후 사회 비평으로 관심을 돌려 미국의 현실을 비판하였다. 독립 전쟁 비화인 『스파이』를 발표해 알려졌으며, 영화로도 만들어진 『모히칸족의 최후』, 『파일럿』 등의 작품이 있다.

뱀과 사자를 비롯해 원시림의 모든 동물을 만난다. 아이는 땅바닥에 귀를 대고 적군 부족의 함성이 울리는 것을 듣는다. 놀이하는 동안 아이는 매우 빈번하게 위대한 인물로 변신하여, 자기 마음대로 장군이나 의사나 황제가 된다. 그러나 아이는 또한 변화무쌍한 존재이므로 개나 말이나 새가 될 수도 있다. 아이는 네발짐승처럼 달리거나 두 팔을 날개처럼 펼치고 날아 간다. 이런 변신은 평범한 놀이의 한계를 초월하여, 매 순간 가장假裝이 현실이 되는 위험을 무릅쓴다. 그리하여 나무 기둥 뒤에 매복하고 있던 무모한 사냥꾼이 호랑이가 다가오면서 포효하는 소리를 듣고 공포에 빠져 하녀의 무릎을 향해 뛰어 도망치는 일이 벌어진다.

각자 자신의 기억을 되살려보면, 그 나이에는 정신에 대한 현실의 힘이 얼마나 약한지, 오히려 정신이 현실을 왜곡하는 힘이 얼마나 강한지 상상할 수 있을 것이다. 아이는 인과 관계 자체를 가지고도 놀이를 한다. 아이는 주저 없이 현상의 결정론 을 바꾼다. 한 어린 여자아이가 제 또래의 친구들에게 동전을 나누어주고 있었다. 친구들이 "너한테는 더 이상 동전이 없을 거야."라고 말하자, 어린 낭비자는 친구들의 주장에 반박하기 위해 자기 정원을 보여 주었다. 그리고 물푸레나무 한 다발과 제라늄 꺾꽂이 가지 사이에 동전나무 밑동을 얻으려고 동전을 뿌려놓은 장소를 가리켰다. 마르그리트 형제[42]의 어린 소녀

제트는 침대 주위에서 윙윙거리는 파리와 자신을 동일시하여 파리처럼 자기 방의 벽을 따라 천장까지 올라가고 싶어 한다. 소녀는 펄쩍 뛰어올라 두 손으로 매달리려고 애쓰다가 미끄러지자 놀란다. 그리고 좀 더 쉽게 시도하려고 의자를 벽에 기대어 세워 놓고 그것을 발판 삼아 올라가다가 발판이 무너지는 바람에 넘어져서 이마에 혹이 난다. 이것이 바로 유년기 보바리즘의 완벽한 사례이다. 자신을 실제와 다르게 생각하다 보면, 아이는 자신을 매혹시킨 본보기의 자질과 적성을 제 것으로 삼아 일상의 현실이 개인의 실현 능력을 거부하는 순간에 이르기까지 원하는 대로 자기실현을 하기 때문이다. 그리하여 유년기의 많은 성향은 평가의 시련에 부딪혀 깨어지고 추구한 목표에 지능이 부적합하다는 것을 보여 준다. 또 성인이 되었을 때의 체격이 어린 나이에 추정하던 것과 일치하지 않는 경우들도 있다. 즉 한니발이나 나폴레옹의 영광으로 인해 군인이라는 직업에 열광했던 사람이 허약한 체질이라는 것이 밝혀진다. 그는 모든 훈련에 적응하지 못하고, 유순한 기질을 가지고 있다. 비슷한 실수가 반복되는 것은 결코 하찮은 일이 아니다.

· ·

42. [옮긴이] 폴 마르그리트 (Paul Margueritte, 1860~1918)와 빅토르 마르그리트 (Victor Margueritte, 1866~1942)를 말한다. 이들 형제는 모두 프랑스의 작가로, 각자 작품을 창작했을 뿐만 아니라 공동으로도 많은 작품을 집필했다. 여기서 말하는 제트는 두 형제가 공동 집필한 『제트, 어린 소녀의 이야기 (Zette, histoire d'une petite fille)』(1903)에 나오는 인물이다.

실수를 하다 보면, 개인의 에너지는 확장되고 규정되기에 가장 적합한 시기를 거치는 동안 목적지에서 등을 돌리게 된다.

아이는 이미지에 의해서 내부에 유발된 열광에 지배되어 자기에게 없는 능력을 제 것으로 삼거나 적합하지 않은 운동과 학업에 전념하고 자신의 실제 적성은 무시하는 위험을 무릅쓴다. 그와 동시에 심상에 대한 왕성한 욕구로 인해 인간의 학문에 포함된 모든 거짓과 오류에 누구보다도 더 잘 동화될 각오를 한다. 사실 아이가 가진 왕성한 욕구의 반대급부는 배운 것에 대한 거리낌 없는 믿음이다. 각인된 심상은 눈으로 본 것보다 더 강한 확신을 아이에게 준다. 오랜 기간 심상은 그 보편적 특성으로 인해 개인의 경험보다 더 우세한 권위를 갖는다. 그것을 이해하려면, 어린 소녀 앞에서 교리 교육의 명제나 어떤 성스러운 이야기를 의심해 보는 것으로 충분하다. 만약 아이가 농담으로 받아들이지 않는다면, 아이에게는 현실 자체와 다를 바 없는 확신이 흔들리기는커녕 아이는 그런 말을 한 사람이 무지하다고 결론을 내린다. 심상의 내용에 대한 신봉과 믿음에 확신의 토대를 두는 아이의 능력은 관찰된 사실에 확신의 토대를 두는 능력보다 우세하다. 어떤 이념을 대변하는 정당이든, 정당이 교육의 원천을 독점하고자 그토록 열의를 보이는 것은 이런 메커니즘을 잘 알고 있기 때문이다. 외부 세계와 사람들과 관념과의 관계에서 심상을 통해 미리 준비시키고 배포해 준 이상형에 따라 아이들이 자기 자신을 생각하도록 구속하는 강력한 수단이 바로 교육이라는 것을 그들은 알고 있다.

5

자신을 다르게 생각하는 경향이 대단한 감수성을 보여주는 모든 인간의 공통적인 상태 이외에 더 특수한 경우가 두 가지 있다. 그것은 서로 반대되는 경우일 수 있다. 이미 고찰했고 종종 묘사도 했지만, 그 경우들은 여기서 일반적 특성을 설명해 주는 법칙에 연결됨으로써 명확성을 얻게 될 것이다. 하나는 에너지 과다로 보바리즘을 형성하는 경우이고, 다른 하나는 에너지 부족으로 보바리즘을 형성하는 경우이다. 전자는 천재의 보바리즘이고, 후자는 속물의 보바리즘이다.

천재의 보바리즘은 스노비즘처럼 특별한 명칭을 얻지는 않았지만, 잘 알려진 클리셰가 그것을 지칭하면서 수많은 유사한 사실들이 분류되는 항목을 만들어낸다. 그 클리셰는 바로 앵그르의 바이올린[43]이다. 선線의 훌륭한 대가였던 앵그르가 자신이 타고난 화가의 재능보다 음악가의 솜씨를 더 높이

· ·

43. [옮긴이] 전문적으로 하는 것이 아니라 틈틈이 취미로 하는 재주나 일을 가리키는 것으로, 19세기 프랑스의 화가 앵그르(Jean-Auguste-Dominique Ingres, 1780~1867)가 취미로 바이올린을 연주한 데서 유래한 표현이다.

평가했다는 것은 잘 알려진 사실이다. 특히 그는 더 많은 열정을 가지고, 더 많이 음악을 즐겼다. 그런데 다른 많은 위대한 사람들도 자기 자신에 대한 평가에서 비슷한 잘못을 저질렀다. 완벽한 구성과 리듬과 조화로운 음률을 지닌 문장으로 열렬한 우수의 감정을 아주 적절하게 표현한 것으로만 사람들에게 기억되는 샤토브리앙[44]은 제1집정관을 불안하게 만든 정치가이자 지도자로 자신을 평가했다. 『무덤 저편의 회상*Mémoires d'outre-tombe*』의 몇몇 구절은 미소 짓게 만드는 필치로 작가의 그런 주장을 드러낸다. 위대한 문필가이자 리듬과 단어의 천재적 수사학자인 빅토르 위고[45]는 철학적이거나 정치적인 자신

· ·

44. [옮긴이] François-René, vicomte de Chateaubriand (1768~1848). 프랑스 낭만주의의 선구자 중 한 명으로, 화려하고 섬세한 정열을 가진 문체로 서정적인 작품을 썼다. 『아탈라』, 『르네』, 『기독교의 정수』 등의 작품을 발표했고, 특히 본문에서 말하는 『무덤 저편의 회상』은 30여 년에 걸쳐 집필된 기념비적인 작품이다. 또한 샤토브리앙은 왕당파의 일원으로서 두 번의 장관직과 영국 대사를 비롯한 세 번의 대사직을 수행하기도 했다. 그는 프랑스 대혁명 때 반혁명군에 참가했고, 나폴레옹 1세의 후대로 로마 공사를 지내기도 했으나 나중에는 불화로 평생 나폴레옹을 적대시하였다.

45. [옮긴이] Victor Hugo (1802~1885). 프랑스의 시인, 소설가, 극작가로 프랑스 낭만파 작가들 가운데 가장 중요한 인물이다. 많은 작품을 썼는데, 그중 가장 유명한 작품으로는 『노트르담의 꼽추』, 『레 미제라블』 등이 있다. 만년에는 정치가이자 정치적 저술가로 활동했는데, 1851년에는 나폴레옹 3세의 쿠데타에 반발하여 국외로 추방당했다. 그는 벨기에를 거쳐 영국 해협의 저지섬과 건지섬을 전전하며 거의 19년에 걸친 망명 생활에 접어들어야 했지만, 이 망명 생활 중에 오히려 잡다한 일에서 벗어나 창작에 전념할 수 있게 됨으로써 『레 미제라블』을 비롯하여 대부분의 걸작이 나오기도

의 하찮은 생각에 중요성을 부여하는 바람에 더 비통한 광경을 제공한다. 심지어 괴테마저도 자신의 천재성을 몰라보는 몇몇 표시를 보여준다. 그가 박물학자, 물리학자, 화학자로서의 자신의 작업에 가치를 부여했다는 것을 우리는 알고 있다. 에커만[46]과의 한 인터뷰에서, 그는 자신의 색채 이론 단 하나를 위해서 자신의 전 작품을 다 줄 수 있다고 선언했는데, 후에 그 색채 이론은 오류로 판명되었다. 그는 다음과 같이 말했다. "나는 내 시 작품들에 대해 헛된 기대를 품지 않는다. 내 시대에도 훌륭한 시인들이 살았고, 내 이전에는 훨씬 더 훌륭한 시인들이 있었다. 우리의 뒤를 잇는 사람들 중에도 더 위대한 시인들이 나올 것이다. 그러나 빛에 대한 어려운 문제에 대해서는 우리 세기에 오직 나만이 진리를 알고 있다. 바로 그것이 내게 기쁨을 야기하고, 나의 수많은 동료보다 내가 우월하다는 생각을 갖게 해준다." 그렇지만 과학적인 관점에서 괴테가 가치가 없었다고 말하는 것은 아니다. 그는 과학 분야에서 우수한 두뇌의 자질을 보여주었고, 때때로 선구적인 시각으로 이 분야에서 감탄할 만한 천재성이 표출되기도 했다. 예를 들어 그는 식물학에서

••
했다.
46. [옮긴이] Johann Peter Eckermann (1792~1854). 독일의 작가로 주로 괴테 만년에 그의 조수이자 친한 동료로 알려져 있다. 그의 가장 중요한 작품인 『괴테와의 대화』는 단순한 인터뷰 기록에 그치지 않고 괴테의 인생과 사상에 대한 정보를 예술적으로 선별하여 정리한 것이다.

최초로 꽃은 잎이 재생된 것이라는 생각을 표명함으로써 다양한 표면의 외관 밑에 있는 생리학적 구상의 통일성을 알아냈다. 앵그르의 주장도 근거가 없는 것은 아니었다. 앙브루아즈 토마[47]의 편지들은 앵그르에게 연주자의 자질이 실제로 있었다는 것을 증언해 준다. 그러나 여기서 보바리즘은 단지 가지고 있는 자질보다 가지고 있지 않은 자질을 선호하는 것으로만 이루어지지 않는다는 것을 기억해야 한다. 말했다시피, 에너지 소유자의 판단과 정신 속에서 에너지들의 위계 순서가 뒤바뀌면, 그가 더 강한 에너지보다 더 약한 에너지를 선호하면, 곧바로 보바리즘이 존재하게 된다. 이러한 선호와 판단의 잘못으로 상대적으로 하찮은 재능을 위해 주의 깊게 의식적인 노력을 기울이느라 모든 힘을 소진하므로, 주된 재능을 위한 힘은 남지 않게 된다. 거기에서 초래되는 결과는 땅의 소유주가 가장 비옥하고 풍요로운 땅을 버려두고 가장 황폐한 밭에 파종하겠다고 고집을 부렸을 때처럼 더 적은 수익과 피해로 나타난다.

그러나 천재라는 예외적인 경우에는 이 속임수의 개입을 서둘러 비난해서는 안 된다. 거기에 유익한 역할이 없다고 단언할 수 없다. 천재적 재능은 그것을 나타내는 활동을 통해

● ●

47. [옮긴이] Ambroise Thomas (1811년~1896). 프랑스의 작곡가로서, 대표작으로 오페라 〈미뇽〉과 〈햄릿〉 등이 있다.

반드시 드러나게 마련이다. 천재는 재능의 막강한 지배력을 벗어나지 못하고, 주된 자질 때문에 그의 기관은 그야말로 착취에 시달린다. 그러므로 그에게서 그 지배적인 힘의 방향이 바뀔까 봐 두려워할 게 아니라 어쩌면 그 힘이 부풀려지고 쉬지 않고 움직이다가 그를 무너뜨릴지도 모른다고 생각해야 할 것이다. 어쩌면 그가 자신에 대해 속이는 가짜 적성은 기분 전환으로서 고통이 덜 따르는 일에 에너지를 집중시킴으로써 적절하게 긴장을 풀어주는 역할을 한다고 생각해야 할 것이다.

다른 한편으로는 가장 고도의 활동을 실행할 때 작용하는 무의식으로 어떻게 천재가 자신의 운명에 대해 속을 위험이 있는지를 설명할 수 있다. 노력하는 느낌이 없다는 것은 항상 비용이 덜 든다는 것과 같은 뜻은 아닌데, 어쨌든 그로 말미암아 천재는 자신이 실현하는 작업의 흥미와 중요성을 알아보지 못한다. 반면에 그가 헛되이 두각을 나타내고 싶어 하는 일을 할 때는 노력하고 있다는 감정이 개입하면서 그의 주의력을 강요하고 그에게 소유와 승리에 대한 욕망을 불러일으킨다.

6

천재는 에너지 과다에 의해 자신을 실제와 다르게 생각하고, 속물은 에너지 부족에 의해 자신을 실제와 다르게 생각한다. 속물은 나약한 사람으로 힘이 무엇인지 안다. 그는 가장 하찮은 일에도 서투른데, 더 훌륭한 일이 있다는 것을 알고 있다. 이렇게 형성된 존재이므로, 그는 자신의 나약함을 보는 것을 견디지 못한다. 그래서 가장 충실한 보존 본능은 그에게 그것을 못 보게 하느라 남몰래 애를 쓴다. 그에게는 자기 자신의 시선에 대해 우월성의 가면 뒤로 자신을 숨기는 것이 중요하다. 그는 자신의 의식에 실제와 다른 자신을 투영해야 하고, 자아에 대해 스스로 속을 수 있는 외양으로 꾸며야 한다. 자신이 갈망하는 재능을 얻는다는 것은 그에게는 있을 수 없는 일이다. 게다가 그를 이끄는 확실한 본능은 그가 실패하여 우월성의 가면이 깨져버리게 될 시도를 하지 못하게 한다. 그러므로 그는 평가하는 능력에서, 취향에서, 판단력에서 자신의 가치에 대한 감정을 유지한다. 그리고 조심스럽게 작업 활동을 피한다. 그는 "이해하는 것은 동등해지는 것이다"를 좌우명으로 삼고, 아주 작은 소리로 "능가하는 것이다"라고 덧붙인다. 그는 감탄 속으로 도피하여 다른 사람들의 작업에서 자신의 개인적인 영광을 끌어낸다. 가장 평범한 일에 대한 자신의 무능력으로부터, 자신이 세련되어 가장 고귀한 일만 하도록 예정되어 있다는 결론을 끌어낸다. 또 그런 무능력은 그의 판단을 정당화시켜 준다. 즉 가장 평범한 의견의 논거도 받아들이지 못하고 가장 단순한 취향도 갖지 못한 그는 그 무능력을 이용해 숭고함을 뽐낸다. 그리하여 모든 소재에서 기이한 감정을 택한다. 희귀한 것, 귀중한 것, 이상한 것, 예외적인 것은 그에게 아름다움의 표시이다. 그의 관심사는 평범한 방식으로 생각하지 않는 것이다. 사람들이 서로 다른 것은 공동의 상품과도 같은 의견에 의해서가 아니라, 그 의견을 설득할 수 있는 논거가 피상적인지 심오한지, 조잡한지 세련된지에 달려 있다는 것을 그는 모르기 때문이다.

따라서 그는 가장 일반적인 사고방식을 의심스럽게 여긴다. 그것은 그로서는 아주 논리 정연한 것이다. 자신을 범속한 사람들과 따로 떼어놓으니 자신이 그들을 초월해서 비약적으로 발전했다고 믿을 수 있을 뿐만 아니라, 나약함이라는 은밀한 본능이 접촉을 피하라고 그에게 명령하기 때문이다. 모두가 알기 쉬운 주제에 대해 평범한 수준의 의견을 주장한다면, 그는 모든 사람에게 지적당할 위험을 감수하게 될 것이다. 그의 판단 동기에서 정신의 빈약함이 드러날 것이다. 하지만 반대로 귀중한 것을 선택하는 것은 그를 보호해 준다. 그가 전념하는 대상의 희소성으로 인해, 그는 몰리에르의 인물처럼 잘 이해하지 못하는 것일수록 더 아름답게 생각하는 사람들에게 경외심을 불러일으킨다. 그런 사람들의 동조는 이미 그의 머리를 군중 위로 치켜세운다. 신중하고 겸손한 몇몇 사람들은 그토록 미묘한 문제를 감히 생각해 보려 하지 않는데, 그들의 침묵은 그의 우월성에 대한 고백처럼 보인다. 심지어 기발한 사상가들이 그의 감탄 동기가 매우 특별하다고 격찬하는 일도 생기는데, 부조리하게도 그들이 발견한 그 동기들은 속물이라면 짐작도 하지 못했을 것들이다. 마침내 그의 감탄이 우연히 진짜 감탄할 만한 대상을 향하게 되면, 저명한 사람들도 그의 몸짓과 표정에 속을 수 있다. 속물은 길게 이야기하는 위험을 무릅쓰지 않기 때문이다. 그의 대단한 기교는, 어떤 사람들은 그 기교에 정말 뛰어난데, 침묵을 꾸미고 미화하는 것이다. 그의 연기의 핵심 기술은 자기 자신에 대해 설명하지 않고, 하나의 태도, 하나의 표현, 하나의 몸짓, 기껏해야 어떤 형용사 하나로 그치는 것이다.

그렇게 겉치레만 보여 줌으로써, 자신의 초라한 모습을 누설할 수 있는 모든 빛을 완전히 차단함으로써, 속물은 몇몇 순진한 사람을 운 좋게 속일 수 있다. 그런데 그것은 그의 목적이 아니다. 속물은 다른 사람들을 이용하기 위해 그들에게 자신에 대한 잘못된 의견을 갖게 하려는 모사꾼이 결코 아니다. 그가 자신의 우월성에 대해 꼭 설득하고 싶은 사람은 바로 자기 자신이다. 그런데 그의 어떤 행위도 그 점에 대한 증거의 역할을 하지 못하므로, 그는 타인에게서 증거를 찾는다. 속물은 진지하다. 그가 자신을 호의적으로 판단할 수 있는 구실을 다른 사람들에게 제공하려고 애쓰는 것은 그들의 착각에 힘입어 자기 자신도 착각하기 위해서이다. 그가 속아달라고 애원하는 사람은 바로 자기 자신이다. 그래서 그는 누구든 자신이 과시하는 겉모습을 높이 평가하는 사람과 교제하려 하고, 감탄에 대해 감탄으로 화답하려 한다.

그 결과, 무능력을 위장하려는 필연성이 처음에는 그를 고립시키고 다른 사람들과 협력하는 모든 기회를 멀리하게 하고 기이한 걱정으로 모든 비교를 피하게 했지만, 나중에는 특이한 반전을 통해 그에게 동맹 정신을 불어넣는다. 그가 자신을 더 좋아할 핑계를 자신에게 제공하려면 어떤 특별한 감탄을 통해 다른 모든 사람과 구별되어야 한다. 그런데 그가 계속 고립 속에 남아 있으면, 혼자서 좋은 평가를 해 봐야 그에게 양분이 되는 믿음을 유지할 수 없을 것이다. 그래서 스노비즘은 충분히 사람들이 밀집된 환경에서만, 사교성이 이미 진척된 조건에서만 무르익게 마련이다. 이런 상황들의 도움을 받으면, 스노비즘은 똑같은 빈곤함과 꾸밈에 대한 똑같은 욕구로 한패를 이룰 수밖에 없는 여러 사람에게서 동시에 발휘된다. 똑같은 필요성의 영향 아래, 속물들은 말 한마디 없어도 서로를 이해한다. 그들은 서로를 알아보는 기호에 대해 의견의 일치를 이룬다. 그 기호를 보게 되면, 그들은 서로 협력한다. "우리와 우리 친구들 이외에는 아무도 재치를 갖지 못할 거야."

바로 이 은밀한 동맹 행위에서 스노비즘은 힘을 발견한다. 속물들은 서로 연합하게 되자마자 행동할 필요가 없어진다.

그들은 자신들의 착각을 실현하기 위해 오직 서로에게 주는 신뢰에만 호소하기 때문이다. 작업을 통해 자신의 가치를 입증하고자 하는 사람은 누구든 그들의 일원이 아니다. 그들은 관례에 따라 자신을 표현하고, 그 기호를 알고 있다. 그것은 몸짓, 머리 장식, 머리의 자세, 단어, 새로운 예술가나 잊힌 예술가의 이름에 대해 공동으로 표하는 경애심 같은 것들이다. 그들의 우월성을 상징하는 이 기호는 그들의 만장일치로부터 암시의 능력과 유효성을 얻는다.

아카데미에서 행한 연설에서, 르메트르[48]는 문학적 스노비즘을 열거했다. 그는 랑부예 저택의 프레시외즈들부터 시작해서 다양한 사유의 방식 주위에 ― 아리스토텔레스가 주장한 것으로 잘못 알려진 삼일치의 법칙이나 루소의 자연주의나 쇼펜하우어의 비관주의와 더불어 어떤 이론 주위에 ―, 라파엘 전파前派[49] 화가들이나 보티첼리[50]나 존 번스[51]에 대한 열광을

● ●
48. [옮긴이] Jules Lemaître (1853~1914). 프랑스의 작가이자 연극 비평가.
49. [옮긴이] 왕립 아카데미의 역사화가 상상력도 없고 너무 인위적이라고 여기고 이에 반발하여 1848년에 젊은 영국 화가들이 결성한 개혁적인 문예 유파이다. 그들은 특히 라파엘 회화의 고전적인 자세와 우아한 구성이 아카데믹 예술에 와전된 영향을 미친다고 믿었다. 그리하여 라파엘로와 미켈란젤로의 뒤를 이은 매너리즘의 화가들이 처음 수용했던 기계적인 예술 접근을 거부하고, 사실적이고 자연스러운 화풍을 되살리는 것이 이 예술가 집단의 목적이었다. 여기에서 '라파엘 전파'라는 명칭이 유래되었다.
50. [옮긴이] Sandro Botticelli (1444~1510). 15~16세기 이탈리아 피렌체의 주요

가지고 어떤 예술 유파 주위에 — 주지주의, 자아 숭배, 신비술, 상징주의와 더불어 새로운 문학이나 철학 주위에 — 계속해서 모이는 속물들을 우리에게 보여 주었다. 그는 모든 새로운 이름의 성공에, 궁정의 감탄에서는 코르네유를 대체하는 라신[52]의 성공에, 그리고 오늘날에는 톨스토이나 입센이나 니체의 성공에 기대를 거는 속물들을 우리에게 보여 주었다.

일반적으로 속물들이 어떤 의견이라든가 철학자나 작가나 예술가의 어떤 이름에 애착을 보일 때 그들의 좋은 평가를 결정짓는 요인은 그 선택이 새롭고 희귀하다는 것, 평가 대상이 알려지지 않았다는 것이다. 그들의 판단이 받아들여지면 그

••

성당과 예배당에 종교화를 그린 화가로 주요 작품은 유명한 〈비너스의 탄생〉이다. 그는 다음 세대의 르네상스 거장들에 가려져 오랫동안 소홀하게 평가되었지만, 19세기 후반에 이르러 등장한 보티첼리 양식의 분석은 현대 비평의 기초를 이루었다.

51. [옮긴이] John Elliot Burns (1858~1943). 영국의 노동운동 지도자이자 사회주의자로서, 노동자 계층 출신으로 영국 내각에 들어간(1905) 최초의 인물이다.

52. [옮긴이] 코르네유 (Corneille, 1606~1684)는 『르 시드』, 『호라티우스』 등을 발표한 프랑스 고전주의 비극의 창시자로 여겨지는 인물이다. 시간, 장소, 행동이라는 고전적 삼일치의 원칙이 강조되던 시대에, 이 원칙을 엄격하게 지키지 않은 『르 시드』를 발표하여 호평을 받았고, 이 희곡은 프랑스 고전주의 비극을 처음으로 꽃피운 작품으로 널리 인정받고 있다. 라신(Racine, 1639~1699)은 『앙드로마크』, 『페드르』 등 역사상의 인물을 주인공으로 한 비극을 주로 쓴 프랑스의 극작가이다. 그는 나중에 '고전주의'라고 불리게 된 17세기 프랑스 비극에 최고의 형태를 부여했다. 희극 작가로 잘 알려진 몰리에르와 함께 코르네유, 라신은 17세기 프랑스의 3대 극작가로 일컬어진다.

참신성과 희귀성은 속물들에게 그들의 취향이 완벽하다는 것을 증명해 주는 반면, 판단을 내리기가 어렵다는 이유로 실패의 원인을 통속적인 사람들의 저속함 탓으로 돌릴 수 있기 때문이다. 또한 대상이 알려지지 않았다는 사실은 그들이 한동안 어떤 비난의 공격도 받지 않은 채 열광을 유지하고 모든 통제를 벗어나 감탄의 표현을 고수할 수 있게 해준다. 따라서 여기서는 기호에 대한 유대감이 지성의 복잡한 행동을 대신하며 막강한 힘을 발휘할 것이다. 연합 덕분에 강화됨으로써 속물들에게 그 가치를 충분히 의식하게 해주는 거짓 꾸밈의 기이한 유치함이야말로 실로 감탄할 만하다. 여기서는 급격한 몸짓으로 팔꿈치를 벌리고 어깨를 올리면서 손을 잡는 특정한 방식만 언급해 보자. 한동안 그것은 당사자를 품위 있는 사람으로 분류해 주는, 고귀함의 증명서와도 같았다. 정형외과에서 볼 수 있는 경직 증세와도 같은 이 몸짓에, 속물들은 서로 알아보고 기꺼이 받아들이며 상호 존중으로 위안을 주고받는다. [ʒ]를 [z]로 발음하거나 [ʃ]를 [s]로 발음하는 것, r음을 목구멍에서 발음하는 것, 그 밖의 발음상의 결함이 같은 역할을 했던 때도 있었다. 품위 있는 사람을 구별해주는 최고의 표식 대신에 정신적 우월함을 지니고 있다고 자기 자신을 설득할 때도, 그 방법은 여전히 어리석고 손쉽게 사용될 수 있다. 몰리에르는 『우스꽝스러운 프레시외즈들』에서 하인들이 대번에 성공적으로 사용한 방법을 보여 주면서 그 유치함을 훌륭하게 드러냈다. 마스카리유와 조들레가 횡설수설하는 말을 몇 문장 내뱉자마자 카토와 마들롱은 그들이 자신들과 같은 종류의 사람들이라는 것을 알아보고, 그 가짜 멋쟁이 신사들을 재능 있는 사람으로 인정한다. 그리고 그녀들은 그들의 환심을 살 수 있었다는 것 때문에 자신들에 대해 더 좋게 생각한다.

스노비즘이 동원하는 암시 수단의 이러한 빈약함은 주목해 볼 만하다. 거기에는 보바리즘을 구성하는 기만 능력에 대한 놀라운 감수성이 내포되어 있기 때문이다. 예전에는 자만의 한 형태로 여겨지던 것에 현대적 정신에 의해 미묘한 의미를 첨가하고 일반적인 경우에 연결함으로써, 스노비즘이 형성되는 본질적인 근원을 보여 줌으로써, 지금까지 그것에 대해 주어졌던 정의가 다소 정확해진 것 같다. 게다가 비록 스노비즘이 보바리즘의 경박한 발현이라고 해도, 스노비즘은 매우 빈번하게 보바리즘에 대한 예시가 되는 동시에 보바리즘에 완전히 종속된다. 모든 것을 고려해 보면, 스노비즘은 승리를 구가하는 보바리즘이다. 그것은 어떤 존재가 의식의 영역에 자신의 진짜 자아가 나타나는 것을 가로막고 스스로 인정하는 더 멋진 인물이 줄곧 나타나게 하려고 사용하는 방법의 집합체이다. 그런데 그 방법들은 효과적이다. 적절하게 번갈아서 유별나게 행동하기도 하고 연합하기도 함으로써, 속물은 현실을 거짓

꾸밈 속에 붙잡아 두고 자기 행복의 조건인 자아를 바꿔치기하는 데 성공한다.

제4장

집단의 보바리즘 : 모방의 형태

1. 혁명의 방식.
2. 르네상스.

개인을 고찰하는 것에 전념할 때, 사회적 환경은 개인에게 보바리즘의 한 원인으로 나타난다. 사실 같은 사회적 그룹의 개인들 사이에서는 수많은 미묘한 차이와 다양성을 만날 수 있다. 그런데 법칙, 관습, 편견, 풍습에서 표현되는 공통의 관념은 모두에게 똑같은 특성으로 제시된다. 따라서 그것에 의해 행사되는 암시는 각 개인에게 어느 정도 자신의 독창성을 버리지 않을 수 없게 하고 자기 자신과 다소 다른 본보기에서 자기 모습을 발견하도록 설득함으로써 구별되는 모든 개인을 서로 가까워지게 만드는 결과를 낳는다. 그러나 개인을 따로 떼어 고찰하는 것을 그만두고 개인이 포함된 그룹으로 시선을 돌리면, 이번에는 그 그룹 자체가 하나의 구별되는 개체로 여겨지면서 자기 자신을 다르게 생각하는 가능성과 위험에서 역시 벗어나지 못한다는 것을 알 수 있다. 그룹이나 집단의 성격이 어떤 것이든 간에, 그 구성원인 상당수의 개인이 자신들의 그룹에 적합한 관습의 암시를 따르지 않고 낯선 관습의 매혹을 받아들이게 되면 곧바로 보바리즘이 실현된다. 그때부터 집단은 자기 자신과 분리된다. 기존의 현실은 집단에게 일정한 존재 방식을 부과하는데, 몇몇 구성원이 다른 방식을 채택하라고 부추기기 때문이다. 여기서는 개인의 심리적 내면에서보다 훨씬 더 쉽게 해악을 확인할 수 있다. 어떤 사람들은 대대로 내려오는 관습을 모방하는 데 여전히 충실하고 또 어떤 사람들은 낯선 본보기를 모방하고자 함으로써, 그룹의 여러 개인이 분리되는 것을 통해 그 해악이 표현되기 때문이다. 그런 대립은 공동으로 노력해야 하는 일에서 공조의 결핍을 초래하는데, 그 손실은 개인의 경우와 마찬가지로 때로는 피상적이고 코믹한 결과로 나타나기도 하고 때로는 더 심각한 결과로 나타나기도 한다. 그래서 전반적인 활동의 효율성 저하, 집단 에너지의 가치 하락, 불완전한 생산, 무능함, 심지어 완전한 붕괴까지 야기하기도 한다.

1

배경만 고려한다면, 프랑스 대혁명은 실현될 수 없는 것을 모방하려는 시도에 집착하고 서투른 흉내에 열중한 우스꽝스러운 면을 이따금 보여 주었다. 그런 식으로 로마와 그리스에 심취하는 것은 오랜 기독교적 유산의 산물인 18세기 프랑스인에게 그리스인이나 로마인의 감정과 개념 작용을 제공할 수 없었다. 대혁명 시대의 사람들은 자신에게서 고대의 영혼을 되살릴 수 없자, 결국 외적인 면에서 로마인과 그리스인을 모방하게 되었다. 그런데 어떤 에너지의 외양을 재현하는 것은 현실에서 그 외양을 만들어내는 에너지 자체의 재현이 선행되지 않는다면, 그야말로 서투른 흉내일 뿐이다. 입헌의회와 국민공회[53]에서 이루어진 연설의 미사여구가 부분적으로 그러했다. 평등주의 용어로 만들어졌던 시민이라는 명칭 또한 그러했다. 시민이라는 칭호를 부각시킨 것은 왕권이 행했던 것보다 더 강하게 도시를 신분으로 대체하는 결과에 이를 수밖에 없었던 부적당한 정치적 개념 작용이었다. 사실 시민이라는 칭호는 원래 배타적인 것으로 옛날에 차별과 특권을 확고히 하기 위해 고안된 것이었다. 마찬가지로 호민관과 집정

· ·

53. [옮긴이] 입헌의회(Constituante)는 프랑스 대혁명 당시에 형성된 의회이고, 국민공회(Convention)는 1792~1795년에 걸쳐 열린 프랑스의 혁명 의회를 가리킨다.

관도 로마 공화국의 그것들과 이름만 같을 뿐이었다. 너무도 다른 하늘 아래에서 복장을 모방한 것은 고대에 대한 보바리즘을 희화시켰다. 하지만 그 방법이 얼마나 신임을 얻었던지, 나폴레옹 보나파르트는 로마와 그리스에 대한 심취 때문이었든 아니면 자신의 영광을 위해 그것을 이용하자는 정치적 판단에서였든 대관식 날 로마 황제처럼 자주색 옷을 입었고 사람들은 그것을 눈으로 보고도 놀라지 않았다. 종교적 모방 역시 조잡했다. 추상적 관념의 신격화, 즉 다신교의 의례에서 차용한 도구를 가지고 도시의 오래된 고딕 성당 노트르담에서 거행된 이성理性의 여신에 대한 숭배[54]보다 더 그리스인의 실제 종교에 상반되는 것은 없었다.

물론 대혁명과 그 성과를 총체적으로 평가하는 것이 중요하고, 그런 몇몇 특성들은 그 가치가 하도 미미하여 언급할 필요도 없을 것이다. 단지 사례를 통해 집단 보바리즘의 가장 피상적인 결과를 정확하게 밝히려는 목적에서 그런 고찰을 했을 뿐이다. 마찬가지로 영국에 심취한 경우를 가지고도 그런 고찰을 할 수 있었을 것이다. 우리가 방금 고대 모방의 몇몇 피상적인

· ·

54. [옮긴이] 프랑스 혁명기에 추진된 일종의 반가톨릭적 혁명 운동으로, 파리의 노트르담 성당은 '이성理性의 성당'으로 바뀌었고 성당에서 이성의 제전이 성대히 거행되었다. 이때 여신의 동상을 세워 "이성의 여신"으로 부름으로써 무신론의 종교와도 같은 양태를 띠었다. 이는 1년 후에 로베스피에르에 의해 '최고 존재의 제전'으로 발전했다.

결과를 살펴본 것과 똑같은 관점에서, 퓌스텔 드 쿨랑주는 혁명 정신에 대해 똑같은 심리학을 고찰하면서 그의 훌륭한 저서 앞부분에서 역사적 보바리즘의 보다 심각한 결과에 주목했다. 그는 다음과 같이 썼다. "사람들이 그리스와 로마에 대해 가졌던 생각은 종종 우리 세대를 혼란스럽게 했다. 고대 도시의 제도를 잘못 관찰했기 때문에, 사람들은 그것을 우리 시대에 되살리려고 생각했다. 고대인의 자유에 대해 착각을 했고, 단지 그것 때문에 현대인의 자유를 위험에 빠뜨렸다."[55]
더 일반적인 관점에서, 대혁명은 관념적 보바리즘을 표현한다는 것도 보여줄 수 있을 것이다. 관념적 보바리즘의 숨겨진 메커니즘은 뒤에서 철저히 살펴볼 텐데, 이 경우에 관념적 보바리즘은 역사적 현실을 이성적 현실로 대체하고 구체적 사실을 추상적 관념의 지배하에 두는 결과를 초래한다.

2

이제부터 사회적 집단 에너지의 깊은 소용돌이가 이따금 진보나 행복한 변화와 동시에 보바리즘 현상을 생기게 하는 것에 주목해 보자. 여기서 보바리즘 현상은 그룹의 발전에서 단절을 표시하고, 유사하지 않은 이질적 요소들과 함께 약화와

· ·
55. *La Cité antique*(『고대 도시』), p. 2.

혼란의 원리를 그룹의 구성 요소에 도입하는 것을 말한다.

르네상스는 이전의 문명이 제공해 준 본보기의 영향 아래 가장 격렬한 방식으로 사회의 에너지가 변모한 시기 중의 하나로 여겨질 수 있다. 그리하여 예기치 않은 재산을 소유하게 만들어 주는 유산의 효과로 개인의 삶이 갑자기 변모한다. 인류의 가장 훌륭한 사람들의 노력으로 축적된 보물을 발견한 덕분에 스스로 문명을 창출하지 못해 고심하던 중세인의 부담이 갑자기 가벼워졌던 것처럼 보인다. 그들은 눈앞에 완벽한 본보기가 놓여 있는 것을 보았고, 방법 즉 훌륭한 심적 도구가 수중에 있는 것을 보았다. 그들에게 지름길이 제시되었고, 비밀의 문이 열렸다. 갑자기 그들은 예술과 학문과 취향이 활짝 꽃핀 땅, 이미 지식과 아름다움이 만발한 땅과 즉시 함께하게 되었다. 전달 도구로서의 심상의 능력은 여기서 그 효력을 남김없이 보여 주었다. 심상을 통하여 두 힘이 합산되어 첨가되었고, 노력이 절약될 수 있었다. 출구가 열린 덕분에 그때까지 축적된 한 시대의 지적 에너지가 즉각 실현에 사용될 수 있었다. 그렇지 않았으면 아마도 수단과 방법을 찾고 생각해 내느라 지적 에너지가 오랫동안 또 기진맥진했을 것이다. 그와 동시에, 그보다 더 강력한 매혹 원리가 의식에 투영된 적도 결코 없었고 형성 중인 활동을 본래의 길에서 벗어나게 하기에 적합한 것도 없었다는 사실에 동의해야 한다. 고대 그리스와 라틴의 이상理想에 영향을 받아 중세의 천재는 마음이 기울어질 수밖에 없었고, 자기 자신을 다르게 생각할 수밖에 없었다. 그리하여 부분적으로 낯설고 자신이 완전히 다가갈 수 없는 이상에 열중하느라 자기 고유의 열망 몇 가지를 무시했다.

프랑스에 국한하여 병적인 경우를 관찰한다면, 그 시대의 프랑스인 집단을 자기만족에서 벗어나게 한 암시 원리가 그 위험성을 높여주는 새로운 요소의 도움을 받아 견고해졌음을 확인할 수 있다. 고대의 발견과 모방에서 프랑스에 앞서갔던 이탈리아는 아티키[56]와 로마의 모델 이외에 이탈리아의 모델을 프랑스에 소개해 주었다. 그것은 어떤 분야에서는, 특히 회화와 조각에서는 이미 완벽한 작품들이었다. 따라서 16세기의 프랑스는 이중으로 된 광원의 유혹에 저항해야 했다. 프랑스는 늘 성공적으로 저항하지는 못했다. 그리고 이미 라틴의 천재성과 혼합된 프랑스의 천재성이 가장 독창적인 측면에서, 가장 고도로 발달된 모습으로 중세의 문명을 표현하고 있었던 만큼 그 손해는 상당했다. 그런데 편견 없이 중세의 문명을 연구하다 보면, 중세 문명은 실현된 자산이든 잠재적인 자산이든 이례적인 풍요로움을 나타낸다. 독창적인 형태를 만들어내

• •

56. [옮긴이] 그리스의 전통적인 지역 중 한 곳으로, 에게해와 접한 반도 지대로서 그리스의 수도 아테네를 포함한 주변 지역을 가리킨다. 흔히 알려진 아티카 (Attica)라는 라틴어 명칭은 영어권 및 라틴 문화권에서 통용되는 이름이다.

는 능력, 말 그대로 천재적인 자질은 몇몇 위대한 사람들에게서
나 익명의 군중에게서나 최고도로 높아졌었다. 그 시대에 지방
에서 언어가 만들어졌다는 사실을 상기하도록 하자. 라틴어
형태에 남아 있던 야만족[57]의 관용어 잔재를 토대로 지방에서
방언이 만들어졌고, 이 방언은 그 시대 및 노르만족 정복 이후에
영국과 프랑스뿐만 아니라 일부 게르만족 나라의 문학적 언어
가 되었다. 르네상스의 이탈리아 문학이 유용하게 이용한 상당
수의 소설적 허구는 중세 프랑스 이야기꾼의 작품이다. 그리고
프랑크족, 게르만족, 노르만족의 나라에 공통된 서사시의 주제
는 일드프랑스[58]에서 발전했는데, 그 시대에 일드프랑스는
9세기부터 12세기까지 고대 문화에 별로 영향을 받지 않은
인간 정신의 독창적 노력이 압축된 곳이다. 이야기꾼들이 민중
의 입을 통해 수집하여 이미 예술의 도구로 만들었던 이 언어는
뤼트뵈프,[59] 빌라르두앵,[60] 주앵빌[61]의 언어가 된다. 그것은

• •

57. [옮긴이] 여기서 야만족은 고대 그리스·로마 문명권에 속하지 않는 민족을
가리킨다.
58. [옮긴이] 프랑스 중북부에 위치한 행정 구역이자 역사적 지역을 일컫는
것으로, 파리를 중심으로 한 지역이다. 프랑스의 정치·경제적 중심지이며,
학문과 과학기술의 중심지이다.
59. [옮긴이] Rutebeuf (1245경~1285경). 중세 프랑스의 시인.
60. [옮긴이] Villehardouin (1150경~1213경). 프랑스의 군인이자 연대기 작가이다.
제4차 십자군(1199~1207)의 지도자 가운데 한 사람으로, 미완성 작품 『콘스
탄티노플 제국의 역사』에서 그 전쟁을 묘사했다.

비용[62]과 함께 완벽함의 경지에 이르고, 마로[63]의 시구에서는 비록 이미 감춰지긴 했어도 그 운치를 다시 발견할 수 있다.

언어를 탄생시킨 정신 에너지는 모든 방향에서 작용한 지식에 대한 열정으로도 동시에 표현되었다. 그 열렬한 호기심은 연구와 박식함에 대한 의욕을 야기하면서 고대의 아름다움을 발견하기에 이르렀다. 이 의외의 발견은 나중에 인간 정신의 가장 경이로운 도약 중의 하나를 위한 수단이 되었지만, 발견 자체는 내부에서 유래하여 이미 형성된 활동의 결과이자 효과 중 하나라고 생각할 수 있다. 몇몇 연구가 새로운 것이라는 사실이 그것을 증명해 준다. 사실 과학적 정신의 놀라운 발전에 대해 그 점에 있어 너무도 빈약한 고대에 그 공을 돌리기는 어려워 보인다. 현대 인류가 우수성을 보이게 될 과학적 정신의 발현은 중세의 지적 열의와 훈련이 무르익은 결실이라고 보는

• •

61. [옮긴이] Jean de Joinville (1224경~1317). 성왕 루이의 전기 작가로, 제7차 십자군 원정(1248~54)을 훌륭하게 묘사한 산문 연대기 『성 루이의 역사』의 저자이다.

62. [옮긴이] François Villon (1431경~1463경). 중세 말기 프랑스의 시인으로, 파리에서 추방당하거나 감옥에서 인생의 대부분을 보낸 범죄자로 유명했다. 하지만 그는 근대 서정시의 길을 터놓은 보들레르와 비교될 만한 시인으로 평가되고 있다. 주요 시집으로 『추억의 노래』, 『유언집』 등이 있다.

63. [옮긴이] Clément Marot (1496~1544). 16세기 프랑스 시인으로, 그의 작품은 중세 프랑스 문학 전통의 연장선에 있으나 프랑스 문학사의 첫 근대적 대시인 중 한 명으로 평가된다.

편이 더 타당할 것이다.

그렇긴 해도 고대 그리스의 비너스를 발견한 16세기의 인간은 그 찬란함에 매혹되었다. 그 감탄으로 인해 국민성國民性이 겪은 일탈을 프랑스의 문학, 조각, 조형 예술에서 쉽게 찾아볼 수 있다. 우선 레미 드 구르몽[64]의 정확한 지적에 따르면,[65] 그리스 단어의 침입으로 문학 언어가 변형되었다. 박식한 사람들이 단어의 의미적 가치만 고려하여 도입했으나 대중의 귀와 목구멍에 잘 맞지도 않고 익숙하지도 않은 그 단어들은 결국 언어의 실질적 소리에 융합되지 못하고 마치 잘못된 음音처럼 울린다. 그런 혼합물에서 비롯되는 폐해는 롱사르[66]처럼 훌륭한 시인들에게서까지 발견된다. 그들은 이전 시인들의 작품에서 볼 수 있는 생생하고 자연스러운 양상과 너무도 다른 인위적인 모습을 플레야드파의 작품에 부여한다. 라블레의 산문에서

• •

64. [옮긴이주] Remy de Gourmont (1858~1915). 프랑스 상징주의 운동기의 지성적인 비평가이자 시인, 소설가이다.

65. Remy de Gourmont, *L'esthétique de la langue française*(『프랑스어의 미학』), (Paris: Ed. du Mercure de France, 1899).

66. [옮긴이] Pierre de Ronsard (1524~1585). '플레야드'(La Pléiade : 칠성시파)라고 불리는 프랑스 르네상스 시대 시인들의 우두머리이다. 플레야드파는 고대의 운문과 견줄 수 있는 프랑스 시를 짓는 것을 목표로, 고전 작가들과 이탈리아 르네상스 문인들의 영향을 받아 프랑스어의 고급화와 문어화를 꾀했으며, 고어, 지방어, 혹은 이탈리아어나 라틴어로부터 차용한 단어로 프랑스어를 풍부하게 하고자 했다.

볼 수 있는 쓸데없는 부분들도 같은 원인에서 비롯한 것이다. 부정적인 측면은 반작용을 낳을 수밖에 없었다. 17세기의 작가들은 맹목적인 열광 탓에 언어적 욕구에 대해 갖게 되었던 잘못된 개념 작용을 바로잡았다. 그리하여 프랑스어의 소리 형태와 조화를 이루지 못하는 부적당한 단어들은 부분적으로 언어에서 축출되었다. 그러나 그런 영향에 한동안 휩쓸리지 않았더라면 프랑스어가 더 동질적이고 더 순수했으리라는 것은 의심할 여지가 없을 것이다.

마찬가지로 회화에서도 르네상스는 프랑스 문화권 나라에서 반 에이크 형제,[67] 멤링,[68] 클루에[69]와 같이 이미 대가들을 배출했던 독창적인 유파를 이탈리아 모델로 대체했다. 국민적 기호가 이 예속 상태에서 벗어나는 데에는 꼬박 두 세기가 걸렸고, 부셰,[70] 그뢰즈,[71] 프라고나르[72]와 함께 프랑스 회화가

· ·

67. [옮긴이주] 플랑드르(오늘날 프랑스의 노르주, 벨기에의 동플랑드르와 서플 랑드르주, 네덜란드의 젤란트주를 말함) 화가인 Jan van Eyck (1390경~1441) 와 Hubert van Eyck (1366~1426)를 말한다. 특히 얀 반 에이크는 15세기 북유럽에서 가장 중요한 화가 중 한 사람으로 간주되고 있다.

68. [옮긴이] Hans Memling (1430~1494). 독일 태생으로 벨기에의 도시 브뤼헤에 서 활동했던 플랑드르 미술의 화가이다. 브뤼헤가 정치적, 상업적으로 쇠퇴 하던 시기에 플랑드르 브뤼헤 유파를 이끌었다.

69. [옮긴이] Jean Clouet (1485경~1540경). 르네상스 시대의 프랑스 초상화가.

70. [옮긴이] François Boucher (1703~1770). 프랑스의 화가이자 판화가로, 프랑스 풍의 로코코 양식을 완벽하게 표현한 작품들을 제작했다.

71. [옮긴이] Jean-Baptiste Greuze (1725~1805). 프랑스의 풍속화가이자 초상화가

복원되었다.

조형 예술 중에서 조각은 프랑스 민족의 천재성이 계속 두각을 나타낸 예술이다. 르네상스 이전의 작품들, 특히 부르고뉴 조각가들의 끌에서 나온 작품들은 이미 매력적인 아름다움을 보여준다. 따라서 천부적인 재능이 매우 강했으므로, 프랑스 예술가들은 고대를 모방하기 위해 자신들이 지향했던 독창적인 방향에서 벗어나지 않았던 것 같다. 장 구종, 제르맹 필롱, 장 쿠쟁[73]은 자신들에게 제공된 모델들을 보고 이득만 취했을 뿐, 그것들을 응시하면서도 그들 고유의 자질은 하나도 잃어버리지 않은 것 같다.

건축 예술에서도 프랑스 건축가들은 똑같은 천부적 자질을 타고난 덕분에 매우 다른 최신의 욕구 및 다른 분위기의 필요성과 고대의 취향을 어느 정도 조화시킬 수 있었다. 하지만 르네상스가 시작되자 곧 프랑스의 종교 건축이 끝장난 것은 너무도 명백한 일이다. 머지않아 예수회 건축 양식이 매우 기형적인

..

로, 이탈리아 화풍의 영향을 받지 않고 감상적이거나 도덕적인 일화를 화폭에 담아 18세기 중엽의 유행 화풍을 창시했다.

72. [옮긴이] Jean-Honoré Fragonard (1732~1806). 18세기 프랑스 로코코 회화의 거장으로 손꼽히는 화가이다.

73. [옮긴이] Jean Goujon (1510경~1568경), Germain Pilon (1535~1590), 모두 르네상스 시대 프랑스의 조각가이다. Jean Cousin은 동명의 아버지(1503경~1560경)와 아들(1536경~1595)이 모두 프랑스의 미술가이자 공예가이다.

작품들을 선보이게 되는데, 그것은 고유의 존재 방식에 대한 의식을 잃어버리고 그 숨겨진 정신은 이해하지도 못한 채 모델을 모방하는 것을 자기 자신으로 생각하는 감수성에서 나온 작품들이다.

비종교적인 건축은 루이 13세 시대에 아직 그 순수성을 어느 정도 지니고 있었지만, 거기서도 외국 모델에 대한 모방이 프랑스를 압박하고 그 영향력이 점점 커진다. 루브르의 열주가 아무리 아름다운 비례를 보여 준다 해도, 그것은 다른 하늘 아래에서 생겨난 욕구에 부합하는 것이다. 따라서 프랑스의 욕구를 충족시킬 임무가 없다는 것을 느끼지 않을 수 없다.

이처럼 정신 활동의 모든 분야에서 고대 문화의 영향력은 16세기 프랑스의 정신이 자신을 실제와 다소 다르게 생각하지 않을 수 없게 만들었다. 이 매혹이 때로는 지나치게 강하게 느껴져서 이미 형성된 문명을 희생시킬 정도였다는 것을 부인할 수 없을 것이다.

제5장

집단의 보바리즘: 관념적인 형태

1

르네상스와 함께 16세기의 프랑스 민족은 놀랄 만큼 성장하는 동시에 방금 살펴본 것처럼 어떤 식으로든 자신을 실제와 다르게 생각했다. 조상들이 정해준 것과 다소 다른 활동 방식이 자신에게 마련되어 있다고 생각한 것이다. 그러나 자신에 대한 이 잘못된 개념 작용은 한 문명의 궁극적인 결과가 문자나 예술을 통해 표현되는 과잉 활동의 일부분, 즉 호화로운 활동의 일부분에만 영향을 미쳤다.

사회적 집단에게는 다른 방식의 보바리즘, 가장 근원적인 활동에서 집단이 자신을 다르게 생각하게 만들어 완전히 다른 중대성을 지닌 결과를 도출하는 보바리즘이 있다. 뿌리까지 변화된 사회적 식물은 바로 그 때문에 다른 꽃을 피울 수밖에 없기 때문이다. 『메르퀴르 드 프랑스』에 발표된 한 연구[74]는 자기 에너지의 본질적인 부분에서 다른 그룹에 의해 생성된 모델의 모습대로 자기 자신을 생각하는 일군의 사람들에게 닥치는 위험을 바레스[75]에 뒤이어 고찰하였다. 『뿌리뽑힌 사람들Déracinés』, 『병사에게 보내는 호소l'Appel au soldat』의 가장 중요한 장 중 하나를 구성하는 "모젤 계곡으로의 여행le Voyage dans la vallée de la Moselle", 그리고 그의 최신 저서[76]를 통해, 바레스는 이미 『베레니스의 정원Le Jardin de Bérénice』에서 상징적인 형태로 다루었던 것처럼 한 집단의 형성과 붕괴의 방식을 다루었다. 그의 저서의 모든 해당 부분들은 이미 형성된 옛 사회에 외국 모델의 매혹이 초래할 수 있는 위협을 가장 해로운 모습으로 매우 적절하게 강조했다.

• •

74. "Le Bovarysme des Déracinés"(「뿌리뽑힌 사람들의 보바리즘」) (1900년 7월호).
75. [옮긴이] Maurice Barrès (1862~1923). 프랑스의 작가이자 정치가로 개인주의와 극단적인 국가주의를 주장해 같은 세대에 강한 영향을 미쳤다. 그의 『뿌리뽑힌 사람들』은 1897년에 발표되었다.
76. Leurs figures(『그들의 모습』) (Paris: Juven, 1902).

여기서 다루는 전반적인 문제에서는 그 매혹 행위를 모든 면에서 살펴보아야 한다. 개인의 삶보다 집단의 삶에서, 그것은 더 중요한 역할 아니면 적어도 더 쉽게 확인할 수 있는 역할을 탁월하게 수행하기 때문이다. 역사적인 견지에서 볼 때, 매혹 행위가 어느 정도 개입되지 않고 형성되는 사회는 없다. 많은 경우에 매혹 행위는 불리한 결과를 끌어내기는커녕 사회적 현실의 구성 요소 중의 하나 혹은 사회적 현실을 강화시킨 수단 중의 하나라는 것을 보게 될 것이다. 따라서 이제부터는 이 암시 현상에서 때때로 초래되는 이점도 고려할 것이다. 이 연구의 구성을 엄밀히 따른다면 여기서는 보바리즘의 병리학만 다루어야 하므로, 그것은 이 연구의 구성을 다소 손상시킬 여지가 있다. 하지만 구성상의 균형에 관한 관심보다는 정확성을 배려하는 것이 중요하고, 전달하고자 했던 주제를 변질시키기보다는 차라리 구성을 훼손하는 것이 더 낫다고 생각했다.

　우선 사회적 집단이 다른 활동을 본보기로 하여 그것과 유사한 모습을 자기 자신으로 생각하게 만드는 수단이 바로 일반 관념이라는 것을 강조해 보여줄 것이다. 그 사실이 밝혀지면, 이번에는 그 사실이 이어지는 모든 본론의 내용을 밝혀주고 이끌어갈 것이다. 이어질 본론에서는 일반 관념이 가치 상승의 원인이 되려면 한 사회가 그것을 어떤 조건으로 어떤 비율로 받아들여야 하는지, 그리고 반대로 어떤 상황에서 일반 관념이

사회를 약화시키는 원인이 되고 사회에 위험이 되는지 보여
주고자 한다. 사회적 그룹은 두 가지 다른 매혹의 근원, 즉
외국의 모델과 조상의 모델 중 어느 하나의 영향을 받아 자신을
실제와 다르게 생각할 수 있다는 것도 보여 줄 것이다. 그런
구분으로 인해 이 장의 나머지 부분들도 두 가지로 세분될
것이다.

2

사회적 그룹이 고유의 존재 방식을 포기하고 외부 그룹의
존재 방식에 복종할 수밖에 없게 만드는 가장 명백한 수단은
군사적인 힘이다. 침략의 결과로 패자는 어쩔 수 없이 승자의
법을 따르게 된다. 그러나 이런 의무는 사실 보바리즘 행위를
구성하지 않는다. 보바리즘은 심리적인 현상이다. 그것은 패자
가 승자의 존재 방식을 신봉할 때만, 승자에 대해 감탄할 때만
나타난다. 오로지 그때만 패자는 자진해서 대대로 내려오는
관습을 무시하고 외국 관습을 모델로 자신을 생각한다. 오로지
그때만 패자가 속한 그룹은 자신을 실제와 다르게 생각하고
승자의 그룹에 융합되기 위해 별개의 사회적 실체라는 위상을
상실한다. 패자가 자신을 실제와 다르게 생각하도록 설득하기
위한 승자의 책략은 모든 보바리즘의 통상적인 방법으로 지적
된 것이다. 즉 그것은 교육을 통해 심상을 배포하는 것이다.

그런데 심상은 도덕성에 영향을 미치는 것을 임무로 하는 한, 일반 관념의 양상을 띤다. 그런 형태로 외국의 영향은 한 사회에 받아들여지는 데 성공한다. 이 새로운 정복 방식에는 반드시 무기를 통한 승리가 선행될 필요도 없고, 심지어 그 작용 범위가 훨씬 넓다는 것을 알게 될 것이다.

따라서 현실에서 일반 관념이 무엇인지 정확히 이해해야 그 작용 방식이 어떤 것인지, 그 설득력이 어느 정도인지 알 수 있다. 명칭 자체에 거짓과 모호함이 포함되어 있다는 것을 알아야 한다. 일반 관념은 사람들의 일정한 그룹과 관련해서만 그것이 원하는 보편적 성격을 갖기 때문이다. 오직 그 그룹만 일반 관념을 구체적이고 개별적인 일련의 경험의 결과로 요약하여 사용할 수 있다. 관념의 현실성은 오직 개별적인 경험에서만 존재한다. 그러므로 일반 관념은 그런 경험이 잘 이루어지는 일정한 사람들의 그룹에만 혹은 그와 비슷한 그룹에만 현실이 된다. 일반 관념은 언제나 추상적인 관념인데, 일련의 인간적 경험과 따로 떼어 생각할 수 있는 추상적 관념은 존재하지 않는다. 종교적 관념이든, 도덕적 관념이든, 이성적 관념이든, 어떤 관념도 이 명확한 계보系譜에서 벗어나지 않는다. 특수한 인간 집단의 감수성의 결과로서 행위와 신념으로 먼저 표현되지 않았다면, 어떤 관념도 정립될 수 없었을 것이다.

따라서 모든 일반 관념은 원래 일정한 어떤 존재를 위해 만들어졌다. 이 존재에게 — 여기서는 사회적 그룹을 말한다 —, 관념이 그 형태에 꼭 맞춰진 존재에게, 전달 가능한 심상의 서술에 담긴 경험의 요약은 그야말로 유용한 태도가 된다. 즉 명령으로 반복되는 생활 규범을 통해 자기 고유의 현실을 만들어내고 자신의 건강과 힘을 보존하거나 향상시키는 수단이 된다. 그래서 그 유용성을 고려하여 관념의 권위를 높이기 위해, 본능적으로 그룹은 신 혹은 이성으로부터 유래한 것이라고 하면서 즉시 관념에 보편적인 가치를 부여한다.

여러 인간 사회가 존재한 이래, 수많은 유용한 태도들은 서로 유사점이나 많고 적은 차이점을 보이면서 원래 그것이 생겨났던 경험의 줄기에서 떨어져나왔다. 그리고 보편적인 진리로 변모되어, 인간 정신의 성숙도에 따라 신 혹은 이성을 그 기원으로 내세웠다. 그런데 인간적인 성격이 사라진 이 허구적 기원은 유용한 태도가 모든 인간의 정신에 다가가는 길을 열어준다. 그리하여 특정 그룹의 사람들이 사회적 유산에 의해 제시되어 직접 의무로 부과되는 것을 힘들게 견뎌왔던 것과는 다른 존재 방식과 태도를 일반 관념이라는 명분과 명령하에 받아들이게 된다. 그것은 우리에게 관념적 보바리즘의 방식을 제공한다. 즉 관념적 보바리즘은 일반 관념이 교리를 내세우든 일반적 논거를 내세우든 합리적 진리를 내세우든 간에, 그 설득력에 의해 사회적 그룹이 자신과 다른 사회적 생리에 적합한 유용한 태도를 채택하는 것으로 이루어진다고 말할 수 있다.

관념적 보바리즘은 집단의 도덕성 형성에 어떤 식으로든 관여한다. 그러나 관념과 맞닥뜨리는 사회적 에너지가 강한지 약한지에 따라, 변형 능력 다시 말해 외부의 힘을 자기 고유의 메커니즘 법칙에 복종시킬 능력을 갖추고 있는지에 따라, 또는 유연하고 변화를 잘하며 외부의 자극으로 인한 굴절을 잘 받아들이는지에 따라 관념적 보바리즘은 다르게 작용한다. 첫 번째 경우, 사회적 그룹은 부분적으로만 관념을 인정하고 어느 정도의 한계에 이를 때까지만 그 결과를 받아들인다. 그 한계를 넘어서게 되면, 사회적 그룹은 명목상으로만 관념을 예찬하고 고유의 활동에 의해 생긴 다양한 현상에 관념이라는 명칭을 새기는 것으로 그친다. 그런 식으로 사회적 그룹은 관념의 위엄을 자신에게 이롭게 이용하고, 관념과 자신의 욕구를 일치시키기 위해 관념을 변형시키고 그것을 실제와 다르게 생각한다. 두 번째 경우, 관념의 지배를 받는 사회적 그룹은 관념이 권장하는 태도, 다른 활동의 필요를 위해 만들어진 태도를 따른다. 자신이 적응하지 못한 몸짓을 억지로 하는 것이다. 그리하여 다른 사람을 위해 만들어진 갑옷을 입고 제대로 움직이지 못하는 병사와 마찬가지가 된다. 자기 자신에 대한 잘못된 개념 작용에 잘 속는 그룹은 자신을 위한 것이 아닌 감정과 관념과 신념을 이용하느라 쇠약해진다.

3

기독교적 관념은 다양한 사회적 그룹의 형성 과정에서 많이 차용되었으므로 두 경우에 해당하는 예를 수많은 미묘한 차이와 함께 제공해 준다. 그러나 그것은 우선 특정 집단의 생리에 적합한 유용한 태도가 그 뿌리에서 떨어져나와 일반 관념으로 위장하여 처음에는 종교적 진리로, 나중에는 이성적 진리로 제시되는 매우 전형적인 경우를 보여 준다.

그 경우 국민이 유일한 집단 단위는 아니라는 것을 유념할 필요가 있다. 국적은 다르지만 같은 욕구에 고무된 사람들이 공통된 욕망에 의해 동질의 한 그룹으로 결합한다. 그리하여 오늘날 모든 나라의 프롤레타리아는 구성원을 국가별로 분류하는 국가에 따른 구별과 무관하게, 때로는 그것을 초월하여 자신들의 이해관계를 결속시키는 경향이 있다. 사실 대부분의 사람들은 적어도 두 개의 집단에 동시에 소속되는데, 하나는 국가적 기원의 집단이고 다른 하나는 경제적 기원의 집단이다. 그러한 사실은 인류의 거의 모든 시대에서 사회적 관계를 몹시 복잡하고 혼란스럽게 만든 원인이다. 그런데 철학적인 성찰을 통해 준비되고 감수성에 호소하는 행위로 복음에서 실현된 기독교적 관념은 국가적인 것과는 다른 태도, 즉 공동체에 의해 유대가 맺어진 수많은 사람에게 공통되는 태도를 나타낸다. 기독교적 관념이 형성되던 시기에 그것은 삶을 고통으로 느끼던 모든 사람, 니체가 꽤 정당한 이유로 약자, 병자 또는 불구자, 노예 무리라고 불렀던 모든 사람에게 유용한 태도였다.

고대 세계는 사람들 사이의 차이와 불평등에 대한 감각을 토대로 성립되었다. 그리하여 소수의 특권자와 하인이나 피압제자로 이루어진 대다수 사이에 엄청난 격차를 나타낸 문명을 발달시켰다. 이런 상황에 맞서 희귀한 지적知的 문화와 이례적인 오만의 미덕을 동시에 주장한 스토아 철학은 엘리트에게만 하나의 방편이 될 수 있었다. 반대로 나약하다는 사실 자체에 토대를 둔 기독교는 개인들과 권력의 소유주들 사이에 투쟁의 균형이 안 맞을 수밖에 없던 시절에 최대한 많은 사람에게 접근할 수 있었다. 기독교는 본질상 불교와 마찬가지로 체념하고 필요한 경우 죽으려는 태도와 다름없다. 약자나 자신이 약하다고 확신하는 사람들은 권력을 위한 투쟁을 단념한다. 그들은 운조차 따라주지 않는 게임, 자신들이 이길 수 없다는 것을 잘 알고 있는 게임을 포기한다. 따라서 그들은 포기라는 기독교적 관념 주위에 모인다. 그러나 그들이 모인다는 사실 자체만으로도, 관념은 이미 스스로 반박을 시작한다. 하나의 조직체로 모인 약자들의 무리는 곧 무시할 수 없는 힘이 되기 때문이다. 고대 세계가 불평등의 원리를 토대로 성립된 것과 마찬가지로, 기독교 세계는 평등의 원리를 토대로 성립된다. 옛날의 약자는 오늘날의 강자가 되어가고 있다. 이 새로운 힘이 횡포해져서 새로운 형태의 압제를 야기하는 게 아닌지, 상반된 두 원리 사이의 투쟁이 이제는 불평등하지 않다고 확신한 덕분에 어쩌면 짧은 시간 동안 꽃필 수 있었을지도 모를 개인의 자유를 말살하는 게 아닌지 벌써 두려움이 느껴진다.

4

그동안 서구 세계에서 처음에는 신의 진리로, 나중에는 이성의 진리로 받아들여진 기독교적 관념은 수많은 미묘한 차이와 대조까지 보이는 역할을 해왔고 지금도 하고 있다. 일반적으로 볼 때, 순수한 상태의 기독교적 관념은 세상을 부인하는 경향이 있었고 이 땅의 재산을 포기하는 결론을 끌어냈다. 또 인간의 우애와 만인의 평등과 차이의 덧없음을 주장했고, 지적인 노력과 과학적인 연구를 무시했으며, 형태와 단어와 소리의 아름다움에 대한 애착을 비난했다. 그런데 그런 관념이 자신이 창조한 현대적 세상과 함께 소유권을 조직화했고, 재산을 확장했고, 계급을 구성했고, 자연의 힘을 점령하기 위해 서양의 인류에게 상상을 초월하는 노동을 하게 했고, 욕구를 증가시켰고, 고대 세계는 다가가지 못한 과학적 문화를 탄생시켰고, 그와 더불어 대등한 아름다움을 지닌 새로운 예술 형태를 탄생시켰다. 그러므로 본질적 보바리즘에 따라, 관념이 예기치 않은 방식으로 실현되어 원인에 모순되는 결과를 초래한 것이다.

이것이 바로 명목상의 보바리즘에 해당하는 첫 번째 경우이다. 여기서 관념은 변형되어 나타나므로, 현대 서구 세계를 구성한 모든 사람은 관념을 실제와 다르게 생각한다. 삶을 부정하는 기독교의 페시미즘이 현대 사회를 설립하기 위해 그에 모순되는 훨씬 더 강력한 힘들, 즉 개인적인 이기주의, 눈앞의 재산에 대한 애착, 지배욕, 가장 좋은 것에 대한 소유욕, 어떤 활동에 목표를 정하고 경쟁을 통해 에너지를 발전시키는 온갖 열기와 같은 모든 생명력과 협력한 것에 주목한다면, 이 역설적인 현상을 설명할 수 있다. 포기하기로 결심하고 죽기를 갈망하는 기독교적 관념은 그 열광적인 에너지 요인들 속에서 그것을 둔하고 약하게 만드는 독으로밖에는 작용하지 않는다. 너무 미개하고 지나치게 격렬한 야만 세계의 에너지에 대해서는 그 독이 유익했다고 판명되었다. 그것은 열기를 억제해 주는 진정제였다. 그것은 주변 환경의 온도를 낮춤으로써 개인적으로 너무 강한 에너지들이 등급에 따라 정돈되게 해주었다. 원래 그 영향을 부분적으로만 실현한다는 조건에서, 기독교적 관념은 형성 중인 사회의 모든 그룹에게 똑같이 유용한 태도였다. 그런 한계 안에서, 기독교적 관념은 개인적 이기주의를 사회적 삶이 가능한 정도로 낮춰주었다.

사실 우리가 방금 살펴본 시대, 서구의 사회들이 형성되던 그 시대에는 각 사회가 기독교의 독이 어느 정도로 유익한지를 알아볼 능력을 가지고 있었다는 사실을 유념해야 한다. 가톨릭 사회 형태, 아리우스파 사회 형태, 네스토리우스파 사회 형태, 그리스의 사회 형태, 프로테스탄트 사회 형태는 서로 다른 방식에 따라, 각자의 욕구에 적합한 정도로 관념을 자기 것으로 만듦으로써 서로 다른 사회적 생리의 은밀한 작용을 보여준다. 그 모든 경우에, 각 사회적 생리는 자기 고유의 것과 다른 유용한 태도에서 분리된 일반 관념을 모범으로 삼고자 하는 것으로 보인다. 스스로 기독교 사회라고 생각하는 각 사회는 실제와는 다르게 생각하는 것이지만, 거기서 이득을 끌어낼 수 있는 정도로만 자신에 대한 잘못된 개념 작용을 실행한다. 그 한계를 넘어서면 사회는 관념을 굴복시킨다. 절대적 목표로 주어지는 관념이 하나의 수단에 불과한 것으로 추락하는 셈이다. 사실대로 말하자면, 관념은 그와 반대되는 것의 승리에 참여하는 것이다. 따라서 이런 형태의 보바리즘은 본질적으로 생존에 필요한 유용성을 감추고 있다.

변형된 여러 기독교적 관념 중에는 이런 종류의 보바리즘을 나타내는 예가 있다. 16세기에, 옛날 로마 문화에 의해 현명해지고 문명화되었던 남유럽 국가들은 이미 그 힘이 약해진 가톨릭의 규제에 만족한 반면, 문명에 뒤진 야만성에 더 가깝고 자제를 위해 중대한 구속이 필요했던 북유럽의 민족들은 개신교라는 새로운 종교를 만들었다. 원래의 기독교에 더 가까운 이 새로운 종교는 개인의 끊임없는 신앙적 수련을 요구하면서 그들의 폭력성에 더 적합하고 더 큰 억제력을 지닌 규제를 제공했다. 영국은 이런 수단을 동원한 국가에 속했다. 그런데 다른 어떤 국가보다도 영국은 사회적 그룹이 종교적 관념, 즉 기독교적 관념을 통치 도구로 이용한 훌륭한 예를 보여 준다.

종교는 같은 그룹의 사람들이 개인적인 차이에도 불구하고 서로 비슷하다고 생각하게 만드는 전형적인 수단이다. 여기에 민족적 요인과 주거 환경이 결합되면, 종교는 사람들 사이에 단결 상태를 이루는 데 크게 기여한다. 종교의 영향력이 사라지거나 약해졌을 때는 도덕적 관습, 즉 종교 자체보다 훨씬 더 강하게 그룹의 변별적 특성을 나타내는 존재 방식, 이해 방식, 또는 편견 전체가 그것을 대신한다. 도덕적 관습은 인간 집단이 자신의 생리와 거주 환경과 역사적 상황에서 얻은 특성과 종교적 교리가 절충된 것이기 때문이다.

다른 어떤 민족보다 영국 민족은 개인적 이기주의를 억제하는 데 유익했던 규제를 자신이 선택한 종교적 형태에서 빌려왔다. 여기서 도덕적 관습은 개신교, 성전聖傳, 종교 개혁의 주장에 따라 철학적 추론 형식을 통해 조정되고 승인된 복음의 교리에서 직접 나오는 것이다. 그것은 인도주의적 이상으로 표현되는

데, 기독교적 우애의 뒤를 이어 일반적 차원의 진리로 자처한다. 그런데 영국 민족이 생각해 낸 것과 같은 인도주의적 관념은 일반 관념이라는 가면 밑에 순전히 영국적인 유용한 태도를 감추고 있다. 그것은 영국에서는 유익한 방책이지만, 다른 나라에 절대적인 진리로 적용되면 그 나라를 약화시키는 원인이 된다. 사실 인도주의적 관념은 앵글로색슨족의 이기주의를 억제하면서 그들이 국가라는 가장 큰 힘을 위해 단결하고 협의하게 만든 규제책이다. 그것은 이 분명한 목표를 넘어서지 않는다. 보존과 권력에 대한 본능이 가장 확실하고 가장 발달된 시기에 집단이 만들어낸 인도주의적 규제는 그룹 에너지의 충동력에 비례하였다. 스스로 해를 입히지 않도록 필요한 만큼 억제하는 임무를 완수한 후에는 규제책의 억제력이 완전히 고갈되어 버렸다. 집단에 속하지 않는 사람들, 즉 외국에 대한 집단의 폭력을 저지하기 위한 힘은 더 이상 남아 있지 않게 된다.

사실 앵글로색슨족은 인도주의적 관념을 가지고 국가 내부에서 전 국민의 관계 촉진을 목적으로 한 규제책을 만들어낸 동시에, 그 방책은 앵글로색슨족에게 해당하는 사적인 것으로 앵글로색슨족의 유용성 이외의 다른 목적은 없었으므로 다른 유용한 태도들도 만들어냈다. 그것은 외부에 관하여 똑같은 인도주의적 관념을 자신에게 유리하게 이용하고, 해당 목적에 그 관념을 굴복시키기 위한 것이었다. 그런 태도들 중에서 가장 중요하고 용의주도한 것은 자기 보호용의 과도한 오만이다. 그 오만에 의해, 그들은 가장 인간적이고 가장 도덕적인 문명의 최고 형태를 자신들이 실현했다고 확신한다. 그런 관념을 갖추고 거기에 물든 그들은 그것으로 하나의 무기를 만든다. 즉 이제부터 전 세계에 그 문명을 강요하는 것은 논리적으로 요청되는 일로서, 최악의 침략이 목적에 의해 정당화된다고 생각하는 것이다. 중갑판에 성서와 함께 윈체스터 연발 소총이나 목화 꾸러미를 싣는 것은 그들에게는 평형을 맞추는 일일 뿐이다. 목사의 군대가 찬송가와 시편을 들고 앞장서면, 맥심 기관총이나 호치키스 기관총을 중개로 더 우월한 문명을 전파할 다른 군대가 그 뒤를 따를 것이다. 물론 그것은 이익을 위한 일이다.

따라서 앵글로색슨족의 민족성은 그 오만함으로 인해 기독교적 관념을 위험하게 과장하거나 인도주의를 현대적으로 구현하는 것에 무감각해졌으면서도 그 독점권을 가로챘다. 인도주의적인 형태를 내세운 관념은 실제로는 영국 국민에게 유용한 태도이다. 그들은 그 관념의 소용 가치가 없어지면 곧 그것을 변형하고 실제와 다르게 받아들일 능력을 간직했기 때문이다. 심지어 그것은 영국 국민에게 이중으로 유용한 태도이다. 그룹 내부에서는 전 국민 사이에 개인적인 이기주의를 약하게 만들기 때문이고, 그룹 밖에서는 보편적인 진리로 가장하여 다른 국민에게 전파되었을 때 그들을 약화시키고 무장 해제하여 먹잇감으로 만들기 때문이다.

<h1 style="text-align:center">5</h1>

그러므로 영국은 반대 방향으로 진행되는 보바리즘의 전형적인 예를 보여 준다. 거기서는 일반 관념이 강력한 이기주의와 맞붙게 되면 그 가치가 추락하여 단지 하나의 수단이 되고, 유용성이 없어지면 변질되거나 무시된다. 일반 관념이 이기적인 정도가 덜하거나 반항 능력이 약해진 사회적 환경에 뿌리내리는 데 성공할 때는 반대의 경우가 실현된다. 천성적으로 풍속이 온화한 편이거나 타고난 폭력성이 이전 문명에 의해 이미 약해진 국민이 더 폭력적인 그룹이 고안한 형태의 기독교적 도덕을 채택할 때가 바로 그러하다. 폭력적인 그룹에게는 기독교에서 규범을 빌어 오던 당시에 더 강한 규제가 필요했었다. 그런데 그런 규제를 사용하도록 설득된 사회가 이미 문명화되었을 때는, 그 사회에게 규제가 지나치게 강하여 사회의 에너지를 조정하는 것이 아니라 마비시키고 그 사회를 다른 그룹에 비해 열등한 상황에 놓이게 한다. 여기서 자기 자신과 자신의 진짜 욕구에 관한 몰이해는 치명적인 결과를 초래한다. 집단은 자신과 다르고 더 난폭한 어떤 그룹에게 유용한 태도였

던 것을 보편적으로 적용되는 진리로 받아들인 잘못된 판단에 대해 파멸로써 그 대가를 치러야 할 위기에 처한다.

사실 어떤 민족에게 일반 관념에 속게 될 때의 위험을 깨닫게 하려면 이기주의의 정도를 고려할 필요조차 없다. 서로 다른 차이만 생각해 봐도, 다른 그룹이 만든 일반 관념을 받아들이게 되면 어떤 그룹이든 옛날에 형성되어 조직된 사회적 그룹에 분열을 초래할 위험이 있다는 것을 충분히 설명할 수 있다. 오래된 그룹은 그룹이 형성되어 살아남았다는 사실만으로도 종교를 이용하여, 그리고 그 후에는 도덕적 관습을 이용하여 에너지를 조화시키는 데 필요한 규제를 만들어낼 줄 알았다는 것을 증명해 준다. 또한 오래되었다는 사실은 그 규제가 옛날에는 교리이고 법전이자 징벌이었지만 특히 이제는 하거나 하지 말아야 하는 것에 대한 본능적 성향, 사회생활에 규제를 적용하는 그룹의 모든 사람에게 공통된 천성적인 기질을 이룬다는 것도 증명해 준다. 초기에 도덕성의 요구를 충족시키기 위해 원래 단호하게 표현되었던 명령형 방식은 이제 공포를 통해 억압하는 힘을 잃어버렸다. 그 사회의 정상적인 개인들은 집단의 이익이 요구하는 바대로 본능적으로 행동할 테니, 그렇게 되는 것이 잘된 일이다. 그런데 이 오래된 그룹이 외국의 그룹이 만든 규제를 일반 관념이라는 명목으로 채택하면, 무슨 일이 일어날까? 옛 명령에서 유래하여 그룹의 생리에 침투해 그 그룹을 사회생활에 알맞은 상태로 만들어놓은 절제 원리는 최대로 축소되어 있으므로, 외국의 진리가 부과하는 새로운 절제 원리가 그룹의 에너지를 구속하는 억제력이 증가할 것이다. 그리하여 사회적 그룹이 다른 그룹들 속에서 자신의 존재와 온전함을 유지할 수 없을 정도로 에너지가 낮아질 것이다.

구체적인 예를 들어보면 그 전개 과정을 더 잘 이해할 수 있을 것이다. 현재 프랑스 그룹이 형성한 사회적 집단을 예로 들어보자. 사실 현재의 프랑스 집단은 다른 나라가 고유의 필요성 때문에 준비한 유용한 태도를 보편적이고 이론의 여지가 없는 단호한 진리로 받아들이는 보바리즘에 사로잡혀 있다고 판단하는 사람들이 많다. 실제로 도덕성의 새로운 형태, 영국에 의해 만들어진 인도주의적 종교가 반교권주의反教權主義라는 명목으로 프랑스인의 의식 속에 침투해 어떤 사람들에게는 신앙을, 또 다른 사람들에게는 회의주의를 대신하려고 애쓰는 듯하다. 프랑스의 에너지에 이렇게 모델로 제시되는 것은 종파로서의 개신교도 아니고 개신교의 도덕도 아니다. 그것은 허울뿐인 합리주의인데, 실제로는 개신교라는 종교적 형태와 도덕에만 근거를 두고 있다.

전 서구 문명의 공통된 요소인 기독교적 관념에서 직접 끌어와 영국에서 만들어진 인도주의적 관념은 18세기 철학자들에 의해 프랑스에 도입되어, 니체가 지적했던 것처럼 나라에 확실한 위험을 드러내고 있다. 그 관념은 기독교의 독을 희석한 것으로, 우리의 것이 아니므로 우리와는 다른 반응을 보이는 생리를 위해 준비된 것이다. 이 희석된 독이 우리에게 들어오면, 우리가 옛날에 준비하여 사용해 왔고 이미 우리의 피 안에 침투해 있는 우리의 희석된 독에 첨가된다. 그러므로 그것은 유익한 정도를 넘어, 희석되지 않은 순수한 상태의 치명적인 기독교의 독을 주입할 위험이 있다. 앞의 상술을 뒷받침하기 위해, 앵글로색슨 그룹과 달리 프랑스 민족은 도덕적 관습을 형성하고 자신의 에너지를 완화하려고 종교에서 빌어 온 것이 거의 없었다는 사실을 주목할 필요가 있다. 프랑스에서는 천성적인 관대함과 명예심이 개인적 이기심이나 국가적 이기심의 과장을 막아주는 규제책이 된다. 그런 덕성은 가톨릭보다는 자신이 멋지기를 바라고 그것을 입증하기를 갈망하는 에너지의 긍지에서 유래한 것이다. 따라서 명예심과 관대함을 통해 에너지 과다를 억제하는 데 필요한 규제책을 가지고 있는 민족에게 인도주의적 관념이라는 새로운 규제책을 또 내세운다면, 그 민족의 에너지가 무력해질 위험이 있다고 생각해야 한다.

앵글로색슨의 민족성이 복음서 교리에 맞는 포기를 활동의 형태와 탁월한 솜씨로 혼합한 것, 즉 이성의 진리라는 가면을 쓰고 우리에게 음흉하게 제공된 인도주의적 이상은 우리에게는 단지 의기소침하게 만드는 복음서 교리의 영향력만 행사할 수 있을 뿐이다. 그 이상은 우리의 에너지를 불러일으키기에 적합한 동기들을 경시하면서, 그렇다고 우리에게 그 보상으로 새로운 동기들을 제시하여 에너지를 촉진할 힘도 주지 않는다. 앵글로색슨족의 유용한 태도인 인도주의적 이상은 전쟁의 패권을 쥐려는 목표나 천성적으로 프랑스 에너지를 자극하는 우월함에 대한 순수한 애착을 우선시하지 않는다. 그보다는 경제적이고 상업적인 목표의 우위를 확립하고자 애쓴다. 그리하여 그것은 우리에게 평화적인 이상을 펼치고 우리를 전쟁에 적합하지 않게 만들 위험이 있는 한편, 결코 우리의 상업적 탐욕을 증가시키는 데 이르지는 못한다. 반대로 앵글로색슨족에게는 상업적 탐욕이 너무도 강하게 남아 있는 탓에 인도주의적 이상이 의기소침하게 만드는 논리적 결과를 억누르고 전쟁을 통해서라도 경제적 목표의 성공을 확신할 수만 있다면 전의를 유발하는 것을 우리는 이미 보았다. 이처럼 똑같은 관념이 우리는 무장해제시키고 그들은 무장하게 내버려둔다. 일반 관념으로 인해, 우리는 단지 약하게 우리를 자극할 뿐인 목표를 향해 노력을 기울이게 되고 우리에게 유리하지 않은 영역에서 힘겨루기를 시작할 수밖에 없게 된다. 바로 그 관념으로 인해, 우리는 무엇보다 우리를 흥분시킬 수 있는 동기들, 우리가 전력을 다해 다른 나라들과 경쟁을 유지하는 동시에 개성적인 문명 형태를 발전시킬 수 있게 해줄 동기들을 빼앗겼다.

***

인도주의적 이상이 사실은 앵글로색슨족의 권력 본능에 의해 야기된 특수한 유용한 태도라는 것을 살펴보았으니, 이제 논거를 더 확장해 보자. 즉 기독교를 대신하는 그 이상이 어떻게 여전히 종교적이고 철학적인 가면을 쓰고 새로운 색조로 채색된 채 특수한 이해관계를 일반 관념으로 가장한 것에 속는 사람들을 희생시켜 특정 그룹의 이익을 위해 공격과 방어를 하는 호전적 태도가 되고 있는지 살펴보도록 하자.

여기서 현재의 프랑스는 놀랍도록 명백한 예를 또다시 보여준다. 부富와 온화한 풍속과 인구 감소를 최우선으로 고려해야 하는 다양한 상황을 겪은 결과, 프랑스는 아주 오래전부터 고유한 사회적 특성을 갖추고 있는 모든 나라 중에서 외국인의 이민에 가장 개방적인 나라가 되었다. 그로 인해 이민이 증가하자, 오랜 세월 프랑스에서 만들어진 것과는 다른 유전적 특성, 전통, 관습, 도덕적 관념을 출신국에서 가져오는 전입자들의 대규모 그룹이 형성되었다. 게다가 이 전입자들이 개인적 이익을 고려하여 프랑스에서 자신의 상황을 쉽게 향상시킬 수 있다고 예상했기 때문에 프랑스를 새로운 조국으로 선택했다는 것에는 의심의 여지가 없을 것이다. 정해진 목표는 그들을 자극하고 그들의 에너지를 증가시킨다. 그들은 대개 부유하지 못한 나라에서 왔으므로 요구 사항이 더 적다. 그리하여 그들은 노동자, 상인, 제조업자, 은행가로 일하면서 벌이를 위한 경쟁을 더 고되게 만들고, 경제적인 문제를 복잡하게 만드는 또 하나의 요인이 된다. 교육을 통해 자유직을 준비하게 되었을 때도, 똑같은 자극제로 인해 그들은 정치나 행정이나 교육에서 가장 좋은 일자리를 매우 열렬하게 갈망한다. 그들은 그런 직업에서 집단을 위해 이익이 될 수 있는 활동을 한다. 그러나 나라의 고위직과 관련된 다양한 분야에서 그들이 우세해지면, 그 사실로 인해 나라는 위험에 처하게 될 것이다. 도덕적으로나 정치적으로 다른 사회적 유산에서 끌어온 개념 작용이 드러나는 온갖 조치, 적어도 민족적 관습에 대한 무지가 드러나는 온갖 조치가 많든 적든 실행되는 것을 보게 되는 위험 말이다. 설사 이 낯선 개념 작용이 대대로 내려오는 관습보다 더 우수하다 하더라도, 그룹은 적응되지 않은 존재 방식을 강요받는 손해를 감수하게 될 것이다. 그룹은 전입자들의 머릿속에 있는 자신을 인식하면서, 자신을 실제와 다르게 생각하고 자신의 생체 구조에 적합하지 않은 서투른 행동을 시도하게 될 것이다.

따라서 외국인의 이민 문제는 프랑스에 이익이 될 수 있지만, 위험이기도 하다. 그 위험이 위협적인지 아닌지, 실질적인지 아닌지 하는 것은 여기서 강조할 필요가 없는 평가의 문제이다. 위험이 느껴졌다는 것, 동시에 다수의 국민에게 전입자들에 대한 불신과 의혹의 태도가 생겼고 전입자들 쪽에서는 방어의 태도가 생겼다는 것을 확인하는 것으로 충분하다. 그런데 이 방어의 태도는 일반 관념이라는 가면 아래 감춰져 있었다. 우리가 살펴본 바와 같이 앵글로색슨족의 개신교 입맛에 맞춰진 기독교 원리에서 유래한, 바로 그 일반 관념 말이다. 인도주의적 관념이 더 복잡한 욕구의 영향으로 인해 새롭게 변화되었고, 여기서는 범세계적인 관념이 된 것이다.

한편으로 자기 조국을 떠나 다른 조국을 택한 모든 전입자는 당연히 민족적인 것에 거의 중요성을 부여하지 않는 경향이 있는 것처럼 보인다. 그러나 다른 한편으로 그들은 그런 무관심을 퍼뜨리고 사람들 사이의 민족적 구별을 부정하는 것에서 확실한 이득을 얻는 것이 명백하다. 같은 장소에서 오랫동안 공유한 주거 환경, 같은 역사적·도덕적 전통, 결정된 모든 상황에 맞서 익숙한 방식으로 대응하려는 공통의 필요성에서 유래하는 민족적인 구별 말이다. 여러 세기가 흐르는 동안 오랜 공동의 노력에 의해서만 만들어낼 수 있었던 문명을 그들이 즉시 완전하게 누리기 위해 차이를 부정함으로써 중대한 이익을 얻는다는 것은 너무도 명백한 사실이다. 따라서 범세계적인 인도주의적 관념은 조직이 정비된 나라에 새로온 전입자들에게 알맞은 유용한 태도이다. 그 관념은 실제적이고 특수한 이해관계에서 현실을 끌어와서, 거기에 뿌리를 감춘채 양분을 취하면서 오직 관념의 꽃만 보여 줄 뿐이다.

각 민족적 그룹에 특유의 유용한 태도가 있는 것과 대조적으로 모든 시대 모든 장소에서 일반 관념이 유용한 태도가 되는 특별한 그룹이 있다. 그 그룹을 보다 정확하고 구체적으로 지칭하기 위해 실질적인 관찰을 하다 보면 전 세계 모든 나라에 전입한 유대 민족을 지명하게 된다.

물론 이 연구에서 논쟁을 목적으로 그런 사실을 말하는 것은 아니다. 그러나 너무도 놀라운 예가 사람들을 흥분시키는 시사적인 주제를 건드린다는 이유로 배제되어서는 안 될 것 같았다. 오히려 그 문제에 다양하게 관련된 감수성 덕분에 여기서 설명하는 관념이 더 명백하게 밝혀질 것 같았다.『반그리스도』에서 니체는 기독교를 가리켜, 정치적인 나라가 정복되어 흩어진 유대 민족이 운명적으로 다른 여러 나라의 생활에 뒤섞일 수밖에 없는 상황에서 그 나라에서 안전을 보장받기 위한 최고의 술책이라고 했다. 이 가설에는 가장 확실한 종족 보존 본능의 암시를 받은 무의식의 계략이 관련되었다는 것을 유념할 필요가 있다. 그런데 국가적인 유대가 순전히 민족적이고 종교적일 뿐 어떤 장소 주변에도 고정되어 있지 못한 유대인

이 모든 사람을 서로 평등한 세계의 시민으로 만들고 다양한
국적을 그다지 중요하지 않은 것 혹은 시대에 뒤떨어진 것으로
만드는 교리를 통해 모든 것을 얻고 아무것도 잃지 않는 것을
고려하면, 그 철학자의 견해는 매우 통찰력이 있는 것 같다.
따라서 어쩔 수 없는 상황과 본능의 논리로 인해, 이스라엘
민족의 모든 사람은 어떤 상황에서든 그들에게 유익한 일반
관념 주위로 모일 수밖에 없다. 그러므로 한편으로는 정언명
령[77]의 칸트 학설, 철학에 적용된 기독교, 이성에서 끌어와
보편적이고 모호함이 없는 도덕적 신조 공표를 유대인 대학교
수들보다 더 열렬하게 신봉하는 사람은 찾을 수 없다. 그리하여
복음의 평등 교리와 가장 가까운 정치 형태들은 칼 맑스 및
라살[78]과 같은 유대인들을 그 주창자와 이론가로 갖게 되었다.

그런데 유대인이나 다른 외국인 전입자들은 범세계적인
종교의 주역 역할을 하면서, 의식적으로든 아니든, 일반 관념
을 그것이 마땅히 사용되어야 하는 대로, 즉 용도에 맞게 변형시
켜서 사용한다. 그렇게 되는 것은 당연한 일이다. 그러나 외국의
이해관계를 의식에 강요하려는 의도를 숨기고 있는 관념론적

• •

77. [옮긴이] 칸트 철학에서, 행위의 형식, 목적, 결과와 관계없이 그 자체가
    선이기 때문에 모든 행위자가 무조건 지켜야 할 도덕적 명령을 말한다.
78. [옮긴이] Ferdinand Lassalle (1825~1864). 독일의 사회주의자이자 혁명사상가
    로 독일 사회민주당의 전신인 전 독일 노동자협회의 창설자이다.

인 가장에 국민 집단이 쉽게 속는다면 손해를 보게 되는 결과가 거기서도 마찬가지로 초래된다. 도덕적 실천의 영역에서 어떤 현실에도 부합하지 않는 보편적인 이성의 법칙에 복종한다고 믿으면서, 그들은 단지 다른 집단의 권력 의지에 복종할 뿐이다. 관념에 매혹당한 그들은 자신의 생존에 필요한 것에 대한 감각을 잃어버리고 자신에게 불리한 태도를 채택하게 된다. 그리고 자신들이 사용하기 위해 직접 만들지도 않았고 자신들의 이익을 관념적으로 가장하는 것도 아닌 일반 관념의 이름으로 모든 것을 시도하는데, 그것은 그들에게 불리하다. 그 일반 관념은 외국의 이익을 가장한 것에 지나지 않으므로, 그들이 엄청난 도움을 주게 되기 때문이다.

범세계적인 인도주의적 개념 작용에서 유래하는 것으로 보이는 관용을 비난하고, 그것을 비타협적인 배타주의로 대체해야 한다는 말인가? 아니다. 그러나 생존의 문제를 해결하기 위한 대책들은 우리가 그 계략을 밝힌 추상적 관념의 차원에서가 아니라 그룹의 이익을 고려하여 논의되어야 한다.

이런 문제에서 중요한 것은 속지 않는 것이다. 여러 국가가 존재하고 그 어느 때보다 더 견고하게 조직되어 있는 시기에는 국제적인 협약을 할 수 있는 여지가 있다. 협약에서 사람들의 권리는 더 정확하게 규정되고 끊임없이 개선될 수 있으며, 상호 조항을 통해 여러 나라 사람들에게 전 세계 모든 국가에서의 보호, 후원, 자유, 편의 증대를 보장할 수 있다. 그러나 현실적으로 그에 대응할 것이 아무것도 없는 범세계적 관념이라는 가면 아래 제안되는 모든 것은 사실 특정 그룹의 유익을 고려하여 시도되는 것이다. 어떤 상태로 조직되었든, 국가적 그룹과 따지고 해결해야 할 이해관계를 가지고 있는 전입자 그룹 말이다.

따라서 해로운 결과를 초래하는 관념적 보바리즘은 어떤 집단이 다른 집단에게 알맞은 유용한 태도를 보편적으로 적용되는 진리로 여기는 것으로 이루어진다. 바로 그러한 우회적 수단에 의해, 외국의 모델을 본떠 자기 자신을 생각하는 사회적 그룹은 약해지고 파멸하게 된다.

심지어 우화도 관념적 보바리즘의 예를 강조하는 데 유용하게 이용될 수 있다. 라퐁텐[79]의 교훈적인 우화를 토대로, 한 무리의 여우가 묽은 죽을 평평한 접시에 담아 먹는 것이 도덕적 명령이라고 설교하는 것에 황새 민족이 설득되었다고 상상해 보자. 제일 좋은 음식을 혀로 재빨리 손쉽게 핥아먹을 여우들의 커다란 이익을 위하여 뾰족한 부리와 기다란 목을 가진 황새

• •

79. [옮긴이] Jean de La Fontaine (1621~1695). 프랑스 문학의 위대한 걸작 중 하나로 꼽히는 『우화』의 작가로 유명하다. 『우화』는 주로 동물들이 등장하는 240편의 우화시로 되어 있는데, 이솝 우화에 비해 내용 면에서 인간 세태에 대한 풍자의 강도가 세다고 평가된다.

민족은 굶어 죽을 운명이다. 평평한 접시와 묽은 죽은 칸트의 학설에 따라 이성의 어떤 범주에서 끌어온 순수 관념이 아니라는 사실을 황새들이 깨달을 때까지 그렇게 될 것이다. 그때야 비로소 황새들은 여우에게만 편리한 접시 대신 그들을 위한 좋은 음식이 담길, 주둥이가 좁고 깊은 병 모양의 그릇을 그들의 목 형태에 맞춰 다시 만들기 시작할 것이다.

6

인간 집단이 외국의 그룹이 만든 일반 관념의 암시를 받아 자신을 실제와 다르게 생각하는 다양한 경우들을 살펴보았다. 이제 과거의 매혹은 비슷한 위험을 야기할 수 없는지 생각해 보기로 하자. 시간이 다른 것은 공간이 다른 것과 마찬가지로 변화의 원인이 된다. 따라서 시간에 의해 변화된 현실이 만약 과거의 모습대로 자신을 생각하기로 고집한다면 변화된 실제 모습과 다르게 자신을 생각하게 될 위험이 있을 것이다.

과거의 보바리즘은 우리 시대에 유난히 예리한 시각으로 관찰되었다. 그 보바리즘이 제시하는 위험은 너무 심하게 고발 당했고, 그것에 대해 지나치게 두려워하며 조심한 듯하다. 틀림없이 그런 태도는 과학적 발명의 발달로 이전의 오랜 세월 동안 이루어진 것보다 훨씬 더 많이 세계의 외양을 변모시킨 지난 수백 년 동안, 변화가 진행되면서 발생한 놀라운 가속도

탓이다. 과학은 그때까지 신앙에서 신화적인 해석을 찾았던 수많은 현상을 자연적인 인과 관계로 설명했으므로, 신앙의 권위가 약해졌다. 그 후로는 옛 신앙을 새로운 개념 작용과 조화시키기가 불가능해 보였다. 그때까지 사람들은 새로운 시간이 옛 시대에서 멀어지면서 서서히 조금씩 달라짐에 따라 관련성을 확장해서 과거를 현재에 결부시키고 과거와 현재라는 시간의 두 부분을 하나의 현실로 형성할 수 있었다. 그런데 우리 시대의 갑작스럽고 급격한 도약 앞에서 여전히 관련성을 확장하기에는 이제 미래가 너무 빨리 도망쳐 과거로부터 멀어지는 것 같았다. 그래서 관련성이 끊어진 것 같았다. 입센은 『유령』에서 과거와 옛 모델에 대한 두려움을 형상화했는데, 알빙 부인의 대사를 통해 그 두려움을 이렇게 표현한다. "우리 몸속에는 어머니와 아버지의 피만 흐르는 게 아니라 일종의 파괴된 관념, 죽은 신앙, 거기서 유래하는 모든 것도 흐르고 있어요. 그것은 살아 있지는 않지만, 그래도 우리 마음속 깊은 곳에 존재하고 있어요. 우리는 결코 거기서 벗어날 수 없어요." 사실 죽은 신앙은 종교적이고 시민적인 법에, 관습에, 성문화된 규정에, 기성 질서에 그 흔적을 남겨놓았다. 우리가 방금 지적한 동시대적인 경향을 과격하게 표현하면서, 알빙 부인은 "아! 그 명령과 규정들! 이따금 나는 바로 그런 것들이 세상의 모든 불행을 야기한다는 생각이 들어요."라고 소리친다.

이처럼 현시대의 인간은 자신의 행동과 도덕을 엄격하게 조상의 것에 맞춤으로써, 자신과 다른 존재를 자신과 잘못 동일시하고 자신을 실제와 다르게 생각하게 될 것이다. 이 잘못된 개념 작용은 인간에게 고통과 약화와 불안의 원인이 된다. 왜냐하면 자신의 생체 구조가 더 이상 적응하지 못할 행동, 변화된 환경에서 더 이상 자신에게 도움이 되지 못할 행동을 이행하느라 전력을 다할 것이기 때문이다.

***

현시대의 사람들이 과거에 매혹되어 자기 자신에 대해 갖게 되는 잘못된 개념 작용이 동시대의 몇몇 사람들에게 불러일으 키는 두려움을 입센이 표현했다면, 퓌스텔 드 쿨랑주의 훌륭한 책 『고대 도시』는 정확한 자료를 가지고 역사에서 그 보바리즘 이 어떤 형태로 어떻게 나타났는지 보여 준다.

초기 역사 시대의 그리스와 로마를 고찰하면서, 퓌스텔 드 쿨랑주는 사라진 신앙에서 그 기원을 찾지 않는다면 설명할 길이 없는 여러 제도와 법에 의해 도시들이 통치되었다는 것을 보여 준다. 바로 그것이 그 책의 논지이기도 하다. 고문서 들에 의해 곧 긍정적 가치가 확인될 추론을 통해 꺼져버린 신앙을 복구하자, 분산되어 설명할 수 없는 사실들에 불과하던 그 제도와 법들은 곧 밀접한 관련성으로 서로 결합되어 있는 것으로 나타난다. 그것들은 신앙의 논리적 결과이자 필연적인 인과 관계로서, 신앙이 살아 있던 시기에 신앙의 만족을 위해 공포된 것들이다.

신앙이 인간에게 가장 직접적인 현실이라고 생각하면, 신앙이 표현되는 일반적인 명령 형태 — 종교적 교리, 성문 법률, 관습 — 는 그 신앙에 고무된 민족에게는 제1의 유용한 태도일 것이다. 다른 한편, 변화가 느리게 이어짐으로써 역사의 어느 순간에 옛 신앙이 없어지고 사라지는 것이 관찰된다 해도, 새로운 집단은 그 신앙에서 벗어나고도 여전히 그것의 지배를 받는 것을 확인할 수 있다. 신앙을 강화시켰던 관습과 법 속에 신앙이 스스로 살아남았기 때문이다. 그러므로 그 집단은 더 이상 자신의 것이 아닌 현실을 만족시키기 위해 고안된 태도에 복종할 것을 강요당한다. 관습과 법의 힘은 집단이 자신을 실제와 다르게 생각하도록 구속하고, 집단 내부에서 동기를 찾을 수 없는 행동을 이행하는 데 집단 에너지 일부가 사용된다. 저명한 역사가의 해석에 따르면, 우리가 그리스인과 로마인에 대해 알게 되었을 때 관습과 법에 대한 그들의 상황은 이미 그와 같은 상태였다.

나중에 인도, 그리스, 로마로 구별되는 사회가 될 인간 그룹들이 공동의 영토에서 살던 때, 모든 사람이 똑같이 믿었고 그 후에 종교적인 경구와 법률 문구 안에서 굳어져 인간의 유동적인 정신을 불변의 고정된 관계로 구속한 신앙은 도대체 무엇이었을까? 그것은 당시의 사람들이 사후死後 영혼의 운명에 대해 만들어낸 특별한 개념 작용이었다고 퓌스텔 드 쿨랑주는 말한다. 그들의 감정에 따르면, 죽음은 단지 삶의 변화일 뿐이었다. 그런데 그들은 윤회도, 정신의 승천도 믿지 않았다. 그들은 정신이 함께 태어났던 육체와 결합한 채로 땅 밑에서 계속 살아간다고 확신했고, 인간은 죽은 후에도 살면서 느꼈던 똑같은 욕구에 계속해서 자극받는다고 믿었다. "영혼이 두 번째 삶을 위해 자신에게 적절한 지하 주거지에 정착하게 하려면, 영혼이 결부되어 있는 육체가 흙으로 뒤덮여야 했다. 무덤이 없는 영혼은 주거지도 없었다. 그런 영혼은 떠돌아다녔다. 불행한 영혼은 곧 해로운 존재가 되었다. (⋯) 고대 내내 사람들은 묘지가 없는 영혼은 비참하고 영혼은 묘지를 통해서 영원히 행복해진다고 믿었다."[80]

그런 믿음의 지배를 받는 사람들에게 죽은 자를 숭배하는 법규를 제정하고 장례 의식을 정하는 것은 필수적인 일이었다. 그들은 땅 위에서 존재하는 시간보다 훨씬 더 오랜 시간 그들의 삶이 될 지하의 삶에 필요한 것을 마련해주어야 했다. 그런

• •

80. *La Cité antique*(『고대 도시』), p. 10.

믿음의 영향 아래, 매우 이기적인 염려와 본능적인 선견지명으로 그들은 사후 삶에 필요한 것을 위해 사회적 삶을 조직할 수밖에 없었다. 여기서 문제가 된 강력한 이기심은 관습을 통한 위협의 수단을 만들어냈고, 종교가 발명되었고, 죽은 자들이 신격화되었고, 무덤이 그들의 사원이 되었고, 그들에 대한 숭배가 의례에 따라 정해졌다. 이번에는 종교가 사회적 제도의 형태를 결정했다. 바로 이와 같은 초기의 행위들을 통해서, 고대의 종교는 종교가 싹튼 생리적 부식토를 떠났고, 종교를 만들어내 이용했던 인간의 근심에서 벗어나고 분리되어 자신의 권리를 증명하지도 않은 채 인간의 의식을 지배하는 교리상의 관념이 되었다.

그리스인과 로마인의 이런 종교는 원래 본질적으로 특정^{特定}된 것이었다. 가문마다 서로 조상이 달랐으므로, 죽은 자에게 장례식 뒤의 식사를 가져다주고 초창기에 틀림없이 외부인의 시선을 피해 집 내부에 감추어 첫 가족 묘지 위로 세워졌을 화덕의 불꽃을 보존하는 의무는 그 조상의 후손에게만 부과되었다. 동시에 그런 신앙의 관점에서는 가문의 영원성이 얼마나 중요한지도 알 수 있다. 후손이 없는 조상은 숭배받지 못했고 고통을 겪어야 하는 운명이었다. 바로 그 때문에 처음에는 어디서나 이성적인 사람이라면 당연히 독신에 관한 생각을 겁에 질려 거부했다. 그리고 나중에는 독신이 종교적 금지의 대상이 되었고, 또 그 후에는 법적 금지의 대상이 되어 그리스와 로마에서 오랫동안 유지되었다.

같은 이유로 여성의 간통은 놀랄 만큼 중대한 결과를 초래했다. 외부인이 합법적인 자손을 대신할 수도 있다는 것 때문에, 조상들은 사실 그들의 후손으로부터만 받을 수 있는 숭배의 혜택을 빼앗긴다고 여겼다. 죄지은 여성에 대한 가혹한 형벌과 남편에게 용서를 금지하는 것은 그런 맥락으로 이해할 수 있다. 실제로 사람들은 모든 조상의 행복과 안전을 위험에 빠뜨린 죄로 인해 남편 혼자만 모욕당한 것이 아니라고 판단했다.

다른 많은 것들 중에 여기서는 원시 신앙에 토대를 둔 종교에 의해 승인된 법적인 결과 두 가지만 언급하고자 한다. 첫째, 소유 재산은 양도될 수 없는 것으로 팔 수도 유언을 통해 양도할 수도 없었다. 둘째, 여자들은 아버지의 유산에서 제외되었고 법적으로 친척 관계를 이루기에 적합하지 않다고 여겨졌다. 그래서 고대법에서 인정한 가족은 혈연관계로 수립된 가족과 달랐다.

소유 재산은 원래 무덤이 있는 땅 혹은 무덤 주위의 땅과 다르지 않았기 때문에 양도될 수 없었다. 제사를 지내고 무덤 위로 장례식 후의 식사를 가져다주어야 하는 종교적 필요성은 무덤이 있는 땅의 양도를 가로막았다. 사실대로 말하자면, 화덕과 무덤이 땅의 진짜 소유주였다. 그들에 대한 숭배는 의식을 이행할 책임을 계속 지게 될 후손들에게 대대로 영원히 그들이 소유한 땅이 전해지기를 요구했다. "개인은 땅을 위탁받아 보관할 뿐, 땅은 죽은 사람들과 태어날 사람들에게 속한 것이다."[81]라고 퓌스텔 드 쿨랑주는 말한다.

여자가 유산에서 배제되는 것도 같은 종류의 이유 때문이다. 여자는 결혼하면서 화덕을 떠나 조상들의 무덤과 멀어지기 때문이다. 게다가 여자는 다른 신들, 다른 죽은 자들, 남편의 조상에게 제사를 지내게 될 것이다. 그런데 "사람은 두 개의 가문에도, 두 개의 가내 종교에도 속할 수 없다."[82] 그래서 원래 결혼식은 딸을 화덕에 연결시켰던 종교적 관계에서 아버지가 딸을 빼내는 행위, 그리고 남편의 집에 받아들여진 아내가 가족 신 앞에서 성스러운 불을 만지는 행위로 이루어졌다. 결혼은 그녀에게 새로운 탄생이었고, 그녀는 남편의 딸 즉 필리아이 로코*filiae loco*[83]가 되었다. 그리하여 그녀와 그녀가 태어난 가정과의 모든 관계는 끊어졌다. 그녀와 아버지 사이에 더 이상 가족 관계가 성립하지 않는 마당에, 어떻게 그녀가 혈연을 내세워 아버지를 상속할 수 있었겠는가? 어머니의 아버지가 아니라 아버지의 아버지를 조상으로 받아들인 여자

· ·

81. *La Cité antique*(『고대 도시』), p. 74.
82. *La Cité antique*(『고대 도시』), p. 47.
83. [옮긴이] 딸을 대신하는 존재라는 의미의 라틴어.

의 아들도 마찬가지였다. 친척 관계를 만드는 것은 탄생이라는 구체적인 행위가 아니라 숭배에 의한 공동체였다. 두 사람이 "같은 신, 같은 화덕, 같은 장례식 후 식사"[84]를 가졌을 때 친척이라고 말할 수 있었다. 그 결과 여자들을 통한 친척 관계는 존재하지 않았다. 그런데 이미 진보한 시대에 로마인에게서 이 법제가 다시 발견된다. 그들의 부계 친족 관계는 혈연 대신 숭배로 정해졌던 원시의 친척 관계와 다르지 않았다. "두 사람 은 계속 남자에서 남자로 거슬러 올라가서 공통의 조상을 가진 것이 발견되었을 때만 부계 친족이 될 수 있었다."

소유권과 가족 관계에 관한 두 가지 개념 작용을 가지고 여기서 보여 주고자 하는 것은 한편으로는 그 개념 작용이 완전히 논리적인 구성을 보여 준다는 점이다. 그것은 사후 인간의 운명에 관한 특별한 신앙의 관점에서, 인간 영혼의 가장 평범한 동기에 의해 설명될 수 있다. 다른 한편으로 이미 말한 바와 같이 그 신앙은 종교적이고 법적인 텍스트 안에서 신앙 자체보다 더 오래 살아남았다는 점이다. 그리하여 그 신앙의 규정은 이미 오래전부터 더 이상 유용하지 않은데도 그 텍스트들 속에서 여전히 명령적인 성격과 실질적인 권위를 보존한다. 그래서 다음과 같은 일이 일어났다. 교리와 법에

• •

84. *La Cité antique*(『고대 도시』), p. 58.

존속된 금지, 규칙, 구속은 고대의 신앙에 고무된 사람들에게는 이치에 맞는 유용한 태도일 뿐이었다. 그러나 바로 그 중요성과 유용성 때문에 곧 자연스러운 태도는 교리로 바뀌었고, 유용성이라는 혈통은 점점 사라졌다. 그리고 그런 규정들을 만들어냈지만 이제 더는 그에 대한 권리를 입증할 수 없게된 정신 구조에서 분리된 형태로 새로운 정신 구조에, 다른욕구에 시달리는 사람들에게 제시될 수 있었다.

실제로 퓌스텔 드 쿨랑주의 훌륭한 책은 고대의 신앙이그리스인과 로마인에게 시적詩的인 주장에 불과한 시기에 방금말한 두 가지 관점에서 그들이 그 신앙의 지배를 받았다는것을 우리에게 보여준다. 신앙은 명백하게 약해진 상태에서도여전히 신앙에 어긋나는 새로운 현실 및 새로운 욕구와 충돌한다. 그것은 오랫동안 우위를 보존하고, 새로운 신앙은 단지조금씩 느리고 은밀한 변화를 통해서만 표현되면서 자신에게유리하게 사회적 생활을 조직하기에 이른다. 새로운 신앙의승리는 너무 늦게 이루어져서, 어쩌면 그 승리는 새로운 신앙이이미 미래의 신앙과 대립하는 순간을 나타낼 수도 있다. 그리하여 그리스에서는 소유 재산 매각 금지가 솔론[85]에 이르기까지

- -
85. [옮긴이] Solon (BC. 638년경~BC. 558년경). 고대 그리스의 정치가, 입법자, 시인이다. 그리스의 일곱 현인 가운데 한 사람이기도 하다. 특히 정치, 경제, 도덕이 쇠퇴하는 가운데 이에 맞서 새로운 법을 세운 노력으로 유명하다.

법에 쓰여 있었다. 스파르타나 로크리와 레프카다[86]와 같은 도시에 관해서는 정확한 문서가 그것을 입증해 준다. 9세기에 코린트의 피돈[87]은 가문과 소유 재산의 숫자가 변해서는 안 된다고 했고, 그로 인해 각 가문에게 자기 땅을 분할하지도 못하게 했다. 게다가 솔론의 법이 고대의 금지를 폐기해도, 거기에 담긴 성스러운 특성은 그 문제에 있어 사람들의 마음에 여전히 영향력을 행사했다. 그래서 땅을 매각한 자는 그 사실로 인해 시민의 권리를 잃어버렸다. 양도하는 권리에 대한 모든 제한이 사라지려면 아직도 더 오랜 시간이 흘러야 했다.

로마에서도 마찬가지였다. 12표법[88]은 땅을 파는 것을 시민에게 허락하면서 거기에 포함된 무덤의 양도는 금지했다. 나중에 드디어 소유지 전체를 파는 것이 허용되었을 때 소유권

••

86. [옮긴이] 로크리는 이탈리아 남서부 지중해에 면한 지역인 칼라브리아주에 위치한 도시이고, 레프카다는 그리스 이오니아 제도 레프카다섬 북쪽에 위치한 도시이다.

87. [옮긴이] Phidon. 고대 그리스의 입법자로, Phédon 또는 Pheidon으로 표기하기도 한다.

88. [옮긴이] BC. 451~450년에 제정된 것으로 추정되는 고대 로마 최초의 법전이다. 법전 편찬을 위해 10인 위원회가 조직되었고, 10인 위원회는 BC. 451년에 작업을 시작하여 BC. 450년에 10개의 조항으로 구성된 법전을 만들었다. BC. 449년에 두 번째로 선임된 10인 위원회는 성산 사건에서 원로원과 평민 계급이 합의한 대로 2개의 조항을 더 추가하였다. 이로써 12표법이 완성되었고, 법은 상아로 된 판에(리비우스는 동판에 새겨졌다고 하였다) 새겨져 광장에 게시되었다.

양도에 종교적 의식과 흡사한 의식이 동반되어야 했는데, 그것은 틀림없이 새 소유주에게 제사를 넘겨주는 것으로 처음에는 소유권이 단지 그 결과에 불과했다.

그리스에서와 마찬가지로 로마에서도 똑같은 종교적 고려 때문에 초기의 법제에 유증의 권리는 존재하지 않았고, 새로운 체제에서도 이 금지에 대한 변화는 갑작스럽게 이루어지지 않는다. 그리스에서는 솔론이 자식이 없는 사람에게만 유증을 허락했다. 로마에서는 처음의 엄격함에 대해 어느 정도 관용을 베풀면서 적어도 유언자의 결정이 공개적이어야 한다고 정했다. 그래서 상속에 관한 관습에서 뭔가를 변화시키려면, 그에 관한 규정이 신관의 주재하에 쿠리아[89] 단위로 모인 사람들의 투표를 통해 승인되어야 했다. 폐지된 신앙을 대변하는 종교와 법이 결정했던 사물의 질서를 바꾸기 위해서는 바로 법이 필요했던 것이다.

혈연에 의한 친척 관계가 인정되고 제사에 의한 친척 관계와 똑같은 법적 효과를 부여받게 된 것도 마찬가지로 단지 우회하는 방식을 통해서였을 뿐이다. 퓌스텔 드 쿨랑주는 다음과 같이 말했다.

• •

89. [옮긴이] 쿠리아는 고대 로마 시민의 구분 단위로서, 로마의 건국자인 로물루스가 시민들을 3개의 부족과 30개의 쿠리아로 나누었고 1개의 쿠리아 는 각각 10개의 씨족들로 이루어졌다.

"아테네의 법제는 상속녀가 되지 못하는 딸이 적어도 상속자와 혼인할 수 있다는 것을 분명하게 적용했다. 예를 들어 고인이 아들 한 명과 딸 한 명을 남겼을 때, 그들이 같은 어머니에게서 태어나지만 않았다면 법은 남매간의 혼인을 허용했다. 유일한 상속자인 아들은 누이와 혼인하든가 누이에게 지참금을 주든가 선택할 수 있었다. 아버지에게 딸 한 명밖에 없다면, 그는 아들을 입양하여 딸과 혼인시킬 수 있었다. 또는 유언을 통해 딸과 혼인하는 사람을 상속인으로 지정할 수 있었다. 외동딸을 둔 아버지가 입양도 유언도 하지 않은 채 죽으면, 고대의 법은 그의 가장 가까운 친척이 상속자가 되도록 정했다. 그러나 이 상속자는 딸과 혼인할 의무가 있었다. 삼촌과 조카딸의 혼인이 허용되고 심지어 법으로 요구되기까지 한 것은 바로 이러한 원리 때문이다. 그것이 다가 아니다. 만약 딸이 이미 혼인했다면, 그녀는 남편을 떠나 아버지의 상속자와 혼인해야 했다. 상속자가 이미 혼인했다면, 그는 이혼하고 친척과 혼인해야 했다. 여기서 우리는 고대의 법이 종교를 따르기 위해 얼마나 자연을 무시했는지 알 수 있다."[90]

나는 이 구절을 원문 그대로 인용해야 한다고 생각했다. 추상적 관념과 법에서 여전히 권위를 행사하는 죽은 신앙의

● ●

90. *La Cité antique*(『고대 도시』), p. 81.

규정과 현재의 신앙을 일치시키기 위해 사회적 집단이 도출한 기이한 타협책을 인상적인 방식으로 보여주기 때문이다. 새로운 신앙은 그때까지 희생되어 온 혈연관계의 중요성을 이미 인정하고, 혈연에 의한 친척 관계에 상속법의 토대를 두고자 했다. 옛 판단을 새로운 판단으로 바꾸면서 새로운 신앙도 곧 몇 가지 금지 사항을 공포하게 되는데, 그중에는 친척 간 혼인 금지도 들어 있었다. 그런데 옛 신앙이 여전히 행사하는 영향력 때문에 자신을 과소평가하지 않을 수 없던 새로운 신앙은 가장 심각한 방식으로 스스로 상처를 입히고 옛 질서에 여전히 경의를 표하는 의제儀制를 사용하여 우회적인 방식으로만 몇 가지 결과를 받아들이게 했다.

따라서 이 두 가지 예—그 외에 다른 예들도 더 많이 인용할 수 있다—를 통해서, 우리는 초기 역사 시대의 그리스인과 로마인이 더 이상 그들의 영혼에 존재하지 않는 신앙과 그들의 것이 아닌 이해관계를 만족시키기 위해 옛날에 정해진 규칙과 규범을 그들의 고유한 통치 체제에 적용했다는 것을 알 수 있다. 그러므로 그리스인과 로마인은 여전히 법에서 권위를 끌어내며 그들을 지배한 추상적 관념에 선동되어 오랜 기간 자신을 실제와 다르게 생각했다. 혁명이 발발했다. 정확히 말해 그것은 현재의 욕구를 표현하는 새로운 유용한 태도와 신성한 외양 아래 옛 욕구 이외에는 더 이상 아무것도 표현하지 않는 관념적인 신앙 사이의 투쟁이었다. 퓌스텔 드 쿨랑주는 그의 책 2부에서 그 투쟁의 양상을 훌륭하게 설명했다. 그는 거기에서 위대한 두 민족이 자신들의 법과 욕구를 조화시키기 위해 한 노력을 보여 준다.

제6장

인류의 본질적 보바리즘

1. 도덕적 보바리즘: 자유 의지에 대한 착각 — 그 결과: 책임 — 자아의 단일성에 대한 착각.

2. 정열적 보바리즘 또는 종의 정령: 사랑의 열정에 사로잡힌 인간은 자신의 개인적 행복을 확보한다고 믿으면서 종의 소원을 이행함.

3. 과학적 보바리즘 또는 지식의 정령: 인간은 지적 탐구를 통해 기쁨의 총량을 증가시킨다고 생각하지만 지식의 총량만 증가시킬 뿐임 — 지적 탐구의 이중의 동기: 형이상학적 동기: 죽음을 면할 수 없는 인간은 불멸의 존재이기를 원함. — 즉각적 이익의 동기: 자연의 법칙에 대한 지식을 통해 인간은 행복을 확대한다고 주장. 과학에 의한 진보라는 종교. 불만족의 능력.

1

우리가 개인과 집단에게서 살펴본 것과 같은 보바리즘은 예외적인 경우처럼 보인다. 그것은 다른 많은 사람 중에 몇몇 개인에게만, 또는 역사의 정해진 순간에 몇몇 사회적 그룹에만 영향을 미치는 것 같다. 병적인 경우를 설명하기 위해 선택된 이 예들에 대해, 개인적 혹은 사회적 현실이 자기 자신과 조화를 이루어서 잘 어울리는 전체의 모습을 우리에게 제공하는 수많은 정상적인 경우들을 대립시킬 수 있을 것이다. 이제 인류의 존재를 좌우할 만큼 인류 전체에게 공통된 믿음과 존재 방식을 고찰해 보자. 그리고 그 모든 것에 명백한 보바리즘 행위가 포함되어 있다는 것을 보여 줄 것이다. 뿌리 깊은 인간의 본성에서 가장 중요한 것 중 하나는 인간이 자유롭다고 생각하는 믿음이다. 이 믿음에서 벗어나는 사람들은 몇몇 예외적인 사람들뿐이고 — 단지 이론적으로라고 하더라도 —, 모든 서양 문명은 이 믿음에 토대를 두고 있는 것으로 보인다.

인간은 자신이 자유롭다고 생각하고, 자유 의지를 가지고 있다고 여긴다. 이것은 인간이 이중의 능력을 지니고 있다는 것을 전제로 한다. 즉 한편으로 인간은 해야 할 것과 피해야 할 것, 선과 악을 구분하는 능력이 있고, 다른 한편으로 그런 구분을 한 후에는 자신의 선택에 따라 행동할 수 있다는 것이다.

그런 착각이 너무도 강하여 철학자들은 거기에 속았다. 그런 믿음에 도덕의 토대를 두고 유심론적 형태나 칸트 철학의 형태로 교육이 이루어지는 공인된 철학의 대가들은 말할 것도 없고, 아미엘[91] 같은 사상가는 만약 인간이 완전히 자유롭지 않다면 적어도 인간을 구속하는 필연성의 메커니즘에서 어떤 역할을 한다는 절충안을 표명했다.

• •

91. [옮긴이] Henri Frédéric Amiel (1821~1881). 스위스의 작가로 자아 분석의 걸작인 『내면의 일기』로 유명하다.

그러나 자유 행위가 어떻게 발생하는지를 생각하려고 하면, 필연적으로 모든 행위의 기원에 포함되는 요소들에 호소하게 된다. 결코 그 요소들을 빼놓고 생각할 수 없는데, 결국 그것들은 우리에게 종속되지 않는다는 것을 인정하지 않을 수 없다. 여러 가지 중의 선택을 전제하는 것으로 보이는 자유 행위는 의식의 개입을 요구한다. 즉 어떤 행동을 하려고 할 때 여러 가지 가능한 실행이 미리 의식 속에 투사된다는 것을 인정해야 한다. 이 여러 가지 가능성 중에, 여러 동기를 깊이 따져본 후에, 그런 검토를 수행한다고 여겨지는 자유로운 존재는 이행할 행동을 선택하고 실현한다. 그런데 이 존재가 결정하기 위해 어떤 종류의 검토를 하든, 도덕적 관념을 고려하든, 이해관계를 고려하든, 또는 열정을 고려하든, 그를 결정하게 만드는 모든 요소가 의식에 나타날 때 미지의 장소로부터, 의식의 지배를 받지 않는 미지의 힘에 의해 의식에 투사되었다고 보이지 않는가? 그 요소들은 의식이 좋아하느냐 아니냐에 따라서가 아니라 헤아릴 수 없이 많은 이유로 의식의 거울에 나타나거나 나타나지 않는다. 그것들은 어떤 사람에게는 나타나고 어떤 사람에게는 나타나지 않는다. 개인적인 차이에 따라 매우 다양한 단계로 명료하게 사람들에게 투사된다. 그러므로 여러 동기를 검토하여 나오는 소위 자유로운 결정이란 선택된 자료가 아니라 부과된 자료에 대하여 행해지는 것이다. 선택은 필연적으로 방금 말한 요소들의 수와 특성에 의해, 선택하는 존재의 타산적, 정열적, 지적 혹은 도덕적인 지배적 성향과 행위 인자인 그 요소들이 결합하는 작용에 의해 결정된다. 그런데 성향 자체는 자유롭게 선택된 것이 아니라, 생리적인 미지의 요소에서 비롯된 것이다.

어떤 사람이 주의를 기울이고 의식의 영역에 새롭고 더 강한 결심의 동기들을 야기하고 싶어 하는 행위 자체는 어떠한 자유도 전제하지 않는다. 그것은 다른 사람이 아니라 바로 그 사람이 실행하는 것이기 때문이다. 설사 두 사람이 그 행위 이행에 똑같은 관심이 있다 해도 말이다. 그러나 어떤 행위, 의도, 노력, 또는 노력하려는 욕망을 의식한다는 사실, 즉 행위와 의도와 노력과 욕망이 생리적인 미지의 요소에서 나왔다는 것을 인정하는 놀라운 능력을 행위와 의도와 노력과 욕망을 야기하는 능력과 끊임없이 혼동하는 것에서 정반대의 착각이 초래된다.

게다가 자유 의지가 존재할 때 이어져야 할 논리적 결과를 정립한 후 그 결과를 발견하기 위해 현실로 눈을 돌리면, 곧 그런 결과가 현실에 없다는 것을 깨닫게 된다.

우리가 말한 것과 같은 자유 의지는 사실 인간에게 자신의 행위를 이성의 결론에 항상 일치시키는 능력이 있다는 것을 전제할 것이다. 그런데 이성은 인간에게 도덕주의자들이 부과한 의미로서의 선과 악을 구분하도록 가르친다. 또한 이성은 인간에게 선을 행하고 악을 피할 것도 명령한다. 그렇다면 결과적으로 도덕적 악은 존재하지 않아야 할 것이다. 그런데 모든 도덕주의자는 도덕적 악이 존재한다는 것에 동의한다. 더 밀접한 증거가 없다면, 전통적인 도덕을 기준으로 자신을 평가하는 데 익숙한 모든 인간은 자신의 의식 안에서 온갖 종류의 형벌을 발견하게 된다는 사실이 그것을 입증해 준다. 그 형벌들은 죄인에게 적용되든 결백한 사람들에게 충격을 주든 똑같은 힘으로 똑같이 입증해 준다.

그러한 사실 확인, 즉 도덕적 악이 존재한다는 사실은, 다시 말하건대, 자유 의지의 가설과 양립될 수 없다. 사실 무엇이 선인지 알고 있고 자유롭게 선을 행할 수 있는 인간에게 악을 행할 결심을 하게 할 수 있는 동기가 무엇이겠는가? 일군의 도덕주의자들은 선과는 다른 즐거움을 추구하는 것이라고 대답한다.

그러면 여기 서로 다른 방향으로 이끄는 상반된 두 힘에 사로잡힌 사람들이 있다고 하자. 그러나 그들은 곧 필연적으로 각자 가장 강한 힘에 복종하게 된다. 다른 해답을 생각하거나 가장 약한 힘이 우세하다고 주장하는 것은 있을 수 없는 일이다. 그런데 이 필연성은 인간의 자유에 한 치의 여지도 남겨주지 않는다. 쾌락의 감정과 대립하는 의무감은 유전적 특성, 교육,

복잡한 미지의 상황들로 인해 강하거나 약함에 따라 우세나 열세를 보일 것이다. 모든 사람에게 있어 이 두 가지 동기는 그들과 무관한 관계나 순서에 따라 배치된다. 그리고 논리적으로 그들은 이 내적 순서의 불가피한 결과에 행동을 완전히 일치시킬 수밖에 없는데, 이러한 논리적 구속력은 어떤 의무의 개념 작용보다 더 우세하다. 솔직히 말해, 선과 즐거움을 완전하게 구별하는 이 가설에서는 대부분의 사람들이 쾌락으로 끌리는 성향이 가장 강해서 다른 것을 물리치게 되기를 바랄 것 같다. 그들의 눈에 의무감은 나쁜 원리가 될 위험이 있을 것이다. 그러나 그것은 그들이 자신의 내적 기질에서 뭔가를 자유롭게 바꿀 수 있게 해주는 것은 아니다. 내적 기질을 바꿀 수 있다는 헛된 바람으로는 자신에게 어떤 사회적 결과가 초래되든 자신의 욕구를 충족시키려는 사람들을 막을 수 없을 것이다. 또 의무감이 우세하여 자신이 갈망하는 쾌락을 멀리하도록 끊임없이 속박하기 때문에 자제하면서 스스로 모든 기쁨을 거부하는 사람들도 막을 수 없을 것이다.

그러므로 도덕적 선과 즐거움 사이에 확립된 이런 구분은 어떠한 자유도 허락하지 않는다. 따라서 두 번째 그룹의 도덕주의자들은 그런 해석을 거부하고 거기서 초래되는 결점에서 벗어나 도덕적 선과 행복 사이에 혼동이 있다는 것을 인정한다. 그러나 이 새로운 개념 작용도 앞선 자유 의지의 가설만큼 파괴적이라는 것을 보게 될 것이다. 왜냐하면 그것 역시 도덕적 악의 존재를 전혀 허용하지 않으므로, 도덕주의자들이 인정하는 도덕적 악의 존재가 그것을 무너뜨리기 때문이다.

선과 즐거움 사이에 혼동이 존재한다면, 사실 자유 의지를 갖추고 오직 행복을 갈망하는 동기에만 끌리는 인간이 어떤 경우든 도덕적 법칙이 명령하는 행동 원리를 거부한다고 생각할 수 없다. 도덕적 법칙은 행복을 마련해 주는 선의 실천으로 이끌기 때문이다. 만약 다르게 행동한다면, 그것은 무지해서 문제의 일부 요소들을 보지 못하기 때문이다. 그런 경우, 선택의 자유는 지식 부족에 의해 방해를 받는다. 가치가 다른 20개의 방책을 놓고 숙고해야 할 때 그중 네다섯 개만 당사자에게 보인다면, 그건 자유로운 선택이 아니다. 그와 반대로 문제의 모든 요소가 제공되었는데 그가 선 대신 악을, 자신에게 유익한 것 대신 해로운 것을 선택한다면, 더 강한 필연성이 그를 구속하고 자유를 억압했다고 인정해야 한다.

하지만 도덕적 선과 행복 사이에 혼동이 있다는 이 가설은 인간의 행동에 대해 앞의 가설보다 더 그럴듯한 짜임새를 보여 준다. 그것은 도덕적 선과 즐거움 사이의 대립을 더 이상 내세우지 않기 때문에, 같은 하나의 성향으로 충분히 모든 행위를 설명할 수 있다. 사실 자유 의지를 버린다면, 곧바로 그것이 가능하다. 인간은 모든 경우에 가장 큰 행복이라고 판단되는 것을 약속해 주는 방향으로 향하게 마련이다. 그러나 여기서 생리학이 개입하여 인간 행동의 그 유일한 동기를 수많은 비율과 미묘한 차이에 따라 구분한다. 신경 계통이 어느 정도 복잡한가에 따라, 거기에 얼마나 강하고 얼마나 많은 금지 중추가 포함되어 있느냐에 따라, 상상하는 능력과 기억력이 얼마나 강한지, 그래서 미래나 과거의 자극을 제시하여 즉각적인 자극과 얼마나 잘 싸울 수 있는지에 따라, 또한 즉각적인 자극의 강약의 정도에 따라, 순전히 기관에 관련된 그 모든 원인에 따라, 개인은 더 노골적인 행복관을 갖기도 하고 더 추상적이고 세련된 행복관을 갖기도 한다. 도덕적 선이라고 불리는 것으로 향하는 성향은 즉각적인 감수성보다 상상하는 능력이 어느 정도 우세한 것을 언제나 전제로 한다. 그러나 거기에는 단 하나의 관계만 해당하므로, 그 성향은 상상하는 능력이 강한 것과 마찬가지로 즉각적인 감수성이 약한 것에서 유래될 수도 있다. 따라서 도덕적으로 선하고 당시의 사회적 혹은 종교적 이상에 의해 정해진 규정을 잘 따르는 사람들 중에도 이미 극심한 차이가 있다. 도덕적 균형이 깨어지면, 곧바로 과도한 충동이나 나약한 금지 중추로 인해서, 일정한 표현 순서가 폐지됨으로써, 그저 단순한 광기 또는 당사자에게 더 위험한 광기, 정상적인 사람이 가장 이해할 수 없는 형태로 발작하는 광기, 살인의 광기, 억제할 수 없는 자살 충동, 도벽, 흡혈광, 신비주의, 도박, 탐욕이 나타난다. 그리고 마지막으로 선과 악의 혼합, 억제되기도 하고 표출되기도 하는 감정의 혼합, 악의와 선의의 혼합이 있는데, 가장 많은 사람이 여기에 해당한다.

정상이든 비정상이든 그 모든 상태는 유전적인 생리적 체질에서 기인하는데, 체질에서 바뀔 수 있는 것은 아무것도 없다. 개인이 태어난 환경, 그가 받는 교육, 자신의 생리적 기능에 어느 정도 성공적으로 개입하도록 사용할 수 있는 지적 통찰력, 그리고 어쩌면 현대 의학의 상황과 같이 개인 자체와는 완전히 무관한 우연한 상황에 의해 아주 조금 바뀌는 것을 제외하면 말이다.

따라서 인간은 다음과 같은 존재이다. 인간은 자질에 관해서나 힘 — 육체적, 지적, 도덕적 — 의 정도에 관해서나 과거에 속해 있어서 손댈 수 없는 원인에 의해 전적으로 결정된다. 인간은 자신이 제어할 수 없는 상황, 불쑥 나타날 수도 나타나지 않을 수도 있는 상황에 의해 형성되고, 그 상황에 따라 물려받은 본능의 극히 제한된 적응력이 어떻게 사용될지 결정된다. 노력하고 반응하고 결심하는 능력이 미지의 것에서 나오는 인간, 그런 인간이 자신을 자유롭다고 생각하는 것이다. 인간에게 부여된, 자신을 실제와 다르게 생각하는 능력이 이보다 더 기세등등하게 드러나는 것은 없다. 운명에 의해 만들어진 인간이 자유롭게 자신의 변화를 결정하고 자기 뜻대로 자신을 만들어가는 자기 존재의 자발적인 창조자라고 생각하는 것이다.

***

그런 개념 작용은 무의미하게 남지 않고 결과가 도출되었다. 그런데 공동의 착각을 조장하는 안개를 완전히 뚫고 나온 사람에게, 사물의 현실과 그에 대해 인간이 머리로 생각한 해석 사이에 드러나는 대조의 광경보다 더 기이하고 코믹한 동시에 끔찍한 광경은 없다.

'인간이 자유 의지를 가지고 있다'는 믿음은 그 첫 번째 결과로 '인간에게 책임이 있다'는 또 다른 믿음을 야기한다. 처벌권을 포함하는 개인적, 사회적 교육 체계 전체는 이 책임성의 관념에 토대를 둔다. 그런데 형벌의 합법성에 대한 믿음은 단지 벌주는 자에게만 관련되는 것은 아니다. 그것은 벌 받는 사람의 마음속에도 깊이 뿌리박혀 있다. 그래서 만약 그에게 사회적 처벌이 부족하면, 그는 후회와 함께 내면의 벌을 생각해 내어 짊어진다.

그러나 그 기이함이 확연히 드러나는 광경은 바로 인간의 자유에 대한 믿음이 정반대의 믿음과 타협하는 듯한 광경이다. 각본에 따라 대사를 암송하고 정해진대로 무대 위의 움직임을 충실하게 이행할 뿐 인물을 변화시키려는 어떤 사적 개입도 할 수 없는 배우와 인간이 동일시될 만큼 자유가 절대적으로 부족한 곳에서, 법정으로 대변되는 사회와 양심으로 심판하는 개인은 미묘한 차이와 구별을 생각해 냈다. 그런 구별 때문에, 인간이 전적으로 책임지는 경우, 부분적으로만 책임지는 경우, 책임이 전혀 없는 경우가 생기게 된다. 인간에 관련된 광경을 다음과 같은 광경으로 바꾸어 보자. 즉 에디슨 같은 사람이 구경꾼의 오락을 위하여 만든 훌륭한 자동인형 한 무리가 간이 무대에서 공공 광장으로 내려오더니, 사람처럼 걸어 다니며 관중과 뒤섞여서 여자들한테 상스러운 말을 하고, 수많은 농담을 하고, 어떤 사람에게서는 모자를, 또 어떤 사람에게서는 손수건을 빼앗으며 관대한 군중을 대단히 즐겁게 한다고 하자. 그런데 이 자동인형 중 하나가 공동의 즐거움을 함께 느끼는 것처럼 보인다. 그 인형은 **모든 사람과 같아질 정도로** 완벽하게 모방한다. 그리하여 사람들은 그 인형을 정말로 인간으로 여긴다. 그리고 그 인형은 혼란을 틈타 돈주머니를 낚아챈 탓에, 경관에게 체포되어 법정에 소환된다. 재판관은 그에게 유죄 판결을 내리고, 자동인형은 감옥에 가게 된다.

인간도 마찬가지이다. 대부분 인간은 대단히 완벽한 자동인형이다. 인간은 극도로 복잡한 움직임과 행동을 수행할 수 있기 때문에 그들을 지배하는 필연성이 드러나지 않을 뿐이다.

인간을 지배하는 결정론의 법칙을 간파할 수 없는 탓에 필연성과 반대되는 방식을 상상하고 그것을 자유라고 부르는데, 그것은 거기에 주어지는 결과를 통해서만 정의될 수 있다.

모두에게 공통된 여러 가지 본능이 불안정하게 균형을 이루고 있는 상태는 개인에게 자유의 외양을 부여한다. 그가 정상적이라면, 일반적으로 불안정한 균형을 이루는 데 협력하는 모든 인자가 그를 구성하는 심리적 요소들 전체 안에 보인다면, 사람들은 그가 자유롭고 책임감이 있는 사람이라고 말한다. 그리고 그 자신도 자신의 자유를 믿고, 행동을 잘할 때나 잘못할 때나 자신에게 책임이 있다고 판단하며 미덕과 허물을 자신의 것으로 여긴다. 그는 자기 행동이 달라지는 것을 자유를 통해 설명한다. 어제는 잘 행동했는데 오늘은 잘못 행동한다면, 그는 이행하는 행동 주위에서 오늘 어떤 상황이 첨가되었거나 부족했기 때문이라고 생각하지 않는다. 예를 들면 좋은 충고가 부족했다거나 술이 지나쳤다는 식으로 말이다. 게다가 매우 예민한 인물이라면, 행동하고 반응하는 다양한 본능이 매우 불안정한 균형을 이루고 있다면, 그것은 필연적으로 행동 방식을 결정하는 훨씬 더 미세한 원인이 될 수 있다. 그런 원인은 눈에 잘 안 보이고 뭐라 이름 붙일 수도 없는 것이다. 그러나 여기서 자동인형을 움직이게 하는 끈이 지나치게 가늘다는 것, 바로 그것 때문에 자동 장치를 부인하고 책임이라고 판단한다. 만약 반대로 어떤 개인이 습관적인 편집증에 사로잡혀 있는 것으로 판명된다면, 대부분의 사람들에게 어떤 행동을 저지르지 못하게 작용하는 원인 ― 다른 사람들의 존재, 확실한 벌 ― 이 그에게 아무 영향력이 없다면, 사람들은 정상적인 인격을 구성하는 어떤 인자나 억제력이 그에게 없다는 것을 확인하고 그를 자동인형이라고 선언한다. 그러면 그에게는 책임이 없어진다. 그 사람에 대해서는 보바리즘이 중단되고, 사람들은 그를 있는 그대로의 모습으로 생각한다.

그러므로 자동 장치는 모두에게 해당하지만, 훌륭한 자동인형을 움직이게 하는 줄 몇 개가 끊어졌을 때만 알아볼 수 있다. 줄의 개수가 정상인 한, 그리고 특히 줄들이 잘 매여 있고 그 움직임이 신속하여 예측할 수 없다면, 자동인형은 자유로운 인간으로 여겨진다. 그는 책임을 져야 하고, 보바리즘의 개념 작용은 그에게 대단히 엄격하게 행사된다. 프랑스에서는 매년 평균 약 열두 명의 자동인형이 단두대에서 처형된다. 그들은 거의 모두 마지막 순간에 참회와 고해를 하고, 성체 배령을 하고, 부속 사제를 껴안는다. 그렇게 그들은 죽어가면서 인간의 법정에 경의를 표하고, 자신의 자유 의지에 대한 신념을 보여준다. 그렇게 그들은 마지막 숨을 거둘 때까지 계속 자신을 실제와 다르게 생각하는 것이다. 마치 그것이 그들의 존재 조건인 것처럼.

행복한 자동인형들도 있다. 그들은 유전적 특성에 의해 그렇게 만들어졌고, 외부 상황이 그들에게 매우 유리하여 모든 것이 순조롭다. 그들의 품행은 올바름의 법칙에, 시대적인 이상에 따라 개념 작용이 이루어진 정직한 사람의 이미지에 언제나 일치한다. 그들은 그런 식으로 살면서 재산과 동시에 대중의 존경을 얻는다. 그러나 그들에게는 그것으로 충분하지 않다. 그들은 덕성과 행복이라는 장점도 갖고 싶어 한다. 장점이 있다고 느끼는 것은 환경의 불가피성과 조화를 이루는 능력과 유익한 균형을 천부적으로 타고난 사람들에게 내적인 만족을 가져다준다. 사실 인간이 자신을 변화시키고 자신의 운명을 창조하는 자유로운 존재라고 스스로 생각하게 만드는 보바리즘 개념 작용의 행복한 측면은 바로 그런 것이다.

***

인간이 자신에 대해 갖는 잘못된 개념 작용, 인간의 본질적 보바리즘을 구성하는 잘못된 개념 작용 중에서 우리는 자유의지에 대한 믿음을 제일 먼저 고찰했다. 그것은 그 믿음이 즉각적인 실질적 결과를 야기하고 그로 인해 더 두드러지기 때문이다. 그러나 그 믿음은 부분적으로 그것을 설명해 주는 더 심오한 다른 착각의 결과에 불과하다. 즉 개성에 대한 착각,

자아의 단일성에 대한 믿음 말이다. 여러 본능과 여러 순간의 산물인 복합적인 인간은 자신을 하나로 생각한다.

사람들 사이의 관계를 이루는 영역에서 인간이 단일성을 형성하지 않는다고 말하는 것은 아니다. 각 인간은 다른 사람과 분명히 구별된다. 그러나 이 상대적인 단일성을 실제적인 단일성으로 혼동한다. 같은 종에 속하는 일련의 다른 육체들과 공간적으로 구분되는 육체를 따로 떼어 분석해 보면 단지 무한한 부분들로 구성되어 있을 뿐이라고는 생각하지 않는다. 인간이라는 복잡한 실체의 형성에 참여하는 다양한 부분들에 대해 본능이라는 이름을 붙이는 것으로 만족하는 것은 서투른 단순화 방식이다. 우리가 추상적인 이름으로 지칭하고 그 이름을 이용해서 따로 떼어내어 파악하는 본능들은 그 이름 이면에 이미 우리의 시각과 명명법을 벗어나는 무수히 많은 별개의 존재를 감추고 있다.

단일한 자아라는 착각이 어떻게 형성되는지를 설명하려면, 의식 안에서 다양한 본능들이 작용하는 것을 보여 주기만 하면 된다. 본능들은 숨어 있던 모든 중추 신경에서 빠져나와 서로 싸우면서 자기들 사이에 다소 안정된 서열을 확립하는데, 그러는 동안 의식 안에 모든 본능이 반영된다. 그런데 의식 안에서 다른 본능들이 잇달아 이어지는 동안 항상 깨어 있는 한 본능이 줄곧 자리를 지키면서 구경하다가 이미 결정된 모든 사실의 인과 관계를 자기 것이라 주장하면서 시작된 전투의 손익을 떠맡는다. 매 순간 다양한 본능들 사이에서 관계가 확립되는 복합적인 현상인데, 구경꾼 본능이 불안정하고 일시적인 상황을 책임짐으로써 거기에 단일성의 외양을 부여하는 것이다. 그래서 우리가 방금 묘사한 일련의 기만이 완성된다. 그 기만은 구경꾼 본능이 수많은 인물이 등장하는 드라마를 목격한 후 자신이 그 드라마의 유일한 배우이며 저자라고 생각하는 독창적인 허구에 그 기원이 있다.

2

우리가 방금 묘사한 개성의 보바리즘은 인류를 지배하는 다른 기만을 설명하고 정당화해 준다. 그 기만은 인류에게 정해진 일정한 목적을 실현하도록 강요하는데, 그때의 수단은 사실 인류가 자기 손아귀에서 벗어나는 다른 목적을 이루기 위해 사용하는 바로 그 수단이다. 여기서 인간의 활동은 그 활동을 유발하는 욕망에 쉽게 속는 것으로 보인다. 그 욕망은 인간의 육체가 변화하는 내내 자아라고 불리는 상상의 인물에게 속하는 것이다. 이 가공의 존재가 갈망하는 것을 만족시키기 위해 인간이 기울이는 엄청난 열의는 자신이 바란다고 생각했던 것과 다른 결과를 실현한다.

쇼펜하우어는 "종의 정령Génie de l'Espèce"이라는 상징을 사용하여 인간 욕망의 궁극적 목적이 쳐놓은 올가미 중 하나를 생생하게 등장시켰다. 따라서 여기서는 『의지와 표상으로서의 세계』 제3권 "사랑의 형이상학"에 대한 장[92]에서 이 형태의 보바리즘에 관하여 철학자가 제공한 설명을 발견할 수 있다고 지적하는 것으로 충분하다.

쇼펜하우어의 이론에서 모든 것을 받아들일 수는 없다. 그가 다루는 세부 내용에서 어떤 해석들은 이론의 여지가 있어 보인다. 그러나 그가 표명한 일반적 관념은 몇 가지 수정을 겪게 되더라도 여전히 매우 중요한 견해로 남아 있다. 사랑의 열정에 사로잡힌 사람은 개인적인 목표를 추구한다고 생각하지만 실은 종의 소원을 실행하는 것이다. 그 목적은 대단히 중요한 것으로 개인적인 관심사를 무한히 초월하고, 게다가 실생활, 소설, 연극, 일반적으로 예술에서 사랑의 열정이 차지하는 과도한 자리를 정당화한다. 그것은 연인들이 욕망을 충족시키는 데 전념할 때의 진지한 태도를 설명해 주고, 그들이

· ·

92. [옮긴이] 이 장은 쇼펜하우어가 죽기 1년 전인 1859년에 『의지와 표상으로서의 세계』 제3판을 출판하면서 첨가된 것이다. 각주 37번에서 설명했듯이, 『의지와 표상으로서의 세계』는 1844년의 제2판 이후 두 권으로 구성되는데, 이 장은 제2권의 '제4부에 대한 부록'에 들어 있다. 여기서 저자가 제3권이라 고 말한 것은 아마도 Auguste Burdeau에 의한 세 권짜리 프랑스어 번역본(Paris: Félix Alcan, 1888~1890)을 참고했기 때문인 것으로 보인다. 현재의 프랑스어 번역본은 모두 두 권으로 구성되어 있다.

다른 모든 관심사를 무시하고 희생시키는 것을 정당화한다. 연인들을 지배하는 종의 정령은 그때까지 그들이 상상할 수 있었던 모든 행복과 비교도 안 되는 행복을 그들에게 약속한다. 그리고 그 약속을 미끼로 연인들에게 자신의 유일하고 고유한 소원을 실현하도록 강요한다. 즉 종의 생명을 보장하는 것, 많은 생명체를 태어나게 해서 그 표본이 같은 종에 속하는 존재들의 표본을 영속시키는 것 말이다. 살아 있는 존재들은 죽게 될 테니, 조심하지 않으면 많은 노력과 시행착오를 대가로 생명이 만들어낸 특별한 형태의 비밀을 자신들이 묻혀 해체될 땅속으로 함께 가져가고 말 것이다. 그러나 종의 정령이 추구한 목적이 실현되면, 표본을 영속화할 새로운 개인이 수태되면, 연인들을 그토록 강력하게 움직이게 한 환상은 사라지거나 약해진다. 그렇게 환상에서 깨어나는 것은 규칙으로서, 예외가 없다. 사랑이 지속되거나 혹은 약해졌던 사랑이 되살아나는 것은 종의 소원이 재차 요구하기 때문이다. 소원이 다시 충족되기를 원하고, 같은 커플이 여전히 제공할 수 있는 수많은 비슷한 존재들의 번식을 요청하는 것이다.

사실대로 말하자면, 남녀를 결합시키는 모든 지속적인 관계나 결혼은 사랑의 본능과 사회적 환경 안에서 그 본능과 주도권을 다투는 다른 본능들 사이의 타협책이다. 행복한 경우에는 연인들이 서로에게 알맞은 더 지속적인 관계를 토대로 한 복잡하고 다른 감정으로 사랑을 대체하는 데 성공한다. 그들은 자신을 속이고 우정, 개인적 관심 혹은 습관을 사랑으로 여긴다. 이 새로운 기만, 자기 자신과 자신이 느끼는 것에 대한 또 하나의 잘못된 개념 작용은 종의 유일한 관심사에 의해 맺어진 관계를 개인이 받아들일 수 있는 방식으로 연장한다.

대개 개인의 관심사는 사실 종의 정령이 우선시하는 관심사와 대립을 이룬다. 따라서 종의 정령이 소원하는 것은 계략을 쓰지 않으면 이루어지지 않을 것이다. 종의 정령은 자신의 관심사를 위해서 즉각적이고 매우 강력한 쾌락으로 유혹하여 개인을 모집해야 한다. 그 쾌락 때문에 개인은 종의 소원을 충족시켜 주면서 스스로 구속을 짊어지게 되는 행동을 개인적인 이득으로 여기게 된다. 게다가 인간은 자신의 열정을 충족시키고자 할 때 그로 인해 생길 종에게 유익한 결과에 보통 무관심할 뿐만 아니라 그 결과를 두려워한다는 것은 누구나 알고 있는 사실이다. 조직 사회에서 법의 승인을 받지 못하는 결합을 한 모든 사람의 경우가 바로 그러하다.

그러므로 사랑의 열정으로 인해 인간은 자신을 실제와 다르게 생각한다. 본능은 그의 내면에서 맹렬한 기세로 솟구친다. 그는 그 본능의 승리에 자신이 관련되어 있다고 생각하고, 모든 지력과 의지력을 자신을 위해 사용한다. 그런데 그 싸움은 그가 더 이상 자신의 모습을 알아볼 수 없는 존재에게 이롭게 끝이 난다. 그는 마치 그의 이름을 남용하고 그의 뜻에 반해 그의 에너지를 착취한 다른 사람의 암시를 받았던 것처럼, 열정에서 깨어나 원하지 않았던 결과를 떠맡는다.

이런 종류의 속임수가 어떻게 개성의 보바리즘에 그 근원을 두고 있는지 보도록 하자. 자아는 사회적 이성에 불과한 것으로 도시나 국가처럼 추상적인 표현일 뿐인데 실질적인 단일성을 갖춘 존재로 여겨진다. 사실 자아는 우리가 추상적인 용어로 본능이라고 부르는 살아 있는 존재들이 서로 접촉하여 결합하거나 대립하면서 이러저러한 그룹이 번갈아 지배력을 갖는 정부를 형성하는 장소이다. 그런 사실상의 정부 하나가 세워지면, 곧 개성이라는 착각은 정부를 위한 통치 도구가 된다. 바로 그것이 자아가 되는데, 자아와 인간의 육체가 지닌 본능의 관계는 신적 존재와 인간의 관계와 마찬가지이다. 즉 자아는 지적인 힘으로서, 그에 복종하는 것이 정당하고 합리적이다. 이런 가상의 이야기를 따른다면, 통치권을 행사하고 자아의 이름으로 명령하는 듯한 본능은 다른 모든 본능에 대해 과도한 힘을 얻는다. 다른 본능들이 통치권을 가진 본능을 위해 실제로 수행하는 모든 것은 하나의 주요한 실체를 위해 시도된 것으로 보이고, 본능들은 자신을 그 실체의 부분이자 부속물이라고 생각한다. 하지만 그 실체의 유일한 역할은 차례로 지배권을 차지하고 왕조를 수립하는 다양한 본능 그룹의 이어지는 행위들을 기억의 끈으로 서로 연결해 주는 것이다. 한 왕조가 쇠퇴하면 다른 권력으로 대체되는데, 이때 자아로부터 유래한 신성한 법칙이 변화된다. 그리고 이전 권력의 이름으로 수행된 모든 것이 인간의 목적, 즉 특정한 인간의 육체가 지닌 특수한 본능에 적합한 목적과는 다른 목적에 이용되었다는 것이 곧 드러난다. 그러나 그 본능은 발휘되었던 인간의 자아에서 벗어나 무수한 다른 자아, 무수한 다른 육체에서 같은 성질의 다른 본능들로 퍼져나감으로써 특정한 자아에게는 개별적이고 일시적인 그 목적이 인류에게는 보편적인 목적이 된다.

이처럼 사랑의 열정이 한창일 때는 승리를 과시하는 그 본능이 그 사람 전체를 대신하는 듯하고 인간 육체의 다른 모든 힘과 다른 모든 본능을 자신에게 도움이 되도록 쉽사리 사용한다. 그런데 그 본능이 지배하는 동안, 개인적인 의식의 차원에서는 사랑이라는 이름으로 넘쳐흐르는 강렬하고 실질적인 미지의 생명력이 경계를 벗어나 그때까지 고정되었던 거주지에서 나가고자 한다. 그것은 그때까지 열기를 불어넣었던 그 자아, 그 육체에서 떠나 밖으로 흩어진다. 그리고 거주했던 집이 조금씩 약해져서 무너지는 동안, 종의 깊은 생명력은 다른 인간 거처 즉 다른 육체를 마련하여 거기서 존속하며 개화할 것이다.

3

쇼펜하우어가 상상한 종의 정령과 견주어, 지식의 정령도 인류를 지배하는 다른 환상과 함께 궁극적 목적의 다른 형태를 상징으로 나타낸다.

종의 정령이 쾌락으로 유혹하여 인간을 굴복시켜 수천 년의 세월이 흐르는 동안 인간 유형을 영속화한다면, 세계를 지배하는 법칙을 파악하고자 하는 것은 지식의 정령이 가지고 있는 기발한 생각이자 목표이다. 지식의 정령은 자신에게 유익한 노동을 인간에게 시키기 위해 마찬가지로 계략을 사용하고 거짓으로 인간을 자극한다. 그리하여 현상의 원인을 탐구하는 것에 인간의 개인적인 이득이 있다고 인간을 설득한다. 나중에 그것을 유익하게 이용하여 행복을 증대시킬 수 있다고 말이다. 이 신기루에 속은 인간은 노력을 기울이고, 자신을 더 훌륭한 존재로 만들려는 끝없는 관심으로 인해 과학을 창조하게 된다. 인간은 자연의 힘을 점령함으로써 자신의 힘을 절약하고, 수많은 발명을 통해 어마어마한 규모로 자산을 증대시키기에 이른다. 그러나 동시에 인간의 감각이 바뀌어서, 전에는 알지 못했던 불만과 고통이 그를 괴롭힌다. 전에는 그와 무관했던 것이 불편한 것이 된다. 자산의 숫자가 증가함에 따라 욕구의 숫자도 증가한다. 하지만 욕구를 느끼는 능력을 잃어버리게 되면, 권태에 빠진다. 이 포만 상태의 수혜자 중 가장 창의력이 풍부한 사람들은 예술을 발명하고 미학적 태도로 피신한다. 그러나 그것은 욕구에서 벗어난 후 권태를 피하기 위한 엘리트의 최후의 노력인 듯하다. 미학적인 명상에 몰두하는 인간은 사물을 미美의 관점에서만 고려하여 생존에 필요한 관심사를 잊게 됨으로써 죽음을 선고받게 된다. 물질적 관심에 이끌리는 대부분의 사람들이 필수품을 독점하려고 필수품의 소유나 보존을 위해 더 이상 노력하지 않는 자를 희생시키는 세상에서 그는 곧 제명된다.

이와 같이 지식은 인간에게 이익을 충족시키기에 적절한 수단으로 주어진다. 그런데 성공적으로 받아들여지는 이 착각의 작용을 자세히 관찰해 보면, 모든 시대의 인간은 현재의 삶과 지상의 행복을 개선하는 동시에 첫 번째 생애를 넘어 자신이 상상하는 두 번째 생애에서도 더 완전하고 지속적인 행복을 확보하려고 전념하는 것으로 나타난다. 인간은 이 이중의 목표를 달성하기 위해 지식에 호소한다.

어떤 사람들에게는 두 번째 관심사가 비현실적으로 보일 수 있겠지만, 인간의 지식 목록을 작성하고 그 기원과 함께 결과를 살펴보고자 할 때 성실한 관찰자라면 곧 그 문제를 고려하지 않을 수 없다는 것을 역사가 보여 준다. 죽음을 면할 수 없는 인간은 불멸의 존재이기를 원한다. 인간은 그 소원에 행복을 결부시키고, 온갖 정신적 재능을 동원해 그 소원을 실현하고자 애쓴다. 그것은 인정해야 하는 사실로서, 모든 철학적 사색의 원동력이다. 그런 노력이 단지 상상의 행복을 추구하는 데 소모된다는 것을 확인한다고 해서 정신적 자극 수단으로서의 현상의 중요성이 약해지는 것은 아니다. 바로 그런 점에서 흥미롭기도 하다. 그런 시도의 가치를 떨어뜨리려는 것은 우리의 목적도 아니다. 사실 인간이 실제로 소유하는 것은 그의 뇌에서 이미지로 축소되는 것, 외부에 속하지 않는 것, 모든 순간 주인이 되어 향유하고 마음대로 불러낼 수 있는 것, 자신을 강하게 하거나 보호하는 데 쓰이는 것, 즉 믿을 수 있는 이미지들뿐이다.

원시 시대의 인간은 생존에 대한 욕망으로 자연적인 죽음을 부정하고, 단지 조건이 변화되었을 뿐이라고 여기며 순진하거나 조잡한 수많은 기상천외한 방식으로 죽음을 설명한다. 원시 시대 부족은 추장을 잡아먹은 후 밤에 그들이 잠들어 있는 불의 원을 뛰어넘어 옛 하인들에게 세금을 징수하러 온 사자에게서 죽은 추장의 모습을 발견하고 그를 숭배한다. 오늘날 아프리카 해안의 어떤 흑인 왕은 고대의 사고방식을 복원시켜 조상을 추모하는 축제에서 심부름꾼 행렬을 희생시키게 한다. 즉 조상에게 전달할 선물과 소망과 소식을 지닌 심부름꾼들을 바위 꼭대기에서 깊은 구렁으로 떨어뜨린다. 늙은 왕은 거처를 바꾸었지만, 그의 자손과 종족의 정신에서 여전히 살아 있는 것이다.

우리는 원시 아리아족에게 사후의 삶에 대한 믿음이 어떤 형태로 나타났는지 앞에서 살펴보았고, 영혼의 지하 생활에 대한 그들의 염려와 무덤의 종교에 관해 이야기했다. 또한 이집트인에게 생겨난 혼백에 대한 믿음이 얼마나 엄격하게 그 민족의 의례와 관습을 지배했는지도 알고 있다. 그리고 모든 형태의 현대 기독교가 미래의 삶에 대한 믿음을 교리의 권위로 확고하게 만들고 있다는 것은 상기할 필요도 없다.

인류의 대부분이 그들을 사로잡은 불멸성의 욕구를 종교 ─ 가장 야만스러운 종교가 가장 효과적이었던 듯하다 ─ 를 통해 지금까지 충족시켜 왔다면, 똑같은 욕구가 엘리트를 훨씬 강력한 정신 집중으로 이끌어 거기에서 철학이 나왔고 철학에 종속된 모든 학문이 나왔다. 꾸며낸 이야기가 믿기지 않는 것을 아랑곳하지 않은 채 신앙에서 욕망을 충족시키는 첫 번째 가설, 그리고 취약성을 조화로 감추면서 형이상학을 구성하는 논리적 외양을 가시적인 세계 옆에 만들려고 애쓰는 정신이 이용하는 더 복잡한 구조, 이 두 가지가 다 똑같은 감수성의 상태에서 비롯된 것이다. 또한 헛된 공상에 빠지지 않으려고 걱정하는 예민한 감수성이 세심하게 우려한 결과 논리적 외양을 만드는 데 사용된 자료의 견고함을 입증하는 것을 목적으로 하는 더 신중한 학문이 출현한 것도 같은 상태의 감수성으로 설명된다. 그런 염려로 인해 정신 능력에 관한 비평적 연구가 생긴 것이다. 그것은 이미 스콜라 철학에서 나타난다. 그리고 더 나중에는 칸트와 함께 이 의심 많은 학문은 지식의 순수 학문이 된다. 그 학문은 정신의 능력을 분명하게 밝히고 그 한계를 정하고자 한다. 그것은 세분되고 서로 분야가 바뀌고 하다가 마침내 최신 학문인 관찰의 학문, 의식의 상태를 분석하고 분류하는 심리학, 생각하는 기관을 자연 과학의 방법에 따라 연구하는 뇌와 중추 신경의 생리학을 개화시킨다. 연구가 정교하고 진지한 단계에 이르자, 철학은 생물학, 물리학, 화학과 결합하고, 가장 실증적인 학문에도 철학을 낳은 그 열기를 불어넣는다.

여기서 밝히고자 하는 것은 형이상학적 본능이 더 강하고 더 완벽하게 실행됨에 따라 겪게 된 변형이다. 사실 인간의 삶에 생존을 보장하려는 욕구는 최근의 종교보다 가장 원시적이고 야만스러운 종교에서 더 즉각적이고 확실한 만족을 얻었다는 것을 인정해야 한다. 다양한 종교가 신자들에게 불어넣는 열기와 종교 의례를 비교해 보면, 기독교인의 확신은 원시인과 야만인의 확신보다 훨씬 더 약한 것 같다. 그리고 마침내 철학에 질문을 하는 순간, 가장 수준 높은 최근의 철학에 문의할수록 그 대답에는 점점 더 모호한 단언이 함축되어 있어서 더 이상 아무것도 표명하지 않거나 심지어 인간의 욕망이 찾아낼 것을 요청했던 대상의 현실성을 부정하기에 이른다는 것을 확인하게 된다. 그와 동시에 훌륭한 논리나 조화롭고 풍부한 체계의 관점에서 본다면, 원시의 우화나 인간 정신의 초기 단계를 스피노자의 정리定理, 헤겔의 관념 구조, 쇼펜하우어나 니체나 기요[93] 같은 사람의 가설과 비교할 수 없으리란 것은 명백하다.

따라서 인간을 철학적으로 탐구하게 만들었던 불멸에 대한 욕망에 관해서 인간은 만족에 이르지 못했다고 결론을 내릴 수밖에 없다. 인간의 모든 노고는 처음에 정했던 목표에서 벗어나 다른 목적을 위해 사용되었다. 처음의 불안이 놀라운 논리적 풍경 안에서 객관화되었기 때문이다. 그 풍경 안에는 추상적인 개념 작용이라는 머나먼 하늘 밑에서 경험이 파헤쳐 놓은 흙에 뿌리를 내린 관념들이 마치 돋아난 잎사귀들처럼 서로 뒤섞여 있다. 그런 미학적 결과들 이외에, 형이상학적 욕구는 적절한 학문에 호소하여 객관적 현실에 대한 우리의 개념 작용을 변화시키고 대단히 자극했다. 그리하여 마침내 지식의 영역은 미래의 행복을 증가시키거나 강화하기 위해 인간이 기울인 노력을 통해 놀랄 만큼 커지고 풍요로워졌다. 개인의 사적인 목표를 향해 의식적으로 기울였던 그 모든

• •

93. [옮긴이] Jean-Marie Guyau (1854~1888). 프랑스의 철학자이자 시인으로, 종종 "프랑스의 니체"로 불린다.

노력은 여기서 우리가 지식의 정령이라고 부르는 다른 존재가
갈망한 다른 목적을 실현한 셈이다.

***

인간을 행동하게 만드는 두 번째 동기는 지상의 평안 즉
즉각적인 행복을 증가시키는 욕망이라고 말했는데, 그것은
어쩌면 가장 현실적인 것이기도 하다. 이 자기 본위의 동기는
다른 동기와 마찬가지로 지식의 영역을 풍부하게 만드는 결과
를 초래하는데, 이는 모든 사람에게 있어 앞의 명제보다 더
명백한 명제이다. 그러나 첫 번째와 마찬가지로 두 번째 경우에
도 인간의 노력은 헛되다는 것, 스스로 정한 목표에 도달하지
못한다는 것, 의도적으로 추구한 목적을 결코 달성할 수 없는
대신 지식의 진보라는 본의 아닌 노력의 결과를 얻게 된다는
것을 설득하기가 더 어려워 보일 수도 있다.

하지만 현대인의 정신에서 그런 결론에 대한 저항을 만나게
된다면, 그것은 정반대의 편견이 지닌 강력함과 종교적인 특성
때문일 것이다. 이 세기에도 다른 세기처럼 지배적인 종교가
있다. 그것은 과학에 의한 진보라는 종교이다. 그런데 모든
종교에는 행복에 대한 믿음이 자극제로 내포되어 있는데, 이
진보의 종교는 다른 어떤 종교보다 더 그 신기루를 허용한다.

대중적인 지식의 관점에서 진보는 행복과 동의어이다.

그런 편견은 현실적으로 유용하므로 절대적인 힘을 가지고 있다. 만약 그렇지 않다면, 수많은 경험적 사실이 인간의 본성에는 즐거움과 고통에 대한 유연한 능력이 있고 그 능력은 모든 상황과 다양한 조건에서 한결같은 방식으로 작용한다는 것을 증명할 수 있을 것이다. 오직 새로운 즐거움만이 우리의 마음을 움직이는데, 그것이 습관이 되면 우리는 더 이상 즐거움을 느끼지 못하고 우리의 예민한 감각은 거기서 미묘한 차이를 발견하여 고통을 느낄 수 있다.

인간의 욕망을 차례로 충족시켜 준 모든 종류의 발견들 가운데, 인간에게 오래도록 만족을 가져다준 것은 없다. 인간은 본래 그렇게 구성되어 있으므로 쾌락에 대해 일찍 싫증을 낸다. 그것은 흔히 관찰되는 사실이다. 같은 개인의 감수성에 나타나는 결과를 생각해 보면, 그 법칙을 쉽게 확인할 수 있다. 한 개인을 선택해 인생의 짧은 기간 동안 운명에 의해 그가 다양하고 상반된 상황에 놓이게 하는 것으로 충분하다. 그러면 그가 비참할 때 바랐던 것이 번창하는 시기에는 더 이상 그의 탐욕을 자극하지 않는다는 것을 관찰할 수 있다. 그러므로 선사 시대와 역사 시대를 거치면서 오래도록 이어져 내려온 유전적 특성에 의해 전달되고 기록된 기관의 변형을 고려할 때, 틀림없이 감수성에 어떤 변화가 있었다고 상상할 수 있다.

오늘날 우리에게 엄청난 고통으로 보이는 것이 우리 선조들에게는 이전의 더 나쁜 상태에 대한 진보요, 즐기는 기회였다. 유토피아를 실천하는 자들이 우리 후손들에게 베풀고자 하는 행복은 어쩌면 후손들에게는 우리의 불편보다 더 극심한 불편이 될지도 모른다.

잘 생각해 보면, 인간의 특성은 불만족을 느끼는 능력인 것 같다. 바로 그것이 인간과 다른 모든 종을 실제로 구별해준다. 다른 동물들은 기관이 허락하는 한계 안에서 최대한 환경 조건에 적응하는데, 인간은 바로 그 특별한 기질 때문에 주변의 환경 조건을 바꾼다. 따라서 불만족을 느끼는 능력은 모든 진보의 원인이자 주축이다. 그리고 이제 여기서도 인류를 지배하는 냉소적인 법칙, 즉 본질적 보바리즘이 보인다. 가장 내적인 체질에 속하는 불편하다는 감정에 의해 움직이는 인간은 자신이 세계를 변화시킴으로써 그것을 해결할 수 있다고 믿는다. 그래서 법칙을 이해하고 이용하기 위해 온갖 학문적 노력을 기울이고, 그 법칙을 자신에게 유리하게 해석하기 위해 철학적인 노력을 하고, 새로운 즐거움을 자신에게 만들어 주기 위해 예술적인 노력을 한다. 그러나 인간은 불만족을 느끼는 능력 자체를 변화시킬 수는 없다. 그것은 인간이라는 존재를 구성하는 요소이다. 인간이 세계에 초래하는 변화는 가지 끝에 모든 지식의 열매가 맺히는 강인한 식물이 튼튼하게 자랄 부식토가

된다. 인간은 자신의 기쁨을 증가시키는 능력을 타고났다고 생각하지만, 단지 지식을 증가시키는 것에 성공할 뿐이다. 인간이 기계를 움직이기 위해 바람, 증기, 물의 흐름과 같은 자연력을 유리하게 이용하는 것과 마찬가지로, 지식의 정령은 인간의 불만족을 자연의 힘처럼 자신에게 유리하게 이용한다.

의학이 인간의 기관에 가져다준 변화와 일련의 결과들을 다루는 의학의 역사는, 만약 그런 의도로 의학사 연구가 이루어질 수 있다면, 개인의 사적 목표를 비개인적인 목적으로 은밀히 대체하는 메커니즘을 적나라하게 보여 줄 것이다. 생존을 연장하려는 관심과 연결되는 힘과 건강을 보존하려는 관심은 분명히 인간을 움직이게 만드는 가장 강력한 동기 중의 하나이다. 따라서 지식의 정령이 이 에너지의 근원을 손에 넣고 자신에게 유리하게 이용한 것은 당연한 일이다. 사실 그런 관심은 과학적 정신의 첫 번째 근원 중 하나로 보이기 때문이다. 화학과 식물학에 앞서 어떤 광물이나 식물이 치료제로서 적합한지에 관한 연구가 먼저 이루어졌고, 결국 그 학문들을 탄생시켰다. 복잡한 기관에 유용하게 개입하고자 하는 똑같은 욕망은 생리학을 만들어냈고, 거기에서 더 객관적인 학문인 생물학이 나왔다. 그런데 현재 어떤 사람들은 그런 연구에 대해 그 자체 이외의 다른 관심이 없고 그것이 야기하는 순수한 호기심만 가지고 있다고 주장할 수도 있다. 하지만 그렇더라도 의학 영역이나 산업 영역에 그 연구들이 적용된다면, 이윤에 대한 기대를 통해 대중이 관심을 거두었던 작업에 다시 흥미를 갖게 함으로써 훨씬 더 많이 연구의 진보에 기여한다는 것도 간과할 수 없을 것이다. 대중의 관심은 재정적 지원을 결정하고 국가가 개입하지 않을 수 없게 만들어 학문이 필요로 하는 시설을 갖추게 해준다. 광견병 백신의 발견은 분자의 비대칭성에 관한 파스퇴르의 훌륭한 업적에 비하면 사소한 것이다. 그러나 백신의 발견은 그 실효성으로 인해 대중의 상상력을 자극했고, 학자의 이름을 저명하게 만들었다. 그런 열기와 치료에 관한 관심 덕분에 과학에 전념하는 우수한 기관인 파스퇴르 연구소가 설립되었다. 그곳에서 사심 없는 연구들이 이미 많이 나왔고 앞으로도 나올 텐데, 오직 지식의 정령만이 그 연구들을 이용하게 될 것이다.

지식의 정령은 의학을 가지고, 인간을 자기 자신의 생리학에 개입하게 했던 그 최초의 관심을 가지고 노력의 원인을 만들어냈다. 그런데 그 원인이 일단 발휘된 후에는 끝없이 스스로 또 원인을 초래하고 정당화하면서 계속 더 큰 힘으로 생겨나고 있다. 그것은 실로 감탄할 만한 일이다. 오늘날 의학이 전혀 효과가 없다고 결론을 내리는 것은 허용되지 않는 일이다. 많은 경우에 의사가 개입하지 않았으면 환자들이 죽었으리라는 것을 인정해야 한다. 그러나 그런 성공적인 경우들, 실용적인 관점에서 의학의 존재를 정당화하는 경우들만 취한다면, 자연에 의해 불치병을 선고받은 존재들의 생명이 보존되고 그 중 몇몇은 후손을 퍼뜨리게 됨으로써 의학의 도움 없이는 살아갈 수 없는 환자라는 인종을 유전적 특성을 통해 만들어내는 결과가 초래될 것이다. 의학의 첫 번째 개입은 어쩌면 무익했을지 모르지만, 이제 두 번째 개입은 불가피한 일이 된다. 이처럼 의학이 자연을 이기는 모든 경우에, 의학은 기관이 내부 깊숙이 병든 존재들을 연명시킴으로써 전염병 발생원을 생활 속에 퍼뜨린다. 대중의 감수성에 자극된 의학이 결핵을 치료하거나 그 진행을 막을 방법을 찾아내게 되었을 때, 의학은 미래에 의학에 의존하는 사람들을 헤아릴 수 없는 비율로 늘렸을 것이고 어쩌면 학자들의 호기심을 위해 새로운 질병, 새로운 수수께끼, 새로운 자극제를 유발했을 것이다.

게다가 죽을 운명에 놓인 존재들을 살리는 결과가 의학의 필요성을 담보하는 유일한 방법은 아닐 것이다. 의학이 발명하는 치료제의 효과만 보더라도 마찬가지인 것 같다. 의학이 치료제에 요구하는 것은 단지 현재의 병을 치료하는 것뿐이기 때문이다. 국소약을 발견했을 때, 의학은 낯선 물질의 개입이 기관에 야기할 수 있는 심층적인 변화는 걱정하지 않는다. 백신의 경우가 바로 그러하다. 백신이 천연두를 예방한다고 생각할 수 있지만, 인체라는 미지의 환경 안에서 없어서는 안 될 보조기관을 파괴하는지 아닌지는 알지 못한다. 우리의 고통과 일시적인 질병을 없애주는 놀라운 물질들, 우리가 그것의 즉각적인 작용만 알고 있을 뿐인데도 치료사의 의견에 따라 주저 없이 삼키는 그 모든 물질에 대해서도 같은 말을 할 수 있다.

그러므로 의학은 치료하는 동안, 다시 말해 자연력의 파괴적인 작용을 억제하는 동안, 현재의 알려진 질병을 먼 미래의 미지의 다른 질병으로 바꾸는 결과를 초래한다. 인간은 자신의 육체를 실험의 장소로 만드는 것이다. 기관이 마모되어 정해진 시간에 찾아오는 자연적인 죽음을 인간은 의학의 개입을 통해 느린 죽음의 수많은 원인과 수많은 다양한 질병으로 대체시켰다. 그러나 그렇게 자신의 육체 안에서 생명의 자연적인 흐름을 변화시키고 여러 가지 대담한 실험을 육체에 가함으로써, 인간은 앞에서 보여 준 것처럼 생명 과학의 놀라운 진보를 성취했다. 철학처럼, 산업을 위한 노력처럼, 자신을 치료하고 죽음으로부터 지키기 위한 인간의 노력은 원래의 목표와 다른 목표를 달성한 것이다. 인간은 사랑의 열정으로 오직 자신의 행복을 위해서만 행동한다고 믿으면서 종의 정령이 의도한 바를 이행한 것과 마찬가지로, 과학적 연구를 통해 자기 삶의 조건을 개선한다고 믿으면서 지식의 정령의 계획에 사용된 것이다. 이처럼 실리를 추구하는 인류의 모든 노력은 방향을 바꾸어 사심 없는 목적을 향한다. 인간은 자신에게 유리하게 세계를 변화시킬 능력을 타고났다고 생각하는데, 다른 경우와 마찬가지로 여기서도 자신을 실제와 다르게 생각하는 것이다. 인간은 이기적인 목적을 향해 모든 에너지를 쏟는 동안 낯선 목적을 위해 사용되는 힘을 발달시킨다.

제7장

현상적 실재의 본질적 보바리즘

1. 실재와 지식 사이의 모순: 심리적 자아는 필연적으로 자신을
   실제와 다르게 생각함.
2. 형이상학의 보편적 존재는 필연적으로 자신을 실제와 다르게
   생각함.

1

종의 정령과 지식의 정령에게 선동되어, 인간은 자기 행동의
결과에 관해서 자신을 실제와 다르게 생각한다. 자유 의지에
대한 믿음을 통해, 개성에 대한 착각을 통해, 우리는 인간이
행동의 본질 자체에 관해서 자신을 실제와 다르게 생각한다는
것을 살펴보았다. 이제 자기 자신과 사물에 대한 비현실적인
개념 작용은 피할 수 없는 것으로 절대적인 불가피성을 처음부

터 인정해야 하며, 실재와 지식이라는 두 사실 사이에 돌이킬 수 없는 대립이 존재한다는 것을 보여 줄 차례이다.

바로 그 때문에 자기 자신을 인식하는 모든 존재는 자신을 실제와 다르게 생각한다. 그러므로 보편적인 특성에 따라 두 상태 사이에 본질적인 대립이 성립될 수 있는데, 두 상태는 대립하면서도 서로에게 결정적인 영향을 미친다. 이런 서술은 주체에게는 대상에 대한 지식만 존재한다는 원리로부터 명증성을 얻는다. 따라서 인간의 자아는 자기 자신에 대해 완전한 지식을 얻을 수 없다. 자신을 알기 위해서는 자신을 둘로 나누고 자신의 일부가 다른 일부에 대한 지식을 얻어야 한다. 자신에 대한 지식을 얻기 위해 노력하는 그 행동은 자아의 일체성을 깨뜨린다. 전망 지점을 바라보려면 거기서 벗어나야 하듯이, 자아는 자기 자신에게서 벗어나 시간의 흐름을 따라 나아가면서 의식에 반영되어 간직된 과거의 이미지만 포착할 뿐이다. 그것은 충실하든 아니든 기억이 눈앞에 제시해 주는 이미지로서, 다소 왜곡되어 있고 언제나 생명력이 없는 것이다. 자아는 자기 자신에 대해서 이미 생명이 사라진 형태, 기억력이 환기하는 여러 가지 모호한 환영만 알게 된다. 복잡한 생명력으로 살아 움직이고 미래를 향해 달려가는, 있는 그대로의 자신을 이해하는 것이 아니다.

더 실제적인 관점에서 보더라도, 자기 자신을 둘로 나눈다는 사실로 인해 자아는 부분적으로밖에는 자신을 알지 못하는 것이 명백하다. 자아가 주체로 삼은 부분은 파악되지 않는다. 그 부분을 포착하고 싶다면 거기서 벗어나 그것을 과거라는 죽은 왕국으로 몰아내고 자신의 고유한 실체에서 새로운 주체를 끌어내야 하는데, 이 새로운 주체 역시 완전히 파악하려는 새로운 노력에서 빠져나가게 될 것이다. 따라서 자신을 실제와 다르게 생각하는 것은 불가피한 일이다. 자아는 단 하나지만, 시간의 흐름 속에서 수많은 다양한 표상으로 분산된다. 이 표상들은 주체를 위해서만 존재하는데, 주체 자체도 아주 서서히 끊임없이 변화한다. 다시 말해 여러 주체가 있고, 이 주체들 사이에 동질성에 대한 추정과 일체성에 대해 합의한 허구만 존재할 뿐이다.

더구나 자아는 자신을 외부 세계와 별개로 생각하면서도 외부 세계와 관련해야만 자신을 인지한다. 외부 세계로부터 겪게 되는 변화 안에서만 자기 자신을 인식하는 것이다. 자아는 자신을 규정해 주는 대상들과 뒤섞이고 합류되어야만 자기 자신을 파악할 수 있다. 자아가 인식을 구축하는 것은 감각을 통해서이다. 다시 말해 자아는 자신이 변화할 때 자신을 사로잡은 그 변화에 대해 상상해 낸 원인, 물질적이고 감각적인 원인을 자신의 외부 공간에 위치시킨다.

또한 자아가 자신을 둘로 나눈다는 사실로 인해 필연적으로 자신을 실제와 다르게 생각할 수밖에 없다면, 외부 세계의 사물도 간접적으로밖에 알 수 없다는 것을 인정해야 한다. 자기 자신에 대해 일부분만 잘못 표현함으로써 사물들과 불완전한 관계를 맺게 되기 때문이다. 게다가 비현실성에 대한 추정이 이미 그 사물들을 짓누르고 있다. 사물들의 생성을 가까이에서 바라볼 때 주체의 감수성 자체로부터 사물들이 나타나는 것을 보게 된다면, 사물이란 자아가 자의적인 의지의 행위로 현실성을 부여하는 단순한 기호가 아닐까 하는 의구심에 끌리지 않겠는가? 물질과 외부 세계 전체는 최초의 인간 사회가 장인들의 도끼로 나무를 깎아 만든 우상에 신성을 부여하고 최고 권력을 주어 복종하던 것과 똑같은 지적 환상을 기원으로 하는 것은 아닐까? 어떤 해답으로 기울어지더라도, 자신을 알고자 하는 심리적 자아는 필연적으로 자신을 실제와 다르게 생각하고 자기 자신에 대한 잘못된 개념 작용은 사물에 대한 잘못된 개념 작용을 초래하며 고칠 방법이 없는 결함을 지식 전체에 부과한다는 문제는 여전히 남는다.

2

만약 심리학의 영역에서 나와 형이상학의 영역으로 들어간다면, 똑같은 결론이 훨씬 더 명백하고 명료하게 부과된다. 나머지 전체와의 관계를 알 수 없는 한 개인의 의식을 고찰하는 대신, 여기서는 보편적 존재를 가정해 보자. 그 존재를 넘어서서는 아무것도 실재하지 않고, 모든 개인적 형태는 그에 대한 표현이고 종속물일 뿐이라고 말이다. 그런데 이 유일한 존재가 자신을 실제와 다르게 생각할 수밖에 없는 것은 논리적으로 불가피한 일이며 한 치의 오차도 허용하지 않는 명백한 사실이다. 모든 지식의 조건인 대상과 주체로의 분할은 그 일체성을 깨뜨리기 때문이다. 또 현실의 물질을 총망라해도 분할의 요소를 추출할 수 있는 곳은 자신의 내부밖에 없기 때문이다. 유일한 존재가 주체와 대상으로 구분되는 최초의 행위는 현상계라는 허구의 막을 올린다. 이 형이상학적 동작의 마법에 의해, 다양한 사물들이 시간과 공간을 배경으로 인과 관계의 복잡한 줄거리 속에 나타난다. 여러 가지 중 하나가 자기 자신을 의식한다. 그리고 마치 놀이라도 하듯 자신을 실제와 다르게 생각하는 한 존재의 거짓을 토대로 삶이 휴식을 취하는 멋진 가면극과도 같은 지식의 상태가 성립한다.

제II부

진리의 보바리즘

1. 현상적 삶의 본질적 조건인 보바리즘은 병적인 경우로 간주될 수 없음. 앞의 관점에 대한 반전: 현상적 삶의 법칙으로서의 보바리즘.
2. 기만으로서, 그리고 모든 보바리즘적 개념 작용의 원리로서의 진리.
3. 자신을 다르게 생각하는 능력은 다르게 된다는 단순하고 순수한 사실이 의식 안에서 취하는 형태로서, 움직이는 것인 현상적 삶의 본질.

1

앞의 장들은 모두 똑같은 일반적 관념의 관점에서 작성되었다. 즉 거기서는 보바리즘을 병적인 경우로 소개했다. 그러나 그 장들의 마지막 부분이 내린 결론은 그런 지칭의 유효성을 의심하게 만들기에 적합하다. 사실 거기서 보바리즘 현상은 보편적으로 적용되는 것으로 드러났다. 그것은 현상적인 삶의 조건이자 법칙 자체로 나타났다. 따라서 그것을 질병으로 생각하는 것은 동시에 현상적인 삶 전체, 다시 말해 우리에게 주어진 삶을 질병으로 생각하는 것이나 마찬가지가 될 것이다.

불교는 쇼펜하우어와 함께 현대의 모든 페시미즘이 전념했던 그런 추론 앞에서 물러서지 않았다. 따라서 비슷한 결론이 감수성의 상태에 부합하는데, 어떤 사람들에게는 현실적인 그 감수성이 종교적 혹은 미학적으로 초연하는 태도에서 스스로 만족하기에 이르기도 한다. 삶을 고통으로 느끼는 사람들은 그런 태도에서 예정보다 앞당겨 삶에서 벗어나는 수단과 방법을 발견한다. 그러나 현상적 삶이 지속된다는 사실과 인류가 그 삶을 유지하고 개선하는 데 보여 준 열성을 고려하면, 지친 감수성이 포기하려는 노력 속에 잔뜩 움츠린 채 삶을 없앤다고 생각하면서 단지 삶의 질병만 없애기를 바라는 그 소원을 일반적 법칙의 가치를 지닌 것으로 인정할 수는 없다.

따라서 현상적으로 실재한다는 사실은 여전히 유일하게 주어진 현실이다. 그것은 우수성을 내포하며, 그것이 의존하는 법칙에도 우수성을 부여한다. 그래서 우리는 의식의 관점에서 모든 사물은 실제와 다르게 생각된다는 그 모순을 삶의 정상적인 양태로 생각해야 한다. 더 나아가 사물을 안다는 것은 사물을 실제와 다르게 안다는 것과 마찬가지이고, 그 독특한 방식에 따라 지식에 대한 이 두 번째 정의에 지식 전체가 포함된다고 결론내려야 한다. 형이상학적인 존재는 자신을 실제와 다르게 생각하고, 심리적인 자아도 자신을 실제와 다르게 생각한다. 바로 이것이 현상적 삶의 토대이다. 이제 이러한 사실 확인은 가장 일반적인 현상부터 우리 연구의 제I부에서 설명된 것처럼 자신을 다르게 생각하는 능력이 어느 정도 행동으로 나타난 개별적인 현상에 이르기까지 일련의 모든 현상을 우리 눈앞에 분명하게 입증해 준다. 의식적인 삶을 살아가는 모든 존재가 자기 자신에 대해 갖는 잘못된 개념 작용은 모든 현상적인 삶의 법칙 자체로 여겨져야 한다. 어떤 개체에서든 결함이자 쇠퇴의 징후로 여겨질 것이 분명한 이 착각이 저절로 사라지는 것은 불가능한 일이다.

2

따라서 주관적인 관점에서 이루어진 관찰에서는 건강한 측면이 제거되었지만, 더 완벽한 분석 덕분에 발견한 관점으로 건강한 측면을 다시 복구하려면 앞서 연구되었던 보바리즘이 발현된 경우들을 하나하나 다시 살펴보는 것이 좋다. 그러나 부당하게 가치가 낮게 평가된 원리에 대한 평가를 바로잡는 작업을 하기 전에, 이전의 분석을 비판적인 평가로 이끈 우울한 기질의 원인을 분석해 보는 것은 흥미로운 일이다. 사실 그 기질의 원천은 인간 본성의 내면 깊숙한 감정에 있는 것으로 보이는데, 바로 그런 이유로 그것은 삶의 메커니즘과 관련된 뭔가 중요한 것을 우리에게 밝혀 줄 수 있다.

우리는 보바리즘적 기만의 보편성과 불가피성을 밝힌 후에 삶과 삶의 조건에 대해 비관적인 평가를 하지 않도록 조심했지만, 확인된 그 사실이 확신과 열성을 가지고 삶의 진보를 장담하며 살아가는 수많은 사람에게 다른 판단을 하는 계기가 될 수 있으리라는 것을 인정해야 한다. 그런 사람들은 특수한 어떤 기만이 드러날 때도 용기를 잃지 않는다. 그리고 가장 훌륭한 사람들은 오직 그것을 없애려고 노력한다. 그 일은 달성하면 기쁨을 주는 목표를 그들에게 정해준다. 그러나 만약 그들의 모든 노력이 하나의 기만을 다른 기만으로 대체할 뿐이고 현상적 삶의 조건 자체가 어느 정도 거짓된 전망을 끊임없이 만들어내도록 강요한다는 것을 인정하지 않을 수 없다면, 그들의 용기는 아마도 약해질 것이다. 그런 사람들은 행동의 원동력이 되는 주된 신념에 의해 움직이기 때문이다. 그들은 다소 상징적이고 구체적인 명칭으로 진리를 믿고, 삶의 양태를 이 관념적인 개념 작용으로 환원하면서 현상적 삶에 진리의 멍에를 부과하고자 온갖 노력을 한다. 그런데 여기서 살펴본 것과 같은 현상적 삶의 기원으로 거슬러 올라간다면, 현상적 삶에서 진리를 위한 자리는 없는 것이 명백하다. 주체에게는 대상에 대한 지식 이외의 어떤 지식 상태도 가능하지 않으므로, 살아 있는 모든 개체는 왜곡을 통해서만 자기 자신을 인식할 수 있다는 명제의 명증성을 믿어 의심치 않는다면 말이다. 모든 사물이 서로 뒤섞여 사라지고 모든 차이점이나 유사점과 함께 의식이 중단되어 모든 사물이 서로 완벽히 일치하는 상태에서만 진리라는 관념을 설정하고 상상할 수 있을 것이다. 따라서 여기서 우리는 진리에 대한 갈망과 함께 새로운 보바리즘적 신념을 다루고 있다는 것을 알아야 한다. 그 신념은 대단한 힘을 지니고, 인간의 정신에서 신성한 특성을 누린다. 그것은 현상적 삶을 배제하는 개념 작용을 현상적 삶의 양태에 적용하는 것으로 이루어진다. 즉 우리가 일상적 삶에 대해 알고 있는 모든 것을 거부해야만, 시간과 공간과 인과성의 조건에 복종하는 것을 거부하고 거기에 다양성이 존재한다는 것을 거부해야만 상상하고 묘사할 수 있는 다른 상태의 법칙을 적용하는 것이다. 이 최고의 착각으로 인해, 인간은 현상적 삶을 가장 본질적인 내용에서 실제와 다르게 생각하고 잘못된 개념 작용에 한정하기 위해 모든 힘을 끌어모으면서 끊임없이 불가능한 것을 향해 돌진한다. 인간이 향하는 목표는 도달할 수 없는 것이기 때문에, 그의 돌진은 끝없이 다시 시작할 것을 강요받는다. 강요받는다는 표현은 비관적인 철학자들이 사용할 용어지만, 여기서는 형이상학적 착각의 힘으로 인간의 돌진이 계속 되살아나는 열의를 보장받는다는 의미가 된다. 이렇게 해서 힘이 끝없이 생성되고, 현상적 삶은 그것을 자신에게 유리하게 만든다. 언젠가는 진리에 도달할 것이라고 믿는 인간이 매 순간 현실을 만들어내는 것이다. 목표로 여겨졌던 진리가 완전히 다른 것의 수단이 되는 셈이다.

방금 분석한 것과 같은 진리의 개념 작용과 함께, 우리는 삶의 메커니즘의 가장 중요한 원동력을 다루게 된다. 그와 동시에 보바리즘적 기만을 재평가하고, 그것의 긍정적인 가치를 복구시켜 줄 비밀을 알게 된다. 사실 인간에게 부여된 자신을 실제와 다르게 생각하는 능력이 나쁘게 보일 수 있었다면, 그러한 가치 폄하는 방금 본 것처럼 착각하게 하는 특성을 가진 진리 개념에 대한 믿음에서 기인하였다. 자신을 다르게 생각하는 능력은 바로 진리의 이름으로 비난을 받은 것이다. 그런데 이제 그 진리 관념 자체가 모든 기만의 전형이자 원형으로 드러난다. 보다시피 고차원적인 방식으로 형이상학적 마법에 의해 인간의 정신을 속이는 것은 바로 진리라는 관념이다. 그것은 나머지 모든 것을 평가하기 위해 근거로 삼을 수 있는 받침점이기는커녕 세계의 모든 모습을 왜곡하고 변모시켜 우리에게 보여주는 프리즘이다. 이제 우리는 그것이 우리의 세계가 아닌 세계, 애당초 우리가 접근할 수 없는 세계를 위해 만들어졌다는 것을 안다. 이제부터 진리 관념은 분석적 지식의 견지에서 모든 신용을 잃고, 우리는 그 관념의 영향 아래 그 위엄에 압도되었을 때 내렸던 모든 판단을 쇄신해야 한다.

그 관념 때문에 경시되었던 것은 명예를 되찾거나 적어도 선입관 없는 관점에서 고려되어야 한다.

3

그런 새로운 관점과 조건에서, 인간에게 부여된 자신을 다르게 생각하는 능력은 보편성이라는 특성이 부여하는 위상을 단연 되찾게 될 것이다. **자신을 다르게 생각하는** 것은 자기 자신을 의식하는 모든 존재에게 내재한다는 사실, 이제 우리는 그것을 확고부동한 명제로 받아들여야 한다. 지적 감수성이 잘못되지 않았다면, 그 명제에 항의할 수 없다. 잘못된 지성의 질병이 치유되면, 그런 상황에 대해 취할 수 있는 유일한 태도는 그 사실을 정신에 새겨두고 보편적인 설명 방법으로 삼는 것뿐이다. 그것은 우리에게 주어진 유일한 삶인 현상적 삶을 지배하고 있으며 처음부터 지속되기 때문이다. 그런데 현상적 삶의 광경에서 무엇보다 먼저 명백히 드러나는 것은 우리에게 그 삶이 움직이고 있는 것으로 보인다는 사실이다. 우리가 보기에 세계는 움직이고 있다. 또는 움직임은 아주 옛날부터 삶의 법칙이자 속성이라고 말할 수 있다. 또는 일체성의 봉인을 떼고 주체 앞에 대상을 위치시키는 형이상학적 행위는 원인의 영향 아래 시간과 공간 속에 다양한 움직임을 야기하는 태엽도 작동시킨다고 말할 수도 있다. 어떤 가설을 취하든, 현상적인 삶은 움직임 속에서만 우리에게 주어진다는 사실에는 변함이 없다. 현상적 삶은 그저 단순하게 실재한다는 것에 고정되지 않는다. 사실대로 말하자면, 그것은 존재하는 것이 아니라 생성되는 것이다. 생성된다라는 말은, 중복적인 표현이긴 하지만, 매 순간 과거와 다르게 된다는 것을 의미한다.

그러므로 움직이는 것, 항상 자기 자신과 분할되고 결코 휴지 상태에 이르지 못하는 조건에서만 존재하는 것의 법칙은 모든 순간 자신과 다르게 되는 것이다. 다르게 되는 것은 삶의 법칙이다. 그리고 생기를 불어넣는 삶을 의식하고 삶의 한 표상을 만들어내는 존재에게 있어서, 그 법칙은 변형되어 자신을 다르게 생각하는 필연성이 된다.

따라서 인간에게 주어진 자신을 실제와 다르게 생각하는 능력과 함께, 우리는 삶이 자기 자신을 인식하는 한 삶이 진행되는 리듬 자체를 소유하는 것이다. 자신을 다르게 생각하는 것은 현실을 반영하는 것이다. 우리는 현실을 객관적이라고 생각하지만, 현실은 끊임없이 달라진다. 자신을 다르게 생각하는 것, 그것은 살아가는 것이고 발전하는 것이다.

지금까지 어떤 편견을 가지고 연구했던 다양한 종류의 보바리즘을 새롭게 획득한 이런 관점에서 새로운 낙관적인 선입관을 가지고 신속히 검토한다면, 앞선 결론들을 재조정하는 데 효과적일 것이다. 그런 검토를 하는 동안, 보바리즘의 모든 개념 작용은 순전히 생존에 필요한 유용성을 제공하든 아니면 지적인 유용성의 수단이 되든 삶을 위해 유용한 태도라는 것이 반드시 드러날 것이다.

제Ⅲ부

보바리즘, 진화의 법칙

제1장

개인과 집단의 보바리즘

1. 자신을 다르게 생각하는 능력은 정상적인 측면으로 고찰하면 교육 능력과 혼합되고, 움직임의 도구이자 상승 능력을 내포하고 있음 — 이 능력의 한계: 진화 능력에 종속되는 것.
2. 보바리즘 능력의 중요성은 더 이상 유효하지 않을 때도 그 능력이 지속되는 것을 정당화함 — 그 확인된 사실 앞에서의 미학적 태도와 도덕적 태도.
3. 실증적 관찰의 관점에서는 어떤 조건에서 보바리즘의 개념 작용이 유익한가? 몇 가지 평가 원리 — 생물학을 통한 원리 확인 — 그 원리의 적용과 사회적 그룹.

1

개인의 심리와 관련해서는 자신을 다르게 생각하는 능력에 유효한 가치와 유익한 특성을 쉽게 회복시켜 줄 수 있다. 그 재평가 작업을 완수하기 위해서는 이 연구를 구성하는 자료에 내재된 결점을 고백하는 것으로 충분하다.

이 변모 능력을 매우 강렬한 빛으로 밝혀 주는 시각을 지닌 플로베르를 뒤따라, 우리는 우선 그 능력에 대해 해로운 결과만 살펴보았다. 개인의 보바리즘에 할애된 장에서 검토된 모든 인간 유형은 본보기와 심상의 영향력에 의해 환각에 사로잡힌 것으로 나타났다. 그러나 그들을 자기 고유의 자아에 만족하지 못하게 만든 환각은 그들이 선택한 모델과 그들을 같아지게 하는 데 이르지 못했다. 인물은 자신을 실제와 다르게 생각했지만, 자신에 대해 형성했던 새로운 개념 작용을 실현하는 데 성공하지 못했다. 고백하건대, 등장했던 예들은 보바리즘 능력의 결과들 중 특수한 경우만 설명해 주는 데 적합했을 뿐, 자신을 다르게 생각하는 능력이 모델과 같아지고 자성화磁性化 현상에 의해 새로운 자질을 얻는 능력을 수반하는 경우들은 모두 어둠 속으로 밀어냈다. 그 때문에, 자신을 다르게 생각하는 능력 전체가 가치 하락을 당한 것 같았다.

방금 설명한 방식은 결과적으로 특별한 주의를 기울여야 할 사실을 발생시켰다. 즉 처음에 주목했던 병적인 경우가 정상적인 능력을 표현하는 문장으로 맨 처음에 규정되었다는 사실이다. "보바리즘은 인간에게 부여된 자신을 실제와 다르게 생각하는 능력이다"라고 표현되었는데, 이러한 정의에는 우리가 다룬다고 생각하는 것보다, 플로베르가 발견한 심리적 풍경이 야기하는 것보다 훨씬 더 광범위한 정신의 속성이 포괄되었다. 묘사되는 대상과 정확하게 일치하려면 문구가 보완되어야 한다는 것을 곧 깨달았다. 그러자 병적인 표현으로 현상을 한정하는 정의가 채택되었다. 보바리즘은 인간이 자기 자신에 대해 다르게 생각하는 개념 작용을 실현하지 못하는 범위 내에서, 인간에게 부여된 자신을 실제와 다르게 생각하는 능력이다. 그러나 인간의 정신은 새로운 문구가 가져다준 제한을 뛰어넘어, '제1장 플로베르 인물들의 보바리즘'에서 주목했던 자신을 다르게 생각하는 능력을 계속해서 보바리즘의 주된 요소로 이해했다. 이제 보바리즘은 능력 자체가 되었으므로, 처음에 그 능력의 결점을 지칭하기 위해 사용되었던 보바리즘이라는 용어를 여기서 진화 능력을 지칭하기 위해서도 그대로 유지하고자 한다.

알다시피 이런 전환은 플로베르의 작품에서 단어에 내포된 의미를 다소 변경시키는 결과를 초래한다. 그러나 검토했던 광경의 수준을 높임으로써 사람들의 정신에 저절로 확립된 혼동을 체계적으로 인정하는 것은 두 가지 이유로 인해 유리하게 나타났다. 불편함이나 고통은 우리의 주의를 집중시키기 때문에, 우리는 이미 주목한 바와 같은 병적인 상태를 다른 상태들보다 훨씬 더 잘 알게 되고 그것에 대해 명확한 관념을 떠올리며 그 본질을 더 잘 파악할 수 있다. 따라서 플로베르의 모든 인물은 자신들이 선택한 모델과 동화될 능력이 없으므로 그들이 나타내는 현실 — 그들이 벗어날 수 없고 우리 눈앞에 지속되는 현실 — 과 그들의 움직임이 우리에게 그려 보이는 현실 사이의 격차를 더 잘 보여 주는 만큼, 그들에게서는 자신을 다르게 생각하는 능력이 더 생생하고 명확하게 드러난다. 다른 한편, 어떤 존재가 자기 자신을 다르게 생각하는 개념 작용에 절대로 실현하지 못하는 무능력이 동반되는 극단적인 경우들은 쉽게 병리학의 영역으로 분류되지만, 자신을 다르게 생각하는 존재의 행위가 그의 힘을 증대시킬지 아니면 감소시킬지를 구별하기가 몹시 어려운 다른 경우들은 그 수가 훨씬 더 많다고 생각되었다. 그런데 그 모든 경우에 정신이 언제나 분명하게 알아보는 것, 계속해서 현상의 특징적인 표시로 나타나는 것은 자신을 다르게 생각하는 능력이요, 인간에게 이미지를 위한 발판을 마련하게 하는 감수성이다. 감수성은 이미지에 의해 인간이 현재 위치하고 있는 심리적 장소 밖으로 이동할 수 있다는 것을 우리에게 가르쳐준다.

따라서 보바리즘은 그 본질에 있어서 움직임의 도구와 같은 것으로 나타난다. 맨 처음에 설명했던 모든 병적인 경우에서, 이 운동력은 불충분한 힘으로 행사되었다. 또는 주변 상황이나 운동력이 적용되려는 현실에 이미 활기를 불어넣은 원래의 움직임과 반대 방향으로 행사되었다. 이제 고찰하게 될 정상적인 경우에서는 그와 반대로 효과적인 방식으로 행사될 것이다. 실현하고 적응하는 능력이 운동력에 포함될 것이기 때문이다. 다시 말해 그것은 존재를 위해 개성에 뭔가를 덧붙여주는

수단, 개성을 파괴하지 않은 채 변화시키고 없애지 않은 채
바꾸는 수단이 될 것이다.

　움직임의 도구로서의 보바리즘이라는 정의는 생성 중일
때만 파악할 수 있음을 확인했던 현실에 대해 중요성을 확립한
다. 현실 전체를 감싸고 있는 생성의 분위기에 빠진 인간은
변화의 법칙에 복종한다. 인간은 다르게 된다. 육체적으로
인간은 유년부터 노년에 이르기까지 변화한다. 지적으로나
도덕적으로도 마찬가지이다. 그러나 첫 번째 변화는 순전히
육체적인 조건에서만 일어나고 다른 사람들이나 환경의 개입
으로 인한 변화는 거의 느낄 수 없을 정도인 반면, 지적 성장과
도덕적 성장은 대부분 그런 개입에 의해서, 직접적으로 말과
행동을 보여 주는 본보기에 의해서, 과거의 본보기와 노력이
남겨놓은 심상에 의해서 결정되는 것으로 보인다.
　심상의 막대한 중요성에 관해서는 이 연구의 제1부에서
이야기한 바 있다. 한 개체의 노력으로 실현되는 이익은 다른
동물의 경우에는 그 개체에만 도움이 되는데, 인간의 경우에는
심상을 통해 후손에게 전달된다. 그리하여 후손들은 그 유산
덕분에 조상들의 수고를 다시 시작하지 않아도 된다. 여기서는
심상의 유익한 특성에 대해 앞에서 강조했던 것보다 더 강하게
강조할 필요가 있다. 개인적인 노력의 결과를 전달 가능한

형태 안에 넣어두는 그 능력 덕분에, 여러 세대는 계속 이어지는 그들의 노력을 덧붙이고 합산해서 그 합계를 줄곧 크게 만들 수 있다. 그런 식으로 역사를 통틀어 전 인류는 하나의 동일한 존재를 구성하게 된다. 그 존재에게는 세대가 새로 태어날 때마다 젊음에 다시 빠져들게 되므로 젊음이 무한정 계속되고, 기억과 경험은 끊임없이 풍부해진다. 심상의 능력에 의해, 각 개인은 자신을 실제와 다르게 더 우월한 존재로 생각하고, 개인의 의식 안에 전 인류의 사고가 추상적 이미지로 투영되는 것을 볼 수 있다.

따라서 심상의 유효성은 인간이 직접 수행하지 않은 노력의 결과들을 제 것으로 삼고 거기에 동화되는 보바리즘 능력이 존재하는 것을 근거로 한다. 여기서 보바리즘 능력은 교육 능력과 혼합된다. 교육을 통해 자신을 다르게 생각하는 것, 심상의 암시를 받아들이는 것, 그것은 움직이고 진보하는 것이다. 인류가 일하여 짜놓은 밧줄을 잡고 긴장된 노력을 통해 인류의 가장 훌륭한 사람들이 정복하여 정돈해 놓은 고원까지 자신의 허약한 개성을 끌어올릴 수 있다는 것을 보여 주는 것이다. 따라서 이때 보바리즘은 상승 능력이다. 최근에는 바로 그런 관점에서 보바리즘을 고찰하여, 공쿠르 형제[94]와

. .

94. [옮긴이] Edmond de Goncourt (1822~1896), Jules de Goncourt (1830~1870). 프랑스의 형제 작가로, 19세기 후반의 사실주의 및 자연주의 문학을 지도한

예술 관념을 다룬 한 연구[95]에서 문학의 경우에 적용되었다.

***

그러나 보바리즘 능력이 유효하게 행사되는 정확한 한계를 정하고, 그것을 포괄하는 더 광범위한 능력과 관련하여 그 역할과 위상을 보여 주는 것이 중요하다. 더 광범위한 능력이란 진화하는 능력으로, 보바리즘 능력은 일정한 순간에만 그것을 대변할 뿐이다. 진화 능력은 생성 법칙과 같은 것으로, 생성 법칙을 능동적이고 주관적인 형태로 표현한 것이다. 그런데 자신을 다르게 생각하는 능력은 이 진화 능력이 의식적으로 행사되는 동안에만 개입한다. 어떻게 보면 그것은 이차적인 능력에 불과하다. 모든 새로운 것은 무의식에서 나와 생성의 진화를 나타낸다. 그런데 새로운 것이 표명되어 첫 개인의 의식에서 심상으로 전환되면, 곧바로 그것은 모든 지성에 반영되고 수많은 사람의 정신에 전달되기 적합한 것이 된다. 이렇게 전파된 새로운 것은 전 인류에게 마력을 발휘한다. 전 인류는

● ●

대표적 작가들이다. 상세한 관찰과 자료 조사의 역사 연구 방법을 창작에 적용한 대표적 걸작 『제르미니 라세르퇴』와 예리하고 통찰력 있는 『일기』가 특히 유명하며, 1867년에 이들 형제가 처음 생각해 낸 공쿠르상은 1903년 공식 제정되어 오늘날까지 수많은 신인을 배출하고 있다.

95. *La Revue blanche*(『라 르뷔 블랑슈』), 17호(1897년 5월).

그것을 이상적인 것으로 여기고, 그것과 흡사하게 자신을 생각하며, 그것을 소유하고자 노력한다.

그런 관점에서 천재적 인간이 발명할 때는 단지 생성 법칙의 작용만 나타내고 모든 보바리즘에서 벗어난다고 말할 수 있다. 그가 세상에 내놓는 새로운 작품은 자연적인 발아와 개화의 과정을 거쳐 나오는 것이다. 새로운 꽃부리는 정신적 줄기의 꼭대기에서 개화된다. 그러면 삶은 변모하고, 미리 숙고한 모든 계획을 넘어서는 다른 것이 된다. 그러나 그 새로운 형태가 단지 하나의 지성만을 위한 특권으로 머물지 않으려면, 새로운 꽃이 개화되는 정상을 향해 끌리는 많은 사람이 자기 자신을 뛰어넘어 상승하고 자신에게서 그 꽃의 재배 조건이 실현될 때까지 변화되어야 한다.

따라서 보바리즘은 생성의 법칙이 의식의 차원에서 수행하는 모든 여정에서 취하는 형태이다. 그것은 심리학의 영역에 속한다. 그런 이유로 여기서는 현상에 더 심오한 설명을 부여할 수 있는지 아닌지를 더 따져보지 않은 채 심리학의 언어로 말한다. 여기서 전제로 하는 것은 암시 능력을 갖춘 본보기이다. 그리고 타르드가 그의 훌륭한 책 『모방의 법칙』에서 설명한 관점을 채택한다.

2

방금 지적한 한계 안에서 가장 훌륭한 사람들이 실현한 발명을 인류에게 고정시키는 수단으로만 받아들인다면, 보바리즘 능력에 부여할 수 있는 역할은 대단히 중요하다는 것을 알 수 있다. 그런데 보바리즘 능력이 인간적 삶의 본질 자체에 내재하든 진보의 조건이든, 그런 사실은 보바리즘 능력이 그 필요성보다 더 오래 살아남는 것을 설명해 주고 정당화해 준다. 이런 사실을 확인하면, 이 책의 제I부에서 지적된 모든 불리한 경우, 거기서 설명된 도덕적이고 정신적인 모든 기형과 일탈은 그 능력이 제공해 주는 이점과 비교해 볼 때 그다지 과하지 않은 대가로 보일 것이다. 사실 해로운 결과, 무능함이 동반되는 경우, 행동의 방향이 진정한 목적에서 벗어나는 경우, 그런 경우들의 비율은 그 능력이 제공하는 장점의 총합과 비교해 볼 때 하찮게 나타날 것이다. 그것을 이해하려면, 언어에서부터 가장 복잡한 과학적 개념에 이르기까지, 가장 수준 높은 미학적 즐거움에 이르기까지 인간이 교육을 통해 획득한 모든 것에 눈길을 던지기만 하면 된다. 특히 그 능력이 없다면 개인의 발견은 전달되지 않을 것이므로 인간의 지식은 초기 상태에 머무르고 합계를 형성하지 못하리라는 것, 사실대로 말하자면 인간의 지식이라는 것이 존재하지 않게 되리라는 것을 생각해 보기만 하면 된다.

그렇긴 해도 보바리즘의 병리학은 여전히 존재한다. 다시 말해 자신을 다르게 생각하는 능력은 그것을 유익하게 사용하는 사람들에게는 그 이점이 엄청나게 배분되지만, 다른 많은 개인에게는 방황의 원인이 되고 묘사한 바와 같이 파멸이나 조롱의 원리가 된다.

구경꾼은 상황을 단지 즐기기만 할 수 있을 것이다. 그런 불완전함 덕분에 그에게는 삶이 구경거리로 남는다. 그런데 자신을 다르게 생각하는 능력이 인류에게 완전히 정상적인 리듬에 따라 작동한다면, 모든 사람이 서로 유사한 모습으로 자신을 생각하는 능력을 똑같이 지닌 채 그런 개념 작용을 실현하는 능력도 똑같이 지니고 있다면, 인간의 표본은 오직 한 가지밖에 없을 것이다. 표현의 단조로움은 삶 자체를 파괴하는 권태를 낳을 것이고, 모방할 유형들이 구별되지 않아서 모방하는 능력은 없어질 것이다. 세상은 획일적으로 굳어질 것이다.

도덕주의자의 태도는 다를 것이다. 개선과 재건에 대한 평소의 관심에 따라, 도덕주의자는 보바리즘의 과도함과 일탈을 인간에게 경고하고, 그 능력의 흐름을 조절하여 그것이 정상적인 방식으로 작용하도록 한정하려고 노력할 것이다. 그런 목적으로 도덕주의자는 몇 가지 금언을 작성할 것이다. 가장 적절한 금언은 "너 자신과 조화를 이루라"는 명령문에 집약되어 있다. 아마도 자신이 행동에 이끌린다고 믿었겠지만 실은 관념에 몰두했던 플로베르는 스무 살쯤에 그런 교훈에 도달할 줄 알았던 모양이다. 친구 르 푸아트뱅Le Poittevin에게 보내는 편지에서 "*Sibi constat*"[96]라는 문구를 부적처럼 건네니 말이다. 그는 호라티우스[97]를 인용하면서 현자의 상태가 그러하다고 말한다. 바로 그런 사실로부터 그는 "너 자신과 조화를 이루라"는 교훈을 끌어내어 자기 자신에게 부여한다.

사실 그 금언은 삶에 필요한 움직임을 마비시킬 만큼 너무 강한 억제책으로 받아들이지 않는다면, 보바리즘이 정상적인 진보의 표현이기를 멈추고 병리학으로 향하는 경계선을 구별하는 데에 유익할 수 있다. "너 자신과 조화를 이루라", 이것은 더 자세하게 말하면 다음과 같은 것을 의미한다. "수많은 심상 중에서 어떤 것에 네 정신이 감탄하는지 알라, 너에게 단순한 지식의 대상으로 남게 될 심상과 너의 활동을 위해 목적이 될 수 있는 심상을 구별할 줄 알라. 너의 지성을 적용해야 하는 방향과 관계되든 아니면 너의 감수성이 따라가야 하는 방향과 관계되든, 너의 의식 안에서 네 에너지를 매혹시키기

• •

96. [옮긴이] "자신과 일치를 이루라"는 의미의 라틴어.
97. [옮긴이] Quintus Horatius Flaccus (BC. 65~BC. 8). 아우구스투스 황제 시대에 로마에서 활동한 뛰어난 서정 시인이자 풍자 작가이다.

위해 반짝이는 심상들 중에 네 지성과 감수성의 타고난 추진력과 일치하는 것을 알아보는 법을 배우라. 그런 것들을 더 좋아하도록 하고, 그것을 위해 너의 모든 열기를 비축해 두라. 그리하여 그것들이 너의 유일한 목표가 되게 하라. 다른 모든 것에 대해서는 전망대에 머물며 풍경의 윤곽에 흥미를 보이는 호기심 많은 구경꾼의 태도를 고수하라. 자기 자신의 외부에 있는 뭔가에 늘 감탄할 준비가 되어 있는 입센의 등장인물을 닮지 않도록 조심하라. 네 에너지를 위한 받침점을 너의 외부로 찾으러 가지 말라. 너 자신과 조화를 이루라. 그래서 네 존재의 모든 힘이 똑같은 점으로 집중되게 하고, 네 안에서 발휘될 새로운 힘이 이전의 노력과 대립하지 않게 하라. 예전의 개성을 연장시키는 가운데 미래의 개성을 구축하라. 그리하여 하나가 다른 하나에 더해져 추가될 수 있게 하라."

도덕주의자는 그런 식으로 이야기를 길게 이어갈 수 있을 것이다. 운이 따르든 따르지 않든 행동에 유리한 방향을 선택하는 능력 자체가 유전으로 물려받은 힘의 집중도에 의해 결정된다는 사실, 개인 또는 민족이나 어떤 사회적 그룹이 미래를 위해 적절한 방향을 설정하는 가능성은 환경적 상황과 과거에서 동시에 유래한다는 사실, 그리고 나쁜 선택을 하는 잘못에 대한 책임도 오직 똑같은 원인에 있다는 사실을 도덕주의자는 모르거나 모르는 체한다.

3

도덕주의자나 조언자의 태도를 버리고 관찰자의 실증적인 관점에 국한한다면, 적어도 보바리즘은 개인이나 집단의 건강과 힘의 정도를 엄격하게 평가하고 어느 정도 그 운명을 진단할 수 있는 측정 도구를 제공해 준다. 이 평가 원리는 심리학자와 사회학자에게도 유익할 수 있다. 심리학자와 사회학자는 둘 다 인간을 관찰 대상으로 하는데, 어느 정도 자신을 실제와 다르게 생각하는 것은 인간의 주요 기능으로서 영양 섭취와 소화가 동물에게 삶의 조건인 것과 마찬가지로 이 기능을 수행하는 것은 인간에게 생존 조건이다. 인간이 자신을 늘 똑같은 존재로 생각하고자 고집한다면, 인간은 소멸하게 될 것이다. 늘 변하면서 끊임없는 적응을 요구하는 주변 상황 속에서 인간에게는 모든 변화가 정지됨으로써 성장이 가로막히기 때문이다. 무한정 자기 자신을 똑같이 반복하는 존재는 정상적인 변화를 받아들이는 같은 종류의 모든 존재에 비해 명백히 열등한 상태에 있게 될 것이다. 싸움이 벌어지면, 그런 존재는 필시 사라지게 된다. 반대로 완전히 다른 모델의 이미지로 자기 자신을 생각하는 존재도 소멸할 운명에 놓이게 된다. 그는 스스로 제안한 모델에 도달할 능력이 없는 것으로 드러나고 그의 에너지는 헛된 노력을 하느라 탕진될 것이기 때문이다. 따라서 가장 이로운 보바리즘 방식은 한 존재가 자신을 실제와 다르게 생각하되 그 새로운 개념 작용이 이전의 것과 적당히 가까워서 거기에 첨가될 수 있는 경우인 것 같다. 그런 식으로 보바리즘은 성장의 방식, 즉 현실을 형성하고 발전시키는 데 필요한 정도로 변화와 동일성을 연결하는 방식이 된다.

그렇지만 방금 이야기한 두 극단적인 경우 사이에는, 다시 말해서 자신을 다르게 생각하는 능력이 행사될 수 있으면서 삶이 가능한 한계 안에는 미묘한 차이를 보이는 많은 경우가 존재한다. 자신을 다르게 생각하는 능력은 그것이 초래하는 불리한 결과에서도 다양한 존재와 상황에 따라 여러 차이를 나타낸다. 어떤 존재에게서 실현되는 보바리즘적 진화의 이점의 정도를 평가할 때, 관찰자는 이 차이들을 고려해야 할 것이다. 어느 정도로 자기 자신과 다르게 생각해야 이익이 될 수 있을까? 자신이 처한 환경의 변화에 거리를 둠으로써 죽게 되는 위험을 겪지 않으려면 어느 정도까지 자신을 똑같은 존재로 생각해도 될까? 이러한 정량적 평가는 대단히 중요하고 또한 매우 복잡한데, 여기서 관찰자의 기술은 일정한 규칙과 정확한 도구의 역할을 해야 한다. 극도로 다양한 경우들이 있어서 적용하기가 쉽지 않겠지만 말이다.

그러나 경험적인 영역에 관해서 법칙이 없다면, 몇 가지 평가 원리를 세울 수는 있을 것 같다. 우리는 자신을 다르게 생각하는 능력이 다음과 같은 두 가지 상황을 수반함에 따라 이익을 가져다주는 것을 보았다. 즉 그 능력에 실현 능력이 포함된 경우, 그리고 그 능력에 의해 실행되는 새로운 개념 작용이 삭제를 요구하여 이전의 총합을 감소시키는 것이 아니라 이전의 것에 첨가될 수 있어서 그때까지 같은 존재 안에 축적된 것보다 더 뛰어난 힘의 총합을 이룰 수 있는 경우이다. 그런데 개인이든 집단이든 보바리즘의 개념 작용이 실행되는 개체가 더 최근에 형성된 개체일수록, 다시 말해 잠재적인 힘은 풍부하지만 완성된 형태로 물려받은 것은 빈약하여 더 단순하고 결정되어 있지 않을수록, 그 두 가지 유리한 상황을 마주칠 기회가 더 많으리라고 추측할 수 있다. 그러나 이 첫 번째 고찰에 더해 다른 고찰을 서둘러 덧붙이지 않을 수 없다. 즉 평가할 때 쟁점이 되는 현실의 잠재성 정도를 비교해야 한다는 것이다. 그런데 각 현실의 잠재적 능력의 정도는 현실을 생기게 한 근원에 내재된 속성에 의해 좌우된다고 생각할 수 있다. 이런 가정에서는 능력이 드러나는 결과를 보아야만 능력을 평가할 수 있는데, 결과는 예측할 수 없다. 그러나 잠재성은 어느 정도는 외적 상황의 개입에 의해 결정되는 것으로 나타나기도 한다. 거기에는 관찰할 수 있고 중요성을 어느 정도 밝힐 수 있는 한 가지 작용이 존재한다. 법칙은 다음과 같이 나타난다. 즉 심리적인 언어로 어떤 존재 — 개인이든 집단이든 — 가 처음부터 연속적으로 변화했을수록 의식의 차원에서 자신을 효율적으로 다르게 생각할 가능성은 더 다양하게 나타난다. 그 존재가 변화의 어떤 상태에서 오랫동안 머무를수록, 다시 말해 변화 없이 같은 상태를 오랫동안 유지했을수록 그 가능성은 제한된다.

이 지속 기간이라는 요인은 어떤 존재의 운명을 평가할 때 매우 중요하다. 어떤 경우에는 그 요인이 개입되면 첫 번째 고찰에 의해 제기된 원리가 결과를 드러내는 데 방해가 된다는 것을 곧 알 수 있다. 이미 말했다시피 현실은 그 기원과 가까울수록 더 큰 잠재성을 포함한다. 그런데 아무리 기원과 가까운 발전 상태에 있다 하더라도, 현실이 오랫동안 고정된 형태에 얽매여 있었다면 잠재 능력이 무력화된다는 것을 덧붙여야겠다. 따라서 아직 미발달된 현실이 고정된 형태 안에 영원히 경직되는 반면, 이미 수많은 변화를 겪은 아주 오래된 현실이 여전히 새로운 변화를 허용할 수 있는 것으로 드러나기도 한다. 미개한 중소 부족은 첫 번째 유형의 예를 제공해 준다. 공동생활 초기부터 오랫동안 변함이 없어 그들에게 변화를 요구하지 않는 상황에 의해 가장 낮은 사회적 단계에 고착된 그들은 요즘도 변화하지 못하는 모습을 보여 준다. 수많은 변화를 겪은 후 여전히 새로운 변화를 잘 받아들이는 유럽 민족은 그들과 대조를 이룬다.

지속 기간이라는 요인의 중요성을 하나의 이미지를 통해

정확히 나타내보자. 조각가가 끊임없이 점토 덩어리를 주무르면서 탄력성을 보존하게 하는 한, 그것은 계속해서 모든 형태를 받아들일 수 있다. 예술가가 점토 덩어리에 부여한 형태 중 하나에 만족하여 대기의 작용 아래 조각이 마르도록 내버려둔다면, 점토 덩어리는 딱딱해져서 모든 변화를 거부하고 항상 똑같은 모양만 보여 주거나 그렇지 않으면 망치질에 부서지는 신세를 면할 수 없다.

***

우리가 방금 서술한 몇 가지 평가 원리는 생물학에서도 확인된다. 우선 생물학은 유기체는 그 기원과 가까울수록 훨씬 더 잘 변화할 수 있다는 것을 우리에게 보여 준다. 사실 일련의 동물 종의 진화는 부채 모양으로 나타낼 수 있는데, 같은 각에서 나오는 모든 부챗살은 서로 뒤섞여 있는 것으로 보이지만 나중에는 점점 멀어지면서 서로 연결되는 모든 가능성이 점점 더 배제된다. 각의 꼭짓점에서는 무한하다고 생각할 수 있는 잠재성, 미래 삶의 모든 형태를 품고 있다고 생각할 수 있는 씨앗을 발견할 수 있다. 그러나 부챗살 중 하나를 끝을 향해 가는 방향을 따라 관찰하게 되면, 끝에 다가감에 따라 가능한 변화의 숫자가 줄어드는 것을 볼 수 있다. 그리하여 **척삭동물군**

은 그 근원에서는 두삭동물이 태어나게 할 수도, 피낭동물이 태어나게 할 수도, 척추동물이 태어나게 할 수도 있다. 그런데 척추가 있는 형태가 구성되자마자 그 형태에게는 두삭동물과 피낭동물을 태어나게 할 가능성이 사라진다. 그래서 잠재성은 그만큼 줄어든다. 그와 마찬가지로 포유류는 일단 구성되면 조류 같은 것을 태어나게 할 수 없다. 따라서 포유류는 척추동물의 기원이 되는 어류, 포유류와 동시에 양서류, 파충류, 조류가 파생되는 어류보다 더 열등한 변화 능력을 나타낸다.

현실을 고정시키고 변모 능력을 제한하거나 없애는 지속 기간의 역할도 주시해 보자. 우리가 방금 그 중요성을 지적했던 지속 기간의 역할은 생물학적 사실로부터 분명한 확증을 받는다. 동물 등급의 가장 낮은 단계에서 만나게 되는 형태들은 지극히 간단하고 진화 기간이 매우 짧았던 것으로 보인다. 아메바가 여기에 속한다. 하지만 그 형태들은 매우 완강하게 자기 자신과 유사하게 남아 있으려고 하면서 모든 변화에 저항을 드러낸다.

반대로 조상들의 형태가 어떤 순간에도 결코 고정된 적이 없었던 유기체들은 그들의 높은 완성도에도 불구하고 언제나 변화할 수 있다는 것을 보여 준다. 조류도 마찬가지이다.[98]

● ●

98. R. 캥통 (René Quinton, 1866~1925. 프랑스의 박물학자, 생리학자, 생물학자로서 조류를 창조의 제1인자처럼 여긴 그의 이론은 나중에는 그의 관심을

***

　우리가 방금 한 고찰, 생물학에서 끌어온 예로 타당성을 입증한 고찰을 인간 집단에 적용하여 지속 기간에 따라 가능한 경우들을 평가하는 것은 사회학자들의 몫이다. 사회적 그룹도 동물의 유기체와 마찬가지라고 생각할 수 있다. 따라서 인간 집단들 속에 등장하는 보바리즘의 개념 작용은 형성 중인 사회에 나타나느냐 아니면 오래된 사회에 나타나느냐에 따라 정반대의 의미를 드러낸다. 오래된 사회는 오랜 역사적 유산에 의해 종교적, 도덕적, 정치적 기구를 갖추고 있는데, 그 기구들은 공통의 언어와 주거를 지닌 민족적 특성이 형성될 때 만들어진 뿌리 깊은 동질의 감수성에 속하는 기질에 의해 서로 연계된다.

　사실대로 말하자면 그런 유형의 오래된 사회는 여전히 변화할 수 있긴 하지만, 선택할 수 있는 방향이 그다지 많지 않다. 계속 보존 본능에 이끌린다면, 그 사회는 역사적 선례에 의해

• •

　항공학으로 이끈다. — 옮긴이)의 연구는 조류의 대단한 최신 성향과 해부학적 우월성을 분명히 확립하고 있다. 과학 아카데미의 C.R.(1835년에 창간되어 현재까지 발간되고 있는 프랑스 과학 아카데미의 과학잡지 *Comptes Rendus*(『콩트랑뒤』)의 약자이다. — 옮긴이) 참조.

강요되는 방향으로만 변화하게 될 것이다. 그렇게 되면 활동이 잠잠해져 약해진 추진력에 맞춰 힘을 조절하기 위해, 사회는 억제 능력이라고 할 만한 모든 것의 사용을 자제할 수 있을 것이다. 그리하여 어쩌면 종교적 규제가 아무 위험 없이 폐지되고, 오랫동안 대대로 전해지는 실천 행위를 통해 본능으로 바뀐 도덕적 관습으로 대체될 수 있을 것이다. 종교적 신앙은 사라지고, 몇몇 실천 행위의 외양에서만 허깨비처럼 남게 될 수 있을 것이다. 사회적 그룹의 현재의 현실을 구성할 수 있었던 과거의 유물이자 고고학적 매력으로서 말이다. 그러나 종교적 신앙이 다른 신앙으로 대체되는 것은 위험 없이 이루어질 수 없을 것이다. 옛 신앙에서 비롯되어 수많은 기발한 타협책을 통해 민족의 기질에 적응된 도덕적 관습도 다른 형태의 종교에서 유래되어 다른 민족의 기질에 맞추어진 도덕적 관습으로 대체될 수는 없을 것이다. 여기서 다른 도덕적 관습이란 포유류의 폐를 대신하는 물고기의 아가미나 마찬가지일 것이다. 그것은 적용하려는 유기체의 어떤 필요에도 부응하지 못할 것이고, 그런 불일치로 인해 치명적인 무질서가 야기될 것이다. 따라서 오래전부터 규정된 사회적 그룹으로서는 도덕적 관습의 관점에서나 편견과 감수성의 관점에서나 사물에 대한 평가의 관점에서나 다른 사회적 그룹을 본떠 자신을 생각하는 것은 쇠퇴의 징조이자 해체와 죽음의 징후로 해석해야 할 것이다.

오래된 그룹의 경우 보바리즘 개념 작용의 출현이 방금 말한 것처럼 재난을 초래하는 결과를 가져다준다면, 최근 형성된 그룹의 경우는 전혀 다르다. 이 장에서 밝히고자 하는 것이 바로 그것이다. 아직 조직에 관한 계획이 확정되지 않은 후자의 그룹은 자신을 실제와 다르게 생각하고 이미 형성된 다른 그룹의 경험을 이용하기에 매우 유리하다. 그런 수단을 통해 다른 그룹들이 조직적인 상태에 이르기 전에 거쳐야 했던 더디게 진행되는 형성 기간을 줄이고, 수많은 헛된 노력을 안 해도 되기 때문이다. 즉 그 그룹은 사람들의 사회생활을 위한 효용성이 이미 증명된 체계를 처음부터 사용할 수 있다. 그 그룹에서는 외부의 모델로부터 빌어 온 차용물이 이미 정한 규정을 방해하지 않고, 이미 존재하거나 보존될 만한 가치가 있는 것을 아무것도 없애지 않는다. 또 지속되었다는 사실로 인해 자신의 형태로 계속 살아갈 권리를 획득한 어떤 것과도 충돌하지 않는다. 게다가 새로운 그룹이 받아들이려는 형태를 만들어낸 틀은 결코 경직되어 있지 않다. 새로운 그룹은 고유의 독창성을 가지고 있어서 그 덕분에 이번에는 그 틀을 변화시킨다. 그때까지 어떤 규율의 억제도 받지 않았던 왕성한 에너지에 시달리던 새로운 규칙은 새로운 그룹이 민족성, 주거 환경, 다른 민족이나 이웃과 시작한 관계에서 기인하는 몇 가지 특징적인 반응을 나타내는 몇몇 지점에서 굴복하게 된다.

미개한 유목민들이 외국의 이상, 기독교의 이상을 모델로 채택해서 이익을 끌어낸 것은 바로 그러한 원리에 의해서이다. 그들은 아주 초보적인 사회 조직을 갖추고 있었기 때문이다. 그리하여 그들은 자신을 실제와 다르게 생각했지만, 그 개념 작용은 그들을 파괴하는 것이 아니라 도움이 되었다. 그것은 지속 기간에 의해 승인되고 강화된 그 어떤 상반된 제도와도 다투지 않았기 때문이다. 그들에게 그것은 형태가 아직 완성되지 않은 무리를 부추기는 무질서한 에너지를 끌어모아 가공하기에 적합한 규율의 역할을 했다. 따라서 자신에 대한 잘못된 개념 작용은 그들이 국가를 형성하는 데 유익했다. 그러나 사회적 형태를 이루기 위해 도움을 청했던 바로 그 똑같은 규칙에 대해서, 그들은 자신들의 사정이나 특별한 필요에 따라 종교 개혁에 이르기까지 여러 차이를 부과했다. 그런 차이들에서 그 젊은 에너지가 반응한 흔적을 볼 수 있다.

마찬가지로, 이미 지적했듯이 로마 문명은 남유럽에 정착한 일군의 사람들에게 유용한 속옷과 같은 역할을 했다. 그것은 기독교의 이상보다 더 직접적으로 작용하면서 그들에게 소유권을 조직화하는 강력한 수단이 되었고, 소유권은 우수한 문화의 수단이자 기반이 되었다.

사회적인 분야에서 지속 기간의 역할은 생물학에서와 마찬가지로 분명하게 그 중요성을 보여 준다는 것도 주목하자.

한 사회가 매우 오랫동안 변화하지 않고 여러 세기 동안 같은 형태로 굳어지면, 그 사회는— 수많은 변화로 인해 그 기원에서 멀어진 사회보다 더— 새로운 변화에 맞지 않는 사회가 된다. 거의 처음 형성된 시기부터 고착되어 우수한 문명의 부추김에도 똑같은 실천 행위를 반복하는 중국의 예는 전형적인 특징을 보여 준다. 일본이 보여 주는 대단한 동화 능력과 대조해 본다면 더욱 그러하다. 일본 민족이 역사의 알려진 순간마다 언제나 고정되어 있지 않고 잘 변하면서 다양한 측면을 보여준 것을 눈여겨본다면 말이다. 영향력 있는 주도적 중심이 다양하므로 다양한 경험을 내포하고 있는 봉건 제도를 서양의 야만족이 실천한 것과 같은 방식으로 일본 민족은 현대를 향해 나아갔다.

아메리카도 유사한 예를 제공해 준다. 아메리카의 예는 한 종족이 다른 종족을 말살시켰으므로 더욱더 의미심장하다. 거의 변화하지 않았고 모든 문명의 원래 상태와 매우 가깝다고 여겨질 수 있는 원시 문명을 대표하는 인디언들은 접촉하게 되는 새로운 방식에 적응하지 못하는 모습을 보여 준다. 오랫동안 변하지 않는 관습의 지배를 받다 보니, 그들은 변화 능력을 잃어버린 것이다. 반대로 그 고장에 제국을 건설하고 새로운 경험을 수립하는 앵글로색슨족, 게르만족, 라틴족, 켈트족은 모두 진보적인 문명의 유럽 민족에 속하지만, 끊임없이 변모했다.

따라서 사회적 그룹의 미래의 가능성을 평가하기 위해서는 사회의 문명 상태가 진보적이냐 초보적이냐 하는 것만 고려해서는 안 된다는 것을 알 수 있다. 사회가 이전에 보여 준 조금씩 변화하는 능력, 끊임없이 자신을 실제와 다소 다르게 생각하는 능력도 염두에 두어야 한다. 한 민족의 생명력은 두 가지 극단적인 대책에 의해 위태로워지는 것 같다. 즉 조상을 맹목적으로 모방하는 것, 그리고 모방한 현실의 방식을 옛 현실의 방식에 맞출 수 없을 만큼 너무 지나칠 정도로 외국 모델을 모방하는 것 말이다. 이 두 가지 극단적 대책 사이에는 자신을 다르게 생각하는 능력이 우수한 특성을 보여 주는 느린 변화 능력이 자리 잡고 있다. 그것을 분명히 보여 주는 것이 이 장의 목적이었다.

르네상스보다 더 확고하게 그 우수성을 뒷받침해 주는 예는 없을 것이다. 그러므로 엄청난 암시 현상 때문에 몇몇 독특한 활동으로 인해 겪은 몇 가지 일탈을 이 연구의 제I부에서 보여 주긴 했어도, 르네상스가 인류 전체의 이익을 위해 실현한 엄청난 풍요로움에 그 손해를 비견할 수 없다는 것을 여기서 고백할 필요가 있겠다. 자신을 다르게 생각하는 능력, 자기가 발명하지 않은 문화와 심상의 혜택을 자기 것으로 삼는 능력이 실행되면서 몇몇 특수한 인간적 다양성을 희생시키게 되었다고 해도, 무엇보다 그 능력은 인간적 현상을 만들어내는 수단 자체로서 그것이 없으면 그런 다양성도 존재하지 않을 것이다. 인간이 개인들이 수행한 모든 노력의 총체를 의식의 차원으로 불러내어 다른 종이나 사물을 지배하기 위해 이용할 수 있는 것은 바로 자신을 다르게 생각하는 능력에 의해서이다. 여기서 불만족과 탐욕의 능력인 보바리즘은 인간의 우수한 능력으로 판명된다.

제2장

존재와 인류의 본질적 보바리즘

1. 현상적 존재의 소망은 자기 자신에 대한 지식을 소유하고 싶은
   욕망과 같은 것.
2. 그 지적 소망을 실현하는 데 유용한 자유 의지에 대한 믿음과
   자아에 대한 착각.

1

이 책의 제I부에서 인류의 본질적 보바리즘의 결과를 살펴
본 네 가지 표현[99]은 서로 매우 밀접한 종속 관계로 연결되어
있다. 그러므로 진리 관념을 계략, 수단, 착각의 관념으로 축소
함으로써 우리가 얻게 된 새로운 관점으로 고찰하기 위해서라

● ●

99. 자유 의지, 자아의 단일성, 종의 정령, 지식의 정령.

할지라도, 그것들을 분리하지 않는 편이 더 나을 것 같다. 객관적 진리에 대한 믿음에 집착하여 모든 개념 작용이 진리의 빛으로 평가되고 승인받아야 받아들여질 수 있다고 확신함으로써, 자유 의지라는 관념이 얼마나 터무니없고 모순을 내포하고 있는지를 무엇보다 먼저 보여 주고자 애썼다. 우리는 자유 의지라는 관념에 대해 그런 불평을 제기했고, 그런 이유로 그것을 비난했다. 마찬가지로 자아에 대한 관념을 구성하는 요소들을 분해하여 그 관념이 착각을 유도한다는 것을 보여 줌으로써 그것의 신용을 떨어뜨렸다. 그리고 또 기쁨을 증대시키고자 비현실적인 목표를 향해 헛되이 기울인 인간의 노력을 보여주었다. 이제 우리는 객관적 진리에 대한 믿음에서 벗어나 인간의 활동이 달성할 수 있는 목표를 제공하는 데 얼마나 유효한가 하는 관점에서 인간 활동의 그 네 가지 표현을 고찰하고자 한다.

사실대로 말하자면, 앞선 분석 중 하나에서 이미 결론을 내린 바 있는 자아 관념의 파괴는 인간의 노력에 허망함이 내재해 있다는 것을 발견한 후에 필시 느끼게 될 고통을 아무 근거 없는 것으로 만드는 결과를 낳았다. 개인의 자아라는 것이 깊이 없는 외양에 불과하다면, 복잡하고 포착할 수 없는 수많은 힘이 시간의 어느 한순간 불안정한 균형을 이룬 채 고정되는 지점에 불과하다면, 그리고 그 순간이 지나면 그 힘들이 똑같은 이름으로 새로운 조합을 만들어낸다면, 사실 종의 정령이나 지식의 정령이 개인을 이용한들 무슨 상관이겠는가? 개인은 그 자체를 자신의 목표로 생각하며 성적 쾌락을 추구하고, 기술에 의해 자신의 안락을 증가시키고자 한다. 그런데 그런 욕망이 개인을 속이고 다른 목표를 위해 개인의 노력을 이용한다고 한들 무슨 상관이겠는가? 자아라는 이름으로 욕망했던 개인의 형태는 이미 사라져 새로운 환영으로 바뀌었고, 그 환영 또한 일시적인 것이니 말이다.

그러므로 상상의 개체를 고집스럽게 갈망하는 헛된 목표에 관심을 두지 말고 개인들의 흐름 속에서 세상이라는 무대 위에 지속해서 머무는 현상들에 전념하는 것, 비현실적인 대상들을 위해 인간의 욕망을 소진하지 말고 그것에서 벗어나 인간의 욕망이 실현할 수 있는 목표, 즉 종의 생명과 지식이라는 목표에 전념하는 것이 더 낫다. 우리가 여기서 하려는 것은 바로 그런 것이다.

게다가 현상적으로 존재한다는 사실 자체에 의미를 부여하는 용기를 낸다면, 그 근원에 지식에 대한 욕망을 위치시켜야 할 것이다. 엄밀히 말해 형이상학적인 관점에서, 지성은 현상적으로 존재하는 것과 별개로 자기 자신에 대한 지식이 없는 존재를 상상하는 것이 가능하다. 그러나 그런 존재가 자신이 자리 잡고 있던 무의식의 상태에서 나와 자신의 단일성을 깨고 수많은 주체와 대상으로서 자기 자신과 마주한다면, 그 행위에 대해 자신을 의식하고 스스로 자신을 표현하고 싶은 욕망이라는 설명 이외의 다른 설명을 부여할 수는 없을 것으로 보인다. 정신은 삶에 대해 다른 의미를 부여하려고 제아무리 노력해봤자, 불안정한 것이 유일한 장점인 일시적인 허술한 재료들을 가지고 훌륭하고 완벽하다고 상상하는 상태를 만들어내는 미숙한 개념 작용에 이를 뿐이다. 그러나 정신이 훌륭하고 완벽한 상태를 상상할 수 있으려면, 움직임이 없는 것에 대해, 자기 자신을 항상 비슷하게 표현하는 것에 대해, 충족되지 않은 욕망의 자극 아래 끊임없이 움직이면서 고통과 상실을 통해서만 기쁨을 얻는 것이 지닌 열정과 속성을 부여해야만 한다.

정신이 이 모순적인 개념 작용을 극복한다 하더라도, 현상적인 삶에서 한계와 목표를 발견하려면 현상적인 삶이 정지되어야 하고 자기 자신의 의식의 범위를 넘어서서 절대적인 단일성의 상태에 흡수되어야만 한다. 종교적 혹은 형이상학적 관심의 모든 논리적 노력은 바로 그것으로 귀결된다. 불교는 완전한 진정성을 통해 거기에 이르고, 이신론과 브라만교는 신이 개인적 완성을 위한 목표로 주어진 것으로 혼동함으로써 거기에 이른다.

첫 번째 해결책이 그 안에 내재된 모순 때문에 시험을 견뎌내지 못한다면, 두 번째 해결책은 자기 자신을 제거하는 것 이외의 다른 열망을 부여하지 않으므로 결국 현상적 존재에 대한 사형 선고이다. 이런 식으로 설명을 시도하는 것은 두 가지 다 목표에 이르지 못하므로, 존재가 대상과 주체로 구분되는 것에 의해 실현되는 결과 자체에서 현상적 존재가 추구하는 목적을 찾으려는 시도만 남게 된다. 그런데 그 결과는 자아에 대한 지식으로, 존재하는 것의 모든 양태는 그 수단에 불과하다. 끝없이 자신을 분리하고 매우 다양한 비율에 따라 주체를 대상과 결합하고 구경꾼이 되기 위해 스스로 모든 모험의 배우가 되는 것, 현상적 존재의 소망은 그런 것으로 보인다. 현상적 존재는 수수께끼를 내는 동시에 풀고, 수많은 어려운 문제를 내고는 그 의미를 찾아 폭로한다.

　　그때부터 모든 개인의 의식과 한 개인의 의식에 있는 모든 순간은 세상이 바뀌는 광경을 바라보며 지식을 갈망하는 눈이 반짝이는 창문이 된다. 의식을 가진 모든 개인에게는 제한된 방식으로 부분들을 병치함으로써 최초의 단일성에 상응하는 것이 다시 만들어진다. 그러면 모든 개인에게서 두 가지 태도가 서로 연결되고 똑같은 심리적 지점에서 결합하는 모습이 보인다. 존재가 자기 자신을 직접 보고 표현하게 되는 두 가지 태도, 즉 행동하는 대상의 태도와 주시하는 주체의 태도 말이다.

개체화의 수단인 사람의 단일성에 대한 믿음은 바로 지식의 수단이기도 한데, 그 믿음은 존재의 실체를 온통 소진하는 듯한 행동과 주시라는 두 원리가 본래 형이상학적으로 진짜 일치한다는 것을 토대로 한다.

자유 의지라는 착각은 여기서 그 자의적인 행위, 다시 말해 모든 결정론을 벗어나는 행위를 반영한 것이다. 그 행위에 의해 존재는 단일성이라는 봉인을 깨뜨리고 무의식의 잠에서 깨어나 자신의 실체를 무한히 분할하는 가운데 자기 자신을 인식하게 된다. 현상적 세계에서 각 개인에게는 현상 이전의 그 형이상학적 개체의 단편이 있다고 상상할 수 있다. 자신의 운명을 만들어낸 장본인이자 기획자였다는 희미한 기억 말이다. 그러나 그 본원적 자유의 감정이 몇몇 영웅적인 인물들에게 나타날 때, 그것은 치밀한 운명이 그들에게 각자의 개인적 역할을 하도록 강요했다는 것도 동시에 깨닫게 한다. 예전에 자신이 직접 기획했던 자신의 역할이 무수한 다른 인물들의 분명한 역할과 유연하지 못한 주변 환경에 의해 엄격하게 제한되었다는 것을 기억하는 식이다. 따라서 그 영웅들은 단지 자기 삶의 사건에서 자유가 결과를 바꿀 수 없다는 것을 깨닫기 위해, 자기 운명의 이미지 앞에서 구경꾼으로 머물기 위해 이전에 있었던 자유의 감정을 획득하는 것일 뿐이다. 그것은 적은 수의 개인들만 올라갈 수 있는 수준의 미학적 태도이다.

그러나 우리가 현상적 존재의 원인과 목적 및 존재 이유로 설정했던 지식의 소망이 구체적인 방식으로 실현되기에는 그 적은 수로 충분하다.

2

일반적으로 사람들은 자기가 만든 것을 구경하는 기쁨으로 때때로 당사자가 되어 몸부림치는 고통이 상쇄되는 그런 평정한 태도에 이르지 못한다. 게다가 그런 태도가 너무 많은 수의 사람들에게서 실현된다면 구경의 흥미가 줄어드는 결과가 초래될 것이다. 드라마의 텍스트 전체가 미리 쓰여 있다는 것을 안다면, 아무리 노력해도 아무것도 바꿀 수 없다는 것을 안다면, 자신들이 단지 정해진 역할을 하는 배우에 지나지 않는다는 것을 안다면, 사람들은 자신의 연기와 대사와 몸짓에 무관심해질 것이다. 그들은 자신에게 응답하는 여배우의 귀에 대고 상스러운 농담을 중얼거리는 한편, 객석을 위해서는 비장하게 긴 독백을 읊조리는 서투른 배우를 닮아갈 것이다. 개성이라는 허구와 자유 의지라는 허구는 그런 관심의 감소를 막아주고, 공연에서 가장 날카로운 돌발 사건을 초래한다. 첫 번째 허구에 의해, 각 개인을 현상적 표상의 시발점이 된 형이상학적 행위의 결과로 만드는 굴레에 대한 기억이 없어진다. 각 개인은 자신의 행위나 열정이 대표하는 가치를 보지 못하고 거기서 얻는 행복이나 고통에만 집착한다. 자기 자신을 위해 행복을 쟁취하거나 고통을 피하고 싶은 희망 때문에, 개인은 대단히 강한 관심으로 활기찬 광경을 만드는 진정성, 다양성, 열기를 자신의 모든 행동에 부여한다. 그런 착각의 힘으로 사람들은 최면에 걸린 인물과 비슷해진다. 최면에 걸린 자들은 잠자는 동안 암시를 받은 후 때가 되자마자 그 암시를 실행하려고 필요한 환경과 상황을 만들면서, 필요하다면 바깥세상을 변화시키거나 왜곡시킨다. 그리고 깊숙한 의지의 영역에 그 행동이 뿌리박혀 평소의 개성처럼 느껴지도록 자신의 마음속에서도 동기가 싹트게 부추긴다.

자유 의지에 대한 믿음은 인류에 대해 그런 암시의 역할을 한다. 맞붙어 싸워야 하는 상황과 마찬가지로 자기 의지의 양상이나 행동 방식이나 운명적인 열정에 대해서도 아무것도 바꿀 수 없다는 것을 알게 되면, 대부분의 사람들은 절망하거나 무기력에 빠질 것이다. 그와 반대로 유쾌한 자신감, 특별한 열의, 강한 관심은 자기 영혼의 형태를 주도적으로 변화시키고 세계의 형태도 어느 정도 변화시킴으로써 언제나 자기 운명을 마음대로 바꿀 수 있다고 믿도록 사람들을 격려한다. 사람들이 자기 자신에게 영향을 미칠 수 있다고 믿음으로써, 우리가 자유 의지라는 착각을 처음 다루면서 묘사했던 정신세계의 모든 복잡성이 생겨난다. 장단점에 대한 감정, 책임감, 후회의 감정 등 인간의 행동에 수많은 동요와 격렬함을 자아내는 심리적 양상이 온통 드러나는 것이다. 그리하여 인생이라는 공연에 관한 관심이 확보되는데, 보는 것을 즐기는 구경꾼의 기쁨에 의해 심지어 잔인함마저 정당화된다.

그런 믿음들 덕분에 인식하는 주체는 자기 자신을 위해 놀라움과 연구와 주시의 대상이 되기로 결심한다. 그 믿음들은 현상적인 존재가 자기 자신을 알고자 하는 욕망을 충족시키기 위한 가장 현명한 방법으로 보인다. 인간이 세상의 법칙을 간파하여 유리하게 이용함으로써 자신의 행복을 증대시키기 위해 세상에 영향을 미친다고 우쭐대게 만드는 착각에 관해서는, 과학적 보바리즘을 설명하는 동안 강조해야 할 모든 것을 이야기했다. 여기서는 인간의 삶을 고찰하는 새로운 관점에서 현상적 존재에게 주어질 수 있는 유일한 목적으로 부여된 지식이라는 목표를 실현하는 데 그 착각이 얼마나 유용한지 확인할 수 있을 뿐이다.

따라서 존재의 소망은 인류에게 두 가지 방법에 따라 분명하고 구체적인 방식으로 실현되는 것으로 보인다. 하나는 가장 고상하고 극적인 양상으로, 이미 살펴본 바와 같이 미학적 감정에 이르러 자신의 운명을 완성하라고 암시한 사람이 바로 자기 자신이라고 인식하는 영웅의 경우이다. 그리고 다른 하나는 신비적인 성향을 덜 보이는 양상으로, 자신이 발견한 것을 다른 사람들이 어떻게 적용하든 무심한 채 오직 안다는 사실만으로, 존재의 객관적 활동으로 만들어진 모든 사물의 광경만으로 기쁨을 느끼는 학자의 경우이다. 종의 정령의 소망에 유리하게 작용하는 착각의 사이클이 그와 동시에 현상적 드라마의 구경꾼이 될 존재들을 탄생시키는 결과를 낳는다면, 수많은 보바리즘의 개념 작용으로 인간에게 나타나는 책략들은 자기 자신에 대한 지식을 파악하고 소유하고자 하는 존재의 유일한 의지를 실현하려는 것으로 드러난다.

제IV부

현실

1

이 연구의 제1부에서, 인간이 사물과 자기 자신을 변형시키
는 능력을 나타내는 개념 작용은 불리한 것이라는 추정하에서
고찰되었다. 그래서 그 능력의 해로운 개입으로 인간의 정신은
끊임없이 확신과 완벽과 휴식의 상태에 도달하지 못하는 것으
로 보였다. 그런 상태가 모든 노력의 목표가 되어야 할 것
같고, 그런 상태에서는 현상적으로 존재한다는 사실을 드러내

는 모든 불일치와 대립이 행복한 조화 속에서 해결될 것 같은데 말이다. 사람들이 갈망하는 상태, 유일하게 인간의 열망을 부추기고 이끌 만한 가치가 있는 듯한 그런 상태는 마땅히 진리의 소유와 지식에 의해 마련되어야 했다.

이 연구의 제II부에서는 확립한 첫 번째 분석을 더 밀고 나가 인간의 지식이 불완전하다는 것을 밝히기 위해 내세운 진리의 개념 작용 자체가 바로 사물을 실제와 다르게 생각하는 정신적 속성의 산물이었다는 것을 발견하게 되었다. 인간은 진리를 향한 열망과 함께 달성하게 되면 현상적 삶을 없애게 될 목표를 현상적 삶에 제시한다는 것, 그리고 그 열망과 함께 다양한 움직임이 본질인 생성에 속하는 것에 대해 변하지 않고 상상할 수 없을 정도로 똑같이 정지해 있다고 가정하고 그런 법칙을 적용한다는 것을 확인했다.

전체적인 노력을 조절하고 행동을 최종적으로 결정하며 지식의 목표가 되는 진리의 관념, 한 마디로 객관적인 진리의 관념을 무無로 만들어버리는 그런 고찰은 진리에 대한 믿음의 관점에서 과소 평가되었던 보바리즘 능력의 가치를 회복시켜 주었다. 사실 사물에게 고정된 현실이 허용되지 않는다면, 우리가 사물을 실제와 다르게 생각하는 능력을 비난할 이유가 없다는 것을 알게 되었다. 그리하여 이 연구의 제III부에서는, 정신이 변형 능력을 통해 사물에 대한 관점을 우리가 파악하는 대로 제시하게 만드는 다양한 개념 작용을 호의적으로 다시 검토했다.

이제 정신의 보바리즘 능력에 부여한 정의에 대해 마지막 설명을 제공하는 일이 남아 있다. 그 정의는 예전의 방식에서 유래한다. 그것은 객관적 진리가 존재한다는 믿음이 모든 정신적 사색의 출발점이었던 시대로 거슬러 올라간다. 지금 우리가 고수하는 관점에서 보자면, 사물을 실제와 다르게 생각하는 능력은 순수하고 단순한 지식 능력의 신화적 표현으로 보일 뿐이다. 그리고 정신의 변형 능력이라 불렸던 것은 창조적 능력으로 여겨져야 한다. 객관적 진리는 없지만, 객관적 진리에 대한 믿음은 여전히 인류를 지배하고 있다. 바로 그런 믿음의 관점에서 보바리즘에 대한 정의가 주어진 것이다. 모든 보바리즘적 개념 작용의 원리가 되는 객관적 진리에 대한 믿음은 결코 지적으로 충족되지 않지만, 다른 모든 개념 작용과 마찬가지로 뭔가의 수단이 된다. 제IV부에서는 그 믿음이 개념 작용 전체와 함께 현실을 발명하는 방식이 된다는 것을 보여줄 것이다.

어떤 방식으로 나타나는 현실을 고려하든, 그 형태는 같은 힘이 지닌 두 가지 경향 사이의 대립 덕분에 존재한다는 것이 드러날 것이다. 모든 경우에서 그 경향들은 혼자 군림하기 위해 각자 다른 경향을 없애기를 바라고, 그런 열망을 진리로 자처하는 일련의 주장들로 표현한다는 것이 드러날 것이다. 모아놓으면 대진리를 구성하는 그런 주장들 말이다. 그 경향들 중 어느 한쪽의 소망이 실현된다고 가정할 경우, 그 승리는 결국 그 경향을 파괴하고 현실 전체를 제거하게 된다는 점도 드러날 것이다.

2

현실의 다른 모든 형태가 반영되는 심리적 현실의 경우도 그러하다. 그것은 외부 세계의 존재를 부인하든 인정하든 마찬가지이다. 외부 세계의 존재를 부인하는 첫 번째 가정에서는 자아가 보편적 존재의 역할을 담당한다. 그리고 자아는 세계의 유일한 실체가 된다. 따라서 자신을 대상과 주체로 나누어야만 지식 상태에서 자신을 인식하게 된다. 그런데 자아의 그 태도들, 즉 객관적인 태도와 주관적인 태도가 각자 완벽해지고 이상화되고 우세해지고자 노력함에 따라 반대의 태도를 제거하게 되면 결국 자기 자신을 없애는 위험을 초래한다는 것은 명백한 일이다. 사실 주관적인 태도가 절대적 승리를 거두면, 주체를 결정해 주는 대상이 없으므로 대상을 통해서만 자기 자신을 인식하는 주체는 결국 무의식 상태에 빠지게 될 것이다. 객관적 태도가 절대적 승리를 거두면, 인지할 주체가 없으므로 대상은 모든 형태와 윤곽과 속성을 잃어버리게 될 것이다. 그리하여 대상은 자취를 감추고 파악할 수 없는 것으로 사라질 것이다.

따라서 사실 첫 번째 가정에서 자아의 태도들은 각자 절대적으로 군림하지 못하고 상대의 존재에 의해 제한되고 규정되는 경우에만 존속할 수 있고, 그와 함께 현실도 존속하게 할 수 있다. 그러므로 여기서 현실은 두 힘 사이의 타협이다. 두 힘 중 하나는 존재 혹은 자아의 전 실체를 대상 — 생명력 없는 물질, 무의식적인 자발성 혹은 자동 현상 — 으로 바꾸려고 하고, 다른 하나는 존재 혹은 자아의 똑같은 실체를 주체 — 거울, 눈, 시각, 주시 — 로 변모시키려고 한다.

외부 세계의 존재를 인정하는 가정에서도 여전히 똑같은 결론에 이른다. 외부 세계의 사물들은 그것들이 영향을 미치는 기쁨이나 고통의 감각을 통해서만 자아에게 현실이 된다. 자아는 사물들 앞에서 느끼는 감정 안에서만 사물들과 관계를 맺고 사물들을 식별하는 데 성공한다. 자아가 사물에 대해 갖게 되는 표상을 끌어내는 유일한 실체는 바로 그 감정이다. 그리고 크든 작든 바로 그 감정의 일부가 지식으로 전환된다. 그때부터 앞의 가정에서 생겼던 것과 똑같은 대립이 나타나고, 그 대립은 똑같은 결과를 낳는다. 그렇게 해서 우리가 우리의 감정을 인식하는 데 사용하는 분석의 힘은 우리가 그 감정을 느끼는 데 사용하는 힘에서 분리된다. 우리가 분노를 관찰하는

데 완전히 몰두하면 곧바로 우리의 분노는 사라진다. 이처럼 알고자 하는 욕망이 과도하게 발달하면 우리가 알려고 했던 대상이 사라짐과 동시에 그것을 알 수 있는 가능성도 없어진다. 대단한 열정은 말이 없고 자신을 표현하는 데 서툴다는 말은 일리가 있다. 사실 대단한 열정은 온 힘이 행동을 지향하고 있어서 자기 자신에 대해서는 보지 못하므로 자신을 알지 못한다. 그와 반대로, 사랑이나 질투로 죽을 것 같던 시인은 그의 의식의 거울에 반영된 열정이 시구로 객관화되면 곧 삶으로 돌아온다. 알고 싶어 하는 주체의 활동은 언제나 자기 내부의 자연적인 활동을 희생시켜 실행된다. 어느 정도 지식의 정령에게 사로잡혀 있는 시인이나 모든 분야의 예술가들에게 는 그들의 감정을 구경거리로 만들려는 성향이 존재한다. 그렇게 활동이 변환되면, 그들은 종종 첫 번째로 구현된 모습을 통해 거기에서 오래도록 벗어나게 된다. "시인들은 언제나 스스로 위로할 줄 안다"[100]라는 니체의 지적은 그런 맥락으로 이해되어야 한다.

이와 같이 개인에게 있어 의식 활동의 과다한 발달은 감정적인 활동을 제거하는 결과를 초래한다. 감정적 활동이 완전히 제거되면 의식에 반영되는 대상이 없어지고, 더 이상 아무것도

• •

100. *Humain, trop humain*(『인간적인, 너무나 인간적인』), (Paris: Ed. du Mercure de France), p. 26.

나타나는 것이 없으므로 의식 활동 자체도 없어진다. 니체는 『차라투스트라』에서 그런 순수한 관조자들에게, "얼룩 하나 없는 순결한 지식"의 신봉자들에게 강하게 반대했다. 그런 자들은 반사면이 무수히 많은 거울과도 같은 객관적 현실 앞에 자리를 잡고서, 더 잘 알기 위해 현상적 드라마의 배우들과 합류하기를 거부한 채 그들의 영혼에서 모든 열정과 욕망을 제거하고 오직 반영으로만 존재하기를 바란다. 구경꾼이 부분적으로 배우가 되는 것에 동의하는 한에 있어서만 공연이 지속되는 세계에서, 그런 식으로 즐기기만 하는 태도는 공연의 극적 재미를 위협한다고 니체는 생각했다. 철학자의 그런 염려에 대해, 수많은 존재가 있고 욕망과 기호가 다양하므로 순수한 구경꾼들도 결코 구경거리를 빼앗기지 않는 것이 확실하다고 반박할 수도 있을 것 같다. 그러나 지식에 이르는 행위의 메커니즘을 더 깊이 파고 들어가 보면, 생명력 없는 자연 형태, 식물의 개화, 동물의 활동, 인간의 열정이 구경꾼들의 시선에 제시하는 수많은 대상이 존재하더라도, 그런 관조자들은 자신의 과장된 열정으로 인해 대상이 사라지는 것을 보게 될 위험이 있는 것으로 드러난다. 우리가 방금 고찰한 것처럼, 사실 그들은 감수성이 외부 사물에 의해 여전히 영향을 받는 한에 있어서만 외부 세계의 모든 사물과 관계를 맺는다. 그들은 형태와 색깔을 바라보며 어떤 기쁨을 느껴야만 형태와 색깔을 지각할 수 있고, 인간의 열정과 접촉했을 때 어떤 감정을 느껴야만 인간의 열정을 알 수 있다. 그런 호기심이 주는 기쁨은 주체의 존재를 분명하게 보여 주고 유지시켜 준다. 그것은 어두운 방 안에서 빛의 작용에 민감하게 반응하면서 반영된 사물의 모습을 붙잡아 고정시키는 얇은 젤라틴 막과 같은 역할을 한다. 지식 행위 자체와는 무관한 듯한 그 기쁨을 없애면, 주시하는 대상과의 소통이 전혀 없는 순수한 관조자가 된다. 그리고 그를 아직 주체로서 활기 띠게 했던 마지막 열정을 주시의 대상으로 전환하려는 최후의 노력으로 인해 주체로서의 그 자신도 없어지게 된다.

정반대의 지나침도 똑같은 결과에 이른다. 상징적인 가치를 전혀 고려하지 않고 오직 유용성을 목적으로 행위를 완벽하게 이행하려는 경향은 그것이 실현되자마자 무의식적 자동성이라는 결과를 초래한다. 자동성은 꿀벌이나 송충이나 개미와 같은 곤충들의 복잡한 행위와 관련해서는 있을법해 보이고, 호흡이나 소화나 피의 순환과 같이 교감 신경에 의해 지배받는 모든 기능과 관련해서는 정상적인 경우로 보인다. 그런데 원래는 의식의 차원에서 실행되었지만 완벽하게 기관에 기록됨으로써 그 후로는 무의식적으로 행해지는 연속적인 습관적 행위에 관해서도 자동성이 똑같이 관찰될 수 있다. 어떻게 보면 그런 행위들은 행위를 이행하는 사람에게 이행하는 그 순간에는 존재하지 않는다. 그 후에, 새로운 행위들을 수행하려고 할 때 그 복잡성 때문에 개인에게 의식이 불쑥 출현하게 되면, 사후 지각되고 평가된 결과에 의해서만 행위가 이행되었다는 것을 보여 줄 뿐이다.

연계된 움직임의 수가 비교적 적은 경우에만 관련되는 자동 활동은 짧은 기간 이어지지만, 사고와 돌발 사태를 성공적으로 제거할 수 있는 잘 규제된 사회생활에서는 자동 행위가 훨씬 길게 연속되는 것을 상상할 수 있다. 그런 가정을 이상화한다면, 더 나아가 완전히 자동적이 된 인간의 삶까지 상상할 수 있을 것이다. 의식이 절대 나타나지 않는 삶, 사실상 오직 상상할 때의 의식적 지각 행위에 의해서만 무無의 상태를 면할 수 있는 삶 말이다.

여기서 전개된 내용에서 기억해 두어야 할 것은 어떤 식으로 상상하든 심리적 현실은 두 힘 사이의 타협이라는 사실이다. 행동하는 성향으로 표현되는 힘과 실행된 행위를 구경거리로 인식하는 성향으로 표현되는 힘 말이다. 그리고 그 두 성향 사이의 매우 다양한 균형 상태, 매우 다양한 결합으로 지탱되는 현실은 두 성향 중 하나가 다른 하나를 완전히 이겨서 쫓아내게 되면 곧바로 없어진다는 것도 기억해야 한다. 그러므로 본질적 보바리즘에 의하면, 심리적 현실이 존재하는 것은 그 두 힘 사이의 대립을 전제로 한다. 두 힘은 각자 죽음의 조건을 승리의

조건으로 여기고 있으므로, 적어도 부분적으로 패배해야만
존재 안에서 지속될 수 있다.

<h1 style="text-align:center">3</h1>

심리적 현실은 본질적 보바리즘의 법칙에 좌우된다는 것을
살펴보았는데, 이미 말한 바와 같이, 그것은 현실의 다른 모든
형태가 생겨나는 근원이다. 심리적 자아는 존재의 실체가 수없
이 많은 여러 가지 비율에 따라 대상과 주체로 나뉘고 자신을
파악하기 위해 행위 원리와 관조 원리 사이의 수없이 많은
여러 가지 타협을 이루는 장소 이외의 다른 것이 아니다. 지식
현상이 나타나는 그 심리적 장소에서만 현실의 다양한 형태를
관찰할 수 있다. 오직 그곳에서만 현실이 객관적 형태를 취하고
대상들이 서로 만나기 때문이다.

심리적 현실이 행위 원리와 관조 원리의 타협인 것과 마찬가
지로, 대상을 따로 떼어 고찰한다면 그것은 움직임의 원리와
정지 원리 사이에 이루어지는 타협에 따라 의식의 눈앞에
나타나 형태를 갖춘다고 무엇보다 먼저 지적할 수 있다.

이미 말했듯이 심리적 현실은 생성되는 것이다. 경험에 의하
면, 우리가 보는 세계는 움직인다. 형이상학적으로 보면, 존재
를 대상과 주체로 나누는 분석적 행위는 바로 현상적 현실을
창조하는 행위이다. 그 첫 움직임은 단일성의 봉인을 깨뜨리며

움직임의 샘물을 끝없이 솟아오르게 한다. 공간적 전망을 만들어내는 그 창조적 행위는 모든 사물을 오직 시간의 흐름에 맡김으로써 원인의 메커니즘에 의해 사물들끼리 서로 연결하고 주체의 눈앞에 다양한 사물들의 광경을 무한히 변화시키기에 이른다. 바로 이 시간의 흐름 속에서, 모든 사물은 번갈아 서로에게 주체와 대상이 되어 현상적 삶의 원리가 된 완전한 지식에 대한 욕망을 충족시키기를 간절히 바라면서 서로 만나고 주시한다. 이 움직임의 흐름이 멈추게 되면, 현상적 세계는 공간 안에서 응고된다. 마치 드넓은 강물의 표면이 얼어붙어서 상품을 잔뜩 실은 무거운 배와 소식을 전하는 작은 배들이 유연하게 흐르는 물을 따라 머나먼 고장으로 다니다가 갑자기 움직일 수 없게 되는 것과 마찬가지이다. 그러면 서로를 잊어버린 사람들 사이에 교역이 사라지고, 눈앞에 장막이 쳐져 세계의 모습 일부분을 못 보게 된다. 게다가 이 제한된 이미지 이외에, 우리가 제기하는 형이상학적 가설에서는 수없이 많은 모든 관계가 움직이지 않는 세계 속에서 정지하게 된다. 그 관계들은 오직 시간을 통해서 대상과 주체 사이의 원인의 메커니즘에 의해서만 실현되는 것이었다. 따라서 의식 상태가 전부 제거됨으로써, 가설 자체도 상상할 수 없는 것으로 드러나고 그것이 야기한 전망도 심연 속으로 사라진다. 그 가설은 자신과 함께 모든 현상적 존재를 심연으로 이끌고, 심연 속에서는 모든 표상이 사라진다.

따라서 움직임이 없으면 객관적 현실도 없다. 하지만 움직임이 현실을 좌우한다 해도, 그것만으로 현실이 구성될 수는 없을 것이다. 움직임이라는 추상적 관념은 어떤 표상도 만들어 내지 못한다. 그것은 움직임의 영향으로 한 장소에서 다른 장소로 이동할 수밖에 없는 것을 움직이지 않는 원리에 적용한다는 가정하에서만 대상을 나타나게 한다.

더 잘 이해하기 위해 이 실현 현상을 주체와 관련하여 고찰한다면, 주체가 대상을 장악하는 모든 의식 상태는 이미 완료된 행위를 이야기해 주는 구경꾼에게 뒤로 물러날 것을 요구하는 것처럼 보인다. 그 행위는 필연적으로 의식 상태에 앞설 수밖에 없는데, 결과적으로 의식 상태는 그것을 정지시키고 지체시키는 능력을 가지고 있다는 것을 보여 준다. 의식 행위의 필수적 요소인 기억의 개입은 미래와 과거라는 반대 방향으로 달아나며 서로 멀어지려는 시간의 두 구간을 현재의 순간에 압축시키고 같이 결합하여 유지하는 결과를 가져다준다. 개체와 개인이라는 착각 속에서 삶이 자기 자신을 인식하게 되는 장소인 전망대가 현상적 실체의 흐름 위로 세워지는 것은 바로 이 정지와 집중의 원리를 통해서이다.

정지 원리가 개입하는 것을 전제로 형성되는 의식 상태는 같은 원리의 실행을 통해 완벽해지고 확장된다. 현상들이 천천히 흘러갈수록 의식은 그것들을 더 잘 붙잡아서 소유한다. 그 격렬함이 일정한 수준을 넘어서면, 의식은 대상 안의 움직이는 방식인 변화와 함께 대상 자체를 인지하는 것을 중단한다. 그러므로 현상적 흐름의 격렬함을 억제하는 임무를 맡고 있는 정지 원리가 제 기능을 수행해야만 대상은 주체의 눈길 아래 응축된다. 정지 원리는 외양이라는 대양의 표면을 얼어붙게 만들고자 한다. 만약 완전히 그렇게 할 수 있다면, 이미 말한 바와 같이 현실 전체를 없애버리는 데까지 나아갈 것이다. 그러나 그것은 억제할 수 없는, 움직임의 힘에 의해 제한된다. 똑같이 절대적인 욕망으로 활기를 띠는 움직임의 힘을 결코 완전히 물리칠 수 없다. 따라서 객관적 현실은 반대되는 그 두 힘 사이의 투쟁에 의해 생긴다. 두 힘이 서로 맞선 채로 지탱하면서 어느 한쪽이 이기는 일 없이 버티는 시간 내내 현실은 지속된다. 그것은 움직임의 능력과 정지 능력이라는 두 성향이 교차하는 지점에서 나타난다. 객관적 현실을 구성하는 것은 움직임이 느려진 어떤 상태이다. 그것은 의식 속에서 주체가 대상을 인지하고 그런 상태가 지속될 수 있을 정도로 속도가 느려진 움직임이다.

***

객관적 현실의 생산에서 나타나는 상반된 이중의 능력을 내용상으로 좀 더 자세히 살펴본다면, 방금 묘사한 움직임의 원리는 끝없는 분리 능력으로, 그것에 대립되는 정지 원리는 응집 능력으로 생각할 수 있다. 더 분명하게 대립을 드러내는 용어를 사용한다면, 물질적 형태로 나타나는 현상적 현실은 분리와 연합이라는 두 힘 사이의 타협이다.

사실 이런 고찰은 앞선 추론을 적용하는 것에 불과하다. 분리되지 않고 지속되는 것에 대한 지식은 가능하지 않고, 다른 한편 끝없이 분리되면서 매 순간 이전의 상태를 부정하고 모든 결정을 거부하는 물질도 마찬가지로 파악할 수 없으리라는 것은 분명해 보인다. 따라서 현실은 두 힘 사이의 평형 상태로 이루어진다고 결론을 내려야 한다. 지속되는 동질의 것을 끊임없이 분리하고 떼어놓으려는 힘, 그리고 그 분리 작업에 맞서 지속되는 조직 속에서 분리하는 힘에 의해 이미 한정된 단편적 상태들을 또다시 분리되지 못하게 결합시킨 채로 유지하고자 노력하는 힘 말이다. 물질적 현실은 응집 능력이 분리 능력을 부분적으로 이기는 것에 따라 만들어진다. 응집 능력이 부분들을 서로 연결하여 유지하게 되면, 그때 부분들은 뚜렷이 두드러지면서 나머지 모든 것이 빨리 지나가는 가운데 불확실한 배경 위로 그 윤곽을 정확하게 보여 준다.

4

삶의 변화에 고정된 목표를 부여하는 객관적 진리의 개념 작용을 배제한 후, 앞에서 우리는 현실 생산의 원인을 형이상학적 존재에게 주어진 자기 자신을 알고자 하는 욕망으로 설정했고 현실 생산 방식을 몇 가지 규명했다.

더 확실한 관점에서 상황을 고찰하면, 현상적 현실을 생산하는 원인을 주체의 욕망으로 설정할 수 있을 것 같다. 사실 주체를 제외하고는, 인간적 자아를 제외하고는 뭐가 되었든 뭔가를 구성한다는 것은 이론적으로 불가능하다. 형이상학적 관점에서는 지식 상태에서 자기 자신을 파악하고자 하는 욕망에 따라 움직이는 보편적 존재가 대상과 주체를 창조한 것으로 여겨지는데, 그 창조가 각 인간의 자아에게서 실행된다. 바로 거기에서 우리는 대상과 주체의 창조를 경험적인 방식으로 인식한다. 자아에게 영향을 미치는 고통과 기쁨의 감각은 자아에 의해 인식으로 변형되어 시공간에 위치되는데, 바로 그것이 세계의 모든 실체이다. 여기서 고통과 기쁨에 의해 한정되고 고정된 주체는 자신을 벗어나 시공간의 전망 속에 고통과 기쁨의 원인을 분산시킨다. 이처럼 객관적 세상 전체는 감각이라는 막연한 사실에서 유래하는 것으로, 불명료한 하나의 현상을 색깔, 소리, 냄새, 저항, 접촉으로 변형시키는 예술가나 시인과도 같은 노고에 의해 태어난다. 그런데 그런 외양을 만들어내기 위해서, 자아 혹은 정신은 우리가 묘사한 두 가지 방식을 꾸준히 사용한다. 즉 이미 고찰한 바와 같이, 서로를 지탱하는 관계에 의해 객관적 물질을 만들어내는 두 힘을 사용하는 것이다. 자아 혹은 정신은 분석적 행동에 의해 분리하고 한계를 정하며, 그렇게 하여 인식을 감각과 구별한다. 그러나 자신의 변화 원인으로 생각되는 객관적인 형태들을 구별하기 위해서, 자기 자신을 인식하게 되는 변화를 명확히 밝히기 위해서, 그 변화들을 서로 구별하기 위해서, 자아 혹은 정신은 처음에는 족쇄를 풀어주었던 분리력을 억제한다. 그리하여 정반대의 행동에 의해, 분해되려는 실체의 부분들을 크거나 작은 힘으로 압축함에 따라 지속 시간의 장단이나 견고함의 강약과 같은 다양한 조합으로 서로 연합하도록 강요한다. 연합과 분리라는 이 이중의 행동에 의해, 정신은 다양한 현상적 세계를 창조하고 지식을 가능하게 한다.

형이상학의 보편적 존재와 마찬가지로 창조하는 자아에서도, 행동을 명령하는 객관적 진리가 없다면 행동하고 현상적 현실을 창조하고 그 형태를 결정하는 이유로 개인적 유용성이라는 원리 이외의 다른 이유를 생각할 수 없을 것이다. 우리는 오직 달성하는 것으로 보이는 목표를 통해서만 유용성의 의미를 파악할 수 있다. 인간의 유용성은 그런 차원에서 우리에게 알려진 유일한 현실을 나타내기 때문에 현실 전체의 발명을 주관하는 법칙으로 보인다.

맨 처음에는 보편적 존재의 경우와 마찬가지로 인간의 자아에서도 그 유용성이 아는 기쁨으로 표현되는 것 같다. 불쾌감을 없애고 행복한 감각의 총량을 증가시키기 위한 인간의 모든 노력은, 이미 살펴보았듯이, 욕망 충족을 권태감이나 새로운 불만으로 변모시키는 불만족의 능력과 충돌한다. 따라서 개인들이 추구하는 듯해도 결코 실현하지 못하는 **행복의 증가**라는 목표 대신에, 노력할 때마다 끊임없이 성취되는 것으로 보이는 다른 목표, 즉 정신에 제공되는 현상적 광경의 미화와 풍부화라는 목표로 대체하는 것이 적절할 것이다. 그리하여 자아 활동의 존재 이유는 '감각을 인식으로 바꾸고 감정을 구경거리로 변모시키는 것'과 같이 순전히 주지주의主知主義적인 문구로 표현될 것이다. 그러나 여기서, 이미 살펴보았듯이, 그 문구가 나타내는 성향이 지속되기 위한 조건으로서 정반대 성향이 그 성향을 억제하도록 보바리즘 법칙이 개입하여 현실의 존재를 지배한다. 보편적 존재에게 부여된 것과 마찬가지로 개인에게 부여된 주지주의의 소망은 부분적으로 실현되는 것을 누릴 뿐, 결코 완전하게 충족되지 못한다. 그리고 항상 정반대의 소망, 즉 정열적 성향에 의해 방해를 받는다. 정열적 성향은 개인의 본질을 이루는 것으로, 개인은 거기에 뿌리를 두고 있다. 따라서 현상적 존재를 순전히 지적으로 해석하는 관점에서도 그런 소망으로 표현되는 인간 존재의 성향, 즉 '행복의 토대를 감각에 둔다'는 성향이 용납되어야 한다. 그 성향은 두 가지 양상으로 나타난다. 하나는 정열적인 양상, 그리고 다른 하나는 도덕적인 양상이다. 감각을 수단이자 기초 재료로 하여 만족 상태를 실현한다는 같은 목표를 두 가지 양상으로 고려하는 것이다. 첫 번째 양상에서는 감각의 즉각적인 충족에서 만족을 찾는다. 두 번째 양상 즉 도덕적 관심의 형태에서는 사실 똑같은 것을 추구하지만 목표에 이르기 위해 꼬불꼬불 우회하는 길로 들어간다. 그러나 처음의 경험에서 장애와 실패를 만나 경고를 받고, 감각을 위하여 때때로 세련된 상태인 동시에 가능하면 가장 보편적이고 집단적인 충족 방식, 다시 말해 한 사람의 기쁨이 다른 사람의 기쁨을 방해하지 않도록 결합된 방식을 찾고자 한다. 정열적이고 도덕적인 이 이중의 양상에서, 목표로 여겨지는 감각은 현상적인 삶에서 중요한 역할을 한다. 구경꾼 정신이 나중에 분석적 혹은 미학적 관점으로 즐기게 될 구경거리와 줄거리와 복잡한 상황을 준비하는 것은 바로 감각이다. 요컨대 미학적 즐거움이라는 정열적인 것을 가지고 지식과 주시를 가능하게 하는 것은 바로 감각이다. 따라서 존재의 목적으로 간주한 주지주의는 무엇보다 먼저 존재한다는 사실을 전제로 하고, 나아가 그 충만함에 관심을 갖는다. 삶은 지식의 소재이자 필수적인 수단으로 나타나고, 삶의 강도가 전적으로 미래 지식의 지평을 결정해 준다. 우리는 이미 앞에서 지식의 정령의 수단이자 봉사자인 종의 정령을 보여 주면서 같은 결론에 도달한 바 있다.

앞선 고찰들은 처음에 현실 창조의 원인으로 지칭되었던 지식의 유용성 이외에 다른 유용성을 허용할 필요가 있다는 것을 우리에게 알려준다. 그것은 감각을 통해 행복을 추구하는 것에서 표현되는 유용성으로, 종교적, 경제적, 정치적인 개념 작용과 더불어 지금까지 거의 모든 철학적 사색을 낳은 것으로 보인다. 그러한 관심은 앞선 명제의 항목을 뒤바꾸어 지식을 수단으로, 삶을 목표로 만든다.

목표로서의 지식의 관점에서 사색하는 사람은 자신과 반대되는 지성에 호의를 보이고 그들로부터 같은 관대함을 기대하거나 요구하지 않도록 조심해야 한다. 그것을 알려면 일단 삶을 영위하는 것이 아주 중요하다. 그런데 대부분의 사람들에게는 감각이나 그런 계통에 연결되는 기쁨과 고통이 너무 강렬하므로 기쁨의 상태를 고정시키거나 증대시키기 위해, 또는 고통의 상태를 줄이거나 없애기 위해 온갖 노력을 시도한다는 것을 인정해야 한다. 역사적 변천의 모든 순간, 모든 상황에서 지성의 노력이 가져다준 일시적이지만 즉각적인 혜택은 인류가 지식을 삶의 개선 수단으로 여겼다는 것을 충분히 설명해 준다. 앞에서 전개한 대부분의 설명이 그런 믿음이 착각이라는 것을 보여 주려는 목적이었다 해도, 지적인 관점에서는 그런 착각이 사라질 수 있다고 생각할 이유가 없다.

지식을 목표로 하고 삶을 그 수단으로 여기는 주지주의 관점을 취하든 혹은 행복한 삶을 목표로 하고 지식을 그 수단으로 여기는 생존에 필요한 착각의 관점을 취하든, 여기서 강조하려는 것은 한편으로는 엄격한 보바리즘 원리에 따라 현실의 모든 영역을 침범하고자 하는 개념 작용 자체도 반대의 개념 작용이 부과하는 한계를 통해서만 현실을 받아들인다는 것이다. 그리고 다른 한편으로는 두 가지 가정 중 어떤 가정에서든, 세상에서 노력한 모든 활동은 두 양상 중 어떤 하나의 양상으로 나타나는 인간적 유용성을 유일한 원리로 한다는 것이다. 그래서 언제나 지식의 유용성을 충족시키거나 생존의 유용성을 충족시키는 것을 목적으로 한다고 전제해야 한다. 그러므로 우리가 보았던, 현상적 현실을 탄생시키는 정신의 연합 작용과 분리 작용은 그 두 가지 동기 중 하나에 의해 설명되어야 한다.

***

존재를 대상과 주체로 분리함으로써 시작되어 무한히 계속되는 재분할로 퍼져나가는 보편적인 분리의 움직임 속에서,

오직 지식욕으로밖에 설명될 수 없는 자의적인 결정으로 정신이 어느 순간 정지 능력을 사용하지 않는다면 어떤 대상도 포착하지 못할 것이라고 말했다. 이 능력이 행사됨으로써, 현상적 실체를 끝없이 자기 자신과 구분하게 이끌던 무한한 분할이 종지부를 찍는다. 모든 결합을 벗어나던 유동적인 것이 얼어붙어 정신의 눈앞에서 움직이지 않으므로 정신은 그것을 붙잡을 수 있게 된다. 동시에 이 정지 능력의 승리는 정신 속에 하나의 허구를 만들어낸다. 즉 분리 능력이 반대 능력을 제압하게 되면 곧바로 분해될 수 있는 불완전한 대상임에도 불구하고, 일시적으로 그것은 분해할 수 없는 하나의 단위로, 유사한 다른 단위들과 결합하여 세계의 다양한 물체들을 구성할 수 있는 견고한 물체로 여겨지는 것이다. 그런 추정은 일련의 진리로 표현된다. 그리고 정지 능력의 탁월한 작용이 효과적으로 행사되는 동안, 정신은 그 진리들을 이용해 천천히 지식 체계를 구축하고 체계의 모든 부분을 정돈한다. 그와 반대로 정지 능력이 움직임에 대항해 세웠던 둑이 무너지면, 지식의 최근 상태에 포함된 허구적 성격이 정신의 눈앞에 드러난다. 그러면 정신은 새로이 정지 능력을 성공적으로 개입시킴으로써 고정된 현상적 실체의 더 단편적인 상태에 대해 체계 구축 작업을 다시 시작하느라 애쓰게 될 것이다.

그런 지식의 과정은 과학적 지식, 다시 말해 가장 최근 지식의 방식에서 나타나므로 쉽게 관찰할 수 있다. 사실 과학은 나중에 더 날카로운 분석을 통해 착오였다는 것이 드러나게 될 주장과 개념 작용을 진실한 것으로 여겨야만 성립될 수 있다는 것을 우리는 잘 알고 있다. 최근 매우 **빠르게** 발전한 생물학은 우리에게 놀라운 예를 제공해 준다. 그것은 어떤 현실을 포착하거나 만들어내기 위해서 정신은 언제나 사물을 실제와 다르게 생각할 수밖에 없고, 혼합되어 있는 것을 분리할 수 없는 것으로, 다양한 것을 단일한 것으로, 불안정한 것을 안정된 것으로, 움직이는 것을 움직이지 않는 것으로 여겨야 하는 불가피성을 보여주는 예이다. 실제로 생물학의 대상은 짧은 시간에 완전히 변모했다. 초기의 관찰자들이 동물 전체에 연관시켰던 생명체에 대한 관념은 나중에는 세포로 옮겨갔다. 동물은 세포들의 다양한 삶을 수용하기 위해 대부분 죽은 물질을 가지고 다양한 형태로 구성된 건축물에 불과했다. 현미경으로 보자, 곧 세포 자체도 혼합물로 나타났고 세포의 핵이 탁월한 생명 요소로 판명되었다. 그리고 최종적으로는 핵과 함께 세포는 단지 중심 지점에 불과한 것으로, 과학적 견지에서 볼 때 현재의 생존 현실이 농축된 다양한 요인들이 그곳에서 머물다가 발산된 것으로 밝혀진다. 과학적 정신이 차례로 주의를 집중시켰던 그 모든 개념 작용은 그 시대에는 진리였다. 그 이후에 거짓으로 판명되었다 해도, 그것들이 지식을 구성하는 수단이었음에는 변함이 없다. 그 진리들은 인간의 정신이 사물의 성질을 실제와 다르게 생각하면서 현상적 현실의 어떤 이미지를 형성하게 되는 장소였다.

잘못된 개념 작용은 모든 과학적 지식의 근원에서 나타나고 과학적 지식의 수단이 되는 것으로, 가장 보편적으로 받아들여지고 이론의 여지가 없어 보이는 개념들을 유지해 주는 것도 잘못된 개념 작용이다. 우리가 그 개념들이 변한다고 보지 않는다면, 오래 지속되었다는 이유로 그 개념들이 우리 눈앞에서 영원한 특성을 드러내며 그것들을 생기게 한 자의적인 행위를 법칙이라는 외양 아래 숨기고 있다면, 그것은 지식의 관점에서 그 개념들이 근본적으로 유용하므로 정신이 자신이 사용할 수 있는 정지 능력을 그것들을 위해 매우 끈질기게 행사하기 때문이다. 자연이나 생명체의 중추에 관련된 우리의 관념이 바뀌고 변모하는 것, 다양한 전망이 나타나는 것, 인간 지식의 다양한 상태가 꼬리를 물고 잇달아 이어지는 것, 우리에게 주시하라고 주어진 광경이 그렇게 변모하는 것은 우리의 지식 능력 자체를 불완전하게 만들 위험이 있는 것은 아니다. 오히려 그것은 우리의 호기심을 강하게 자극하고, 알고자 하는 우리의 열의를 증가시킬 것이 틀림없다. 과학 분야의 다른 많은 부분에서도 마찬가지이다. 진리들이 잇달아 이어지고 서로를 파괴하지만, 거기서 생기는 결과는 지식 능력의 개화와 활기일 뿐이라는 것을 알 수 있다. 그러나 더 지속적인 요소들, 어느 정도 변하지 않는 지식 단위들을 토대로 하지 않는다면, 어떤 지식 체계도 가능하지 않을 것이다. 사실 그 단위들은 더 복잡한 지식 체계 안에서 매우 다양한 조합에 따라 서로 결합함으로써, 그 고정성에 의해 다양한 체계들 사이의 관계를 형성하는 데 성공하고 그 체계들을 모두 지식이라는 같은 차원에서 유지한다.

차후의 모든 지식이 실행되기 위해 기본적으로 유용한 것이라는 특성은 시간 개념, 공간 개념, 원인 개념의 필요성과 절대적으로 보이는 그 권위를 충분히 설명해 줄 것이다. 그 개념들의 결과와 그것들이 서로 연결되는 관계를 기술해 주는 것에 불과한 산술적, 기하학적 혹은 논리적 법칙들도 마찬가지이다. 몇몇 철학자들은 그 개념들과 법칙들이 형이상학적으로 필요하다는 특성에 대해 이미 이의를 제기한 바 있다. 몇몇 학자들도 똑같은 대담성 혹은 신중함을 보였다. 그런 철학자들과 학자들에 따르면, 시간과 공간과 원인에 대한 다른 개념 작용을 토대로 하거나 혹은 다른 수단, 다른 지표, 다른 자의적 합의, 다른 지식 수단을 가지고 만든다면 현실에 대한 개념 작용이 우리가 형성한 것과 완전히 다를 수 있다고 추측할 수 있다. 그런 가정에서는 그 원초적 개념들이 대단히 오래되었다는 것, 상당히 오랜 기간 지속되었다는 것, 그것들이 지탱하는 이차적인 지식의 수가 매우 많다는 것이 그 개념들이 분해되지 않게 보호해 주는 유일한 원인이 될 것이다. 그렇게 되면 그 개념들은 더 이상 사물의 본성에 내재하는 법칙이라는 권위는 유지하지 못하지만, 지적인 유용성이 막대하다는 권위를 부여받게 될 것이다.

이런 가정 이외에 생각해 볼 수 있는 다른 가정은 오직 하나뿐이다. 그것은 칸트가 제기하고 쇼펜하우어가 발전시킨 것으로, 우리는 이전의 책[101]에서 그 가정에 동의한 바 있다. 그 가정에서는 시간 개념, 공간 개념, 원인 개념의 개입을 존재가 대상과 주체로 구분되는 피할 수 없는 형이상학적 결과로 본다. 그러면 그 개념들은 모든 지식 상태의 필요조건이자 수단이 될 것이다.

이런 해석은 다른 해석과 마찬가지로 이 연구에서 설명하고자 하는 보바리즘의 관점을 전적으로 존속시킨다. 칸트가 선험적인 것으로 본 그 원초적 개념들은 단지 가능한 모든 지식의 형태일 뿐이기 때문이다. 형이상학적인 관점에서, 바로 그 개념들은 독자적인 존재가 다양한 현상 안에서 자기 자신을 인식함으로써 자신을 실제와 다르게 생각하는 수단이 된다. 더 실질적인 관점에서는 모든 지식의 내용이 필연적으로 확정

• •

101. Jules de Gaultier, *De Kant à Nietzsche*(『칸트에서 니체까지』), (Paris: Ed. du Mercure de France, 1900)

되지 않고 가변적이며 불안정하고 끝없이 분리될 수 있게 하는 강력한 수단이기도 하다. 인과 관계의 원리로 인해 정신은 모든 현상에 관하여 쉬지 않고 원인에서 원인으로 거슬러 올라갈 수밖에 없는데, 결코 최초의 기원에 이르지 못하기 때문이다. 공간과 시간의 법칙이 무한한 탄력성을 통해 조장하는 인과 관계의 작업은 정신을 방황하게 만들고, 우리에게 모든 지식의 허구적인 성격을 알려 주면서 동시에 세계를 소개하는 결과에 이르는 이율배반을 낳는다. 우리는 앞에서 언급한 책의 두 번째 장[102]에서 그것을 미망설[103]의 체계로 보여 주고자 했다. 우리가 방금 말한 명백한 법칙에 의해 야기되고 유지되는 현상적 실체의 확정되지 않은 그 흐름에 맞서, 현실을 창조하기 위해 정신의 자의적인 능력이 유발된다. 지식의 유용성에 의해 생긴 그 능력은 유동적인 물질을 고정시킨후, 그것을 포착할 시간을 가지고, 그것을 현실화하기 위해 혼돈 속에서 끌어내어 정해진 형태를 부과하고 거기에 진리라는 굴레를 씌운다.

102. *De Kant à Nietzsche,* [2장] '지식의 본능, 칸트와 힌두교'.
103. [옮긴이] illusionisme(迷妄說), 모든 실재 세계가 공허하며 환각에 지나지 않는다는 학설을 말한다.

***

　지식의 유용성이 작용하여 창조된 현실과 마찬가지로, 생존에 필요한 유용성의 작용으로 창조된 현실에 관해서도 인간의 유용성이 그 현실들을 만들어낸 유일한 장본인으로서 완전히 자의적으로 개입하여 흘러가는 현상적 실체를 포착할 수 있도록 그것에 경직성과 지속성을 부여한다는 것을 쉽게 보여줄 수 있다. 지식의 유용성에 의해 창조된 현실에 관해 그렇게 했던 것처럼, 생존에 필요한 유용성에 의해 창조된 현실들 중에서 가장 최근에 만들어진 현실을 고르기만 하면 된다.

　과학적 진리는 지적 유용성의 창조물 중에서 가장 최근에 우리에게 나타났다. 그리고 진리들이 잇달아 이어지는 잠정적인 양상으로 인해, 그것은 순전히 일시적인 가치로서 새로운 개념 작용과 더 복잡한 표상에 이르기 위한 수단이라는 특성도 보여주었다. 도덕적 진리, 다시 말해 생존에 필요한 분야에서 최근에 나타난 것으로 보이고 과학적 진리처럼 인간의 의식과 협력하거나 적어도 인간의 의식이 지켜보는 가운데 형성된 도덕적 진리도 그것이 군림하는 동안 엄격하게 단호한 가면을 쓰고 있었음에도 일시적이라는 특성을 우리에게 보여줄 것이다. 그리고 도덕적 진리가 지향할 것을 명령하는 목표와 매우 다른 목적을 마련하기 위한 수단으로서의 이차적인 역할도 보여 줄 것이다.

직접적으로 생명과 관련되는 현실들 가운데, 종의 영속성이
라는 사실에서 드러나는 것으로서 생식을 수단으로 하는 현실
만큼 뚜렷한 것은 없다. 그래서 어느 시대 어느 고장에서나
인간은 남녀 관계를 규제하는 데 적절한 도덕을 공포하려고
전념한 것을 볼 수 있다. 그렇게 공포된 도덕은 생존에 필요한
유용성이 원한 목적, 즉 종의 증식이라는 결과를 가져다준다.
그리고 그 도덕이 표현되는 종교적 혹은 이성적 진리들은
바로 생존에 유용하다는 사실로부터 확고함과 신뢰를 얻는다.
그런데 그 진리들은 실제로 종의 번식이라는 목적에 이르는
동안 언제나 다른 목표, 절대로 달성되지 않는 공상적인 목표를
스스로 정한다는 점에 주목할 필요가 있다. 따라서 여기서도
보바리즘의 불일치 법칙이 행사되는 것이다. 그로 인해 인간의
의식적인 의지와 인간이 미리 숙고한 계획에 맞서 더 강하고
은밀한 의지가 대립하고, 다른 목적을 위해 생긴 에너지가
그 은밀한 의지에 유리하게 이용된다. 이미 언급한 친숙한
예만 고려한다면, 바로 그런 식으로 옛 힌두교도와 초기 그리스
인과 초기 로마인은 사후의 지하 삶에 대한 믿음에 의해 종의
소원을 충족시켜 준 것이다. 사후에 대한 그들의 관심은 후손을
준비할 것을 요구했다. 오직 후손만이 그들의 믿음에 따라

죽은 사람을 위한 식사를 혼魂에게 가져다줄 수 있었기 때문이다. 그런데 우리에게는 고대 민족의 믿음이 비현실적으로 보인다. 살아 있는 사람들이 가문의 번식을 통해 대대로 바치겠다고 약속하는 그 음식에 혼들은 아무 관심이 없었을 것이다. 그러나 그 비현실적인 믿음은 그들에게 독신을 두려워하게 함으로써 종교적이고 사회적인 관례에 따라 인정된 혼인을 맺고 가정을 이루도록 구속하였던 것으로 보인다. 결국 그 기이한 믿음은 종의 소원에 유리하게 작용한 셈이다.

기독교는 더 역설적인 방식으로 똑같은 목표에 이르렀다. 기독교는 순결함을 최고의 덕성으로 여겼다. 계율에 복종하려는 인간의 노력은 절대적인 형태로는 실패해도, 적어도 일부일처제의 한계 안에 관능을 억제하는 데에는 성공한다. 일부일처제는 가족의 유대를 긴밀하게 하고 조직 사회에서 아이가 태어나고 살아가며 성장하기에 가장 적합한 환경이다. 그리하여 이상적인 것으로 여겨졌던 순결함은 기독교화된 야만 세계가 유럽을 사람들로 채우게 하는 수단 중의 하나가 되었다.

게다가 인간의 경우, 산다는 것은 사회적으로 산다는 것과 마찬가지이다. 그 결과, 사회적 삶을 가능하게 하고 그 발전을 조장하는 모든 것은 종의 삶 자체에 유익한 것으로 간주된다. 이제부터는 이미 앞의 한 장章에서 강조했던 고찰을 상기하기만 하면 된다. 현재의 삶에 대한 거부, 지상의 재산에 대한 초연함, 우애, 인간 사이의 평등, 지식의 경시를 설교하면서, 규제책이 없었다면 조화를 이루지 못했을 야만 세계의 과도한 에너지를 줄이지 않으면서도 절대적인 교리에 의해 완화시키면서, 기독교 관념이 어떻게 현대 사회의 조직을 가능하게 만들었는지 거기서 보여주었다. 알다시피 현대 사회는 위계의 원리를 토대로 하고 소유권을 인정하며 지식의 증가를 통해 행복의 증가를 추구한다. 그러므로 모든 점에서, 그리고 모든 결론에서 기독교 원리를 반박하고 부인한다. 현대 사회의 설립에 도움을 준 기독교 원리가 과도하게 발달하면 현대 사회를 없애버리게 될 것이다.

현실을 구성하기에 적합한 진리들에 힘을 부여하는 것에서 인간적 유용성이 탁월한 역할을 한다는 것을 더 밝히려면, 그 진리들이 유용하지 않을 때는 살아남지 못한다는 것을 주목하는 것이 좋다. 그 진리들은 마련해줄 수 있는 혜택을 마련해준 후에는 자기 역할을 완수한 사회적 그룹 안에서 약해져 사라진다. 그리하여 기독교적 진리는 가장 중요한 간접적 효과 중의 하나를 유럽에서 실현한 후에, 즉 서양의 커다란 영토에 인구를 증가시킨 후에 사람들의 의식 속에서 점점 쇠퇴한다. 종의 많은 생명에게 지식을 가능하게 하는 것 이외의 다른 관심이 없다면, 우리가 가정한 것처럼 종의 생명은 단지 지식을 위한 실행 수단일 뿐이라면, 이미 인구 밀도가 너무

높다고 예상할 수 있는 이 지구에 태어나는 숫자를 적절한 한도 안에서 규제하기 위해 언젠가 새로운 진리가 만들어지리라는 것을 상상할 수 있다.

이처럼 진리들은 겉보기에만, 그리고 삶이나 지식에 유용한 동안에만 확고한 것이다. 진리를 형성시킨 유용성이 사라지면 곧 진리는 무력해진다. 진리는 스스로는 어떠한 객관적 현실도 갖지 못하지만, 현실 즉 현상, 풍속, 감정, 행위, 지식 상태를 만들어내는 수단이다. 그 때문에 인간적 유용성에 따라 진리들은 형성되거나 소멸하고, 진리를 구성하는 요소들도 결합하거나 분리된다. 레미 드 구르몽은 그의 훌륭한 책『관념의 문화』[104]에서 이 결합과 분리 작용을 매우 명료하고 구체적으로 보여주었다. 성에 관한 도덕이나 관념의 분리를 다루는 장들은 그 점에 관해 가장 새로운 통찰을 보여준다. 그러므로 절대적인 것으로 여겨졌던 진리의 생성과 종말을 목격하고 싶은 사람들은 그 책을 읽으면서 매우 만족하게 될 것이다. 그들은 역사적 환경 속에서 관념적 요소들이 지적 혹은 생존적 유용성이라는 목표로 서로 결합했다가 곧 다른 유용성으로 인해 분리되는 것을 여러 가지 예를 통해 보게 될 것이다. 게다가 그 예들은 진리의 성격[105]에 대한 선행 연구에서 여기서 방금 설명한 것과 유사한

• •

104. Remy de Gourmont, *La culture des Idées*, (Paris: Ed. du Mercure de France, 1900).

전개를 예증하기 위해 이용된 것들이다.

5

앞선 모든 고찰이 만들어내고자 한 관점의 핵심을 몇 가지 특징으로 나타내려면, 다음의 사실을 부각해야 한다고 생각한다. 즉 움직임에 종지부를 찍는 객관적 진리의 존재와 생성에 속하고 움직임을 본질로 하는 현실 사이에서 확인해야 했던 양립 불가능성 말이다. 그것은 결국 현실이 우리에게 주어지면 객관적 진리는 없다는 말이 된다.

사람들이 택한 다양한 태도들, 그들이 자신의 신념을 객관적 진리로 표시하는 그 태도들을 그런 관점으로 평가해 보자. 죽은 후에 행복하게 지내려면 무덤에서 음식을 받아야 한다고 믿었던 고대 그리스인의 태도, 진리로부터 관능을 없애라는 명령을 받는 금욕주의자의 태도, 진리로부터 관능의 도구를 없애라는 명령을 받는 스콥치[106]의 태도 같은 것들 말이다. 잇달아 돌아가며 진리를 객관화시킨 믿음의 특이한 적용 너머

● ●
105. *Mercure de France* (1901년 9월).
106. [옮긴이] 스콥치는 러시아 제국에서 성행한 신흥 종교로서, 한국어로 거세파라고 번역되기도 한다. 아담과 하와가 에덴동산에서 쫓겨날 때 선악과가 남자의 음부와 여자의 가슴에 달라붙었다고 여겨 신도들에게 선악과의 흔적을 제거해야 천국에 간다며 남성에게는 거세할 것을, 여성에게는 유방을 제거할 것을 권장하였다.

로, 진리가 존재한다는 것 자체에 대한 추상적 신념이 표출되는 열렬한 웅변에 귀를 기울여 보라. 얼마나 대단한 종교적 열기인가! 피히테[107]는 "세상이 멸망하더라도 진리는 말해야 한다"라고 외쳤다. 아미엘[108]도 "세계가 존재할 필요는 없지만, 정의가 행해져야 할 필요는 있다"라고 비슷한 말을 했다. *Pereat mundus, fiat justitia.*[109] 수없이 많은 믿음, 터무니없는 관행, 광신자의 말, 열광적인 외침이 지성에게 굴욕감을 준다.

그러나 여기서 오직 지성만 문제가 되는 것이 아님을 잊어서는 안 된다. 또 한편으로는, 앞서 보았듯이, 지성에 영향을 미치는 현상적 현실이 있다. 그런데 방금 표명된 주장이나 소망이 아무리 불합리하게 보이더라도, 그것들의 개입 없이는 어떠한 현실도 가능하지 않다는 것을 인정해야 한다. 삶의 근거가 되기에 적합한 객관적 진리가 없다는 사실 자체는

• •

107. [옮긴이] Johann Gottlieb Fichte (1762~1814). 헤겔, 프리드리히 셸링과 더불어 독일 관념론을 대표하는 사상가이다. 철학사적으로는 지식학을 주로 연구하였고, 칸트의 비판철학의 계승자 또는 칸트로부터 헤겔로의 다리 역할을 한 철학자로 인정되고 있다.

108. [옮긴이] Henri-Frédéric Amiel (1821~1881). 스위스의 작가이자 철학자로서, 제네바대학에서 미학과 철학을 가르쳤다. 그 분량(17,000쪽)에서나 메시지의 보편적인 가치에서나 이례적이라고 여겨지는 『일기』의 저자이다.

109. [옮긴이] "세상이 망할지라도 정의를 행할지어다"라는 뜻의 라틴어 격언이다. 신성로마제국의 황제 페르디난트 1세의 좌우명이었고, 칸트도 1795년에 『영구평화론』에서 자신의 반공리주의적 윤리철학을 요약하기 위해 이 격언을 사용한 것으로 유명하다.

현실을 구성하려면 객관적 진리에 대한 믿음이 필요하다는 것을 의미한다. 목표로, 주도적인 원리로, 비교 항목으로 삼을 수 있었던 객관적 진리가 없다면, 사실 지성은 현상적 실체의 어떤 상태를 다른 것보다 선호하여 그것을 선택하고 실현할 어떠한 합리적 동기도 찾아내지 못할 것이다. 지성은 무한한 흐름을 무감동하게 지켜보기만 할 뿐, 현상적 흐름의 속도를 늦추어 어떤 모습을 감지할 수 있게 해주는 행동을 하도록 지성을 결심시키는 것은 아무것도 없을 것이다. 그런데 우리는 그 행동이 이미 실행된 것을 보고 있으므로, 그 행동은 지성이라는 사실 자체에 앞서는 어떤 능력, 현상과 함께 지성을 만들어내는 능력에서 유래하는 것이다. 그것은 본질적인 단일성을 분할하는 형이상학적 행동과 상관이 있으며 그와 동시에 일어난다. 그 형이상학적 행동에서는 비이성적인 원리가 작용하고 매우 자의적인 개입이 드러난다. 그러나 그 자의적인 행동은 의식의 차원에 나타나자마자 도덕적이고 이성적인 의미를 갖게 된다. 그리고 그 행동이 나타내는 정지 능력, 확정되지 않고 안정되지 않은 것에서 벗어나 지성의 눈 밑에 어떤 움직임의 상태를 소환하여 고정시키고 구체화하는 정지 능력, 그 능력은 믿음으로 표현된다. 그 능력에 의해 정지되는 움직임의 어떤 상태는 의식의 눈앞에는 유일하고 완전한 상태로 나타난다. 그 상태는 그 자체 안에 절대적인 믿음을 내포하고 있고, 그것을 규정해

주는 한계 안에서 무한한 가능성을 유지한다. 그것은 언제나 "나는 진리요, 생명이다"라고 말한다. 정신세계에서 정지 능력을 진리의 형태로 드러나게 하는 힘을 보면, 정지 능력에 의해 대변되는 실현 능력의 수준이 어느 정도인지 분명하게 알 수 있다.

바로 그런 것이 근본적인 보바리즘이다. 근본적인 보바리즘에 따르면, 생성과 다양성과 변화를 본질로 하는 현실은 객관적 진리에 대한 믿음을 그 기원이자 수단으로 한다. 객관적 진리는 움직이지 않는 것, 유일한 것, 변함없는 것 안으로 다양한 외양을 흡수하기를 갈망한다. 이 세상의 서로 다르고 구별되는 모든 사물은 사물 안에 존재의 전 실체를 보존시키고자 한 그 열정적인 행위 덕분에 생긴 것이다. 현실의 어떤 특별한 상태가 고정된 진리에 대한 믿음의 개입으로 형성된다면, 첫 번째 믿음에 의해 **빼앗긴** 움직임을 현상적 실체에게 복원해 주는 것은 유사한 원리의 믿음이라는 사실을 주목할 필요가 있다. 하나의 진리는 다른 진리에 의해서만 또는 현재의 진리에게 자리를 **빼앗기는** 객관적 진리가 존재한다고 믿는 경우에만 파괴된다. 정치, 도덕, 사회학, 종교, 철학에서 옛 이론을 고수하는 보수주의자와 현존하는 진리를 파괴하는 데 가장 열성적인 혁명주의자는 같은 신념을 가지고 있다는 점에서 일치를 이룬다. 그들의 맹신은 같은 성질의 것이다. 그들은 둘 다 다른 개념 작용을 모두 배척하고 인간의 행복을 보장하기에 적합한 객관적 진리가 존재한다고 믿기 때문이다.

진리가 그 자체로는 아무것도 아니라면, 거기에 어떤 현실도 포함되어 있지 않으므로 객관적 진리란 없다면, 진리는 움직임의 도구인 동시에 제지의 도구이자 원동력이라는 것이 드러난다. 진리는 현실을 형성하고 움직이게 하는 수단으로, 그것이 없으면 현실도 없을 것이다. 진리가 존재한다는 것에 대한 믿음은 지적인 관점에서는 터무니없는 것이지만, 자의적인 것과 비이성적인 것을 토대로 하는 현실의 존재 조건이다.

***

이런 관점은 현실을 평가하는 일반적인 방법과 다른 방법을 야기한다. 도덕적 분야이든, 정치적 분야이든, 사회적 혹은 종교적 분야이든 어떤 개념 작용을 검토할 때, 절대적인 가치를 지녔다고 추정되는 관념적 모델과 비교하는 것은 더 이상 중요하지 않다. 이제 우리는 그 관념적 모델의 기원이 자의적이며 진리나 정의에 대한 관념이 신성시되었다는 것을 알고 있다. 그것은 단지 일정한 시기에 알맞은 특수한 감수성의 상태를 표현하는 것에 불과하다. 중요한 것은 새로운 개념 작용이 현재의 현실과 조합을 이루기에 얼마나 적합한지를 고려하는 것이다. 만약 현실의 형태를 지지하고자 한다면 그것을 강화하고 발전시키기에 적합한지, 반대로 지배적인 형태를 적대적인 것으로 여겨 파괴할 목적이라면 그것을 해체하기에 적합한지를 말이다. 정략적인 관점과 마찬가지로 지적인 관점에서도 진리를 평가하는 다른 방법은 없다. 나폴레옹 황제가 프랑스에 가톨릭을 복원시키기로 결심했을 때, 황제와 볼네[110] 사이에 일어난 토론은 사활을 거는 광신의 태도에 대립하는 지식의 태도를 보여주는 완벽한 예이다. 객관적 진리에 대한 믿음에 속기 쉬운 철학자는 종교 폐지를 유지하기 위해 가톨릭 종교가 다른 모든 형태의 종교와 마찬가지로 거짓이고 미신을 만들어낸다는 사실을 근거로 한 반면, 미신과 편견과 믿음이 현실의 내용이며 유일한 소재라는 것을 알고 있는 정치가의 명석한 머리는 자신의 이익과 프랑스의 이익을 동일시하면서 어떤 형태의 편견이 프랑스의 현실에 유익한지를 찾는 것에만 오로지 전념한다. 그런 것을 고려하여 그는 국민 대다수가 애착을 보이는 종교의 복원을 결정한 것이다. 철학자가 한 치의 의심도 없이 종교에 대한 자신의 관념론을 고집하던

• •

110. [옮긴이] Constantin-François de Chasseboeuf, comte de Volney (1757~1820). 『폐허 또는 제국의 혁명들에 대한 성찰』을 통해 18세기의 합리주의적 역사·정치 사상을 함축적으로 그려낸 프랑스의 역사가이자 철학자이다. 나폴레옹 때 상원의원이 되었고 '제국의 백작(comte d'empire)'이라는 작위를 받았지만, 제국에 대해서는 반대했다.

토론을 끝장낸 황제의 발길질은 순수한 지적 열정의 행동으로 보아야 한다.

이 연구 중에 언급한 예들 중 하나를 순수한 주지주의 관점에서 생각한다면, 무덤 속으로 연장된 삶에 대한 부조리한 믿음, 아리아족의 초기 사회가 집착했고 그리스인과 로마인이 제도를 만든 동기가 되었던 그 믿음을 더 공정하게 평가하게 될 것이다. 객관적 진리가 존재한다면, 오늘날 우리에게 기이하게 보이는 그 믿음에 대한 신봉 때문에 객관적 진리에 적합한 사회적 형태의 도래가 늦어졌다고 생각할 수 있을 것이다. 그러나 그런 진리는 존재하지 않으므로, 그 터무니없는 믿음이 매우 강하여 현실을 만들어내고, 사회적 규격이 되고, 현상적 실체 ─ 여기서는 인간의 정신 상태 ─ 에게 같은 목표를 지향하는 유사한 움직임을 지속적으로 반복하게 강요했다고 인정해야 한다. 집중과 반복의 행위는 모든 현실 창조에 필수적인 요소이다. 바로 그런 행위에 의해서, 그 행위들이 결정하는 속도 저하와 응축을 통해서, 현실은 계속 흘러가는 움직임에서 떨어져나와 정지하고 있는 것으로 나타나면서 변화의 미세한 조직 위에 단단하고 견고하게 부각된다.

그러므로 그리스·로마 문명의 최근 시대에 대해 퓌스텔 드 쿨랑주가 옛 믿음을 토대로 만들어져서 종교법과 시민법에 여전히 존속하고 있던 것과 모순되는 당시의 사회적 현실을 우리에게 보여 줄 때, 옛것과 전쟁에 돌입한 그 현실이 비교적 더 좋은 것이고 객관적 진리에 더 가깝다고 생각하지 않도록 조심하자. 그것은 단지 다른 것일 뿐이라고 생각하도록 하자. 사실 옛 믿음이 파괴됨으로써, 당시의 그리스·로마와 관례나 법칙에 의해 그들에게 제시되었던 그들 자신의 이미지 사이의 차이가 드러난다. 타고난 본능 — 가족에 대한 감정, 개인의 자유에 대한 사랑, 현재의 삶과 재산에 대한 애착 — 은 기본적인 에고이즘의 형태로서 인간 사회가 형성되기 이전의 생물학 초기 단계와 같은 시대의 현실을 대변하는데, 이제 그 본능이 믿음에 의해 그들에게 부과된 속박에 반발하는 것이다. 그렇지만 오랫동안 본능을 괴롭히면서 사람들을 서로 조화시키고 사회적 현실, 즉 그리스와 로마의 현실을 구성한 그 믿음은 아직 견고한 형태이다.

첫 믿음이 약해진 후에 로마와 그리스에서 발전되는 것으로 보이는 새로운 현실은 계속해서 옛 현실을 근거로 하고 있다는 것도 인정하도록 하자. 로마의 허구적 이야기들은 무르익을 때까지 발전하는 능력을 지닌 현실의 처신 방식을 보여주는 훌륭한 예이다. 현실은 움직이고 발전하지만, 모습을 바꾸는 모든 변화 속에서도 가장 오래된 과거와 은밀히 소통하고 긴밀한 유사점을 보존하는 것을 결코 소홀히 하지 않는다.

프랑스의 사회 조직에까지 여전히 로마 현실의 흔적이 존재한다. 하지만 마치 현실을 만들어낸 틀이 느슨해져서 그 느슨해진 틀 속에 있는 것처럼 줄곧 움직이면서 계속 살아남아 발전하던 현실은 다른 이데올로기 형태의 원리, 즉 기독교 관념이 그 제도에 흔적을 새기자마자 곧 해체되어 사라지게 된다.

***

모든 경우에서 진리는 믿음으로 표현되는 자의적인 원리로 드러나는데, 그 믿음은 진리가 불러일으키는 것으로 저항하는 반대의 힘을 부정하는 효력을 가지고 있다. 그런 부정과 저항이 균형점을 이루며 현실의 윤곽을 그린다. 그러나 현실이 형성되고 지각될 수 있으려면 한 가지 조건이 필요하다. 즉 대립하는 두 힘 사이에 확립된 균형 상태가 일정 기간 지속되어야 한다. 균형이 너무 일찍 혹은 너무 자주 깨어지면, 움직이고 분리하는 능력에 반대하는 정지와 연합의 힘이 너무 약하게 실행되면, 일련의 변형들은 표현되는 데 실패하고 의식 상태가 기억해 둘 수 있을 정도로 고정되지 못한다. 이상주의자로 여겨지는 보바리 부인은 현실에 대한 증오에 사로잡혀 현재의 모든 현실 앞에서 새로운 다른 현실을 상상하는 것으로 나타나므로, 분리와 변화의 능력이 과도한 것을 상징한다. 너무 **빠른** 탈주,

새로움에 대한 너무 강렬한 열기는 지각되지 않을 정도로 미미한 현실만 낳을 뿐이다. 어떤 종류의 현상에서든 우리가 중간 상태를 포착하지 못하는 것은 아마도 그런 가속화가 우세한 탓일 것이다. 오직 지속하는 것만 지각될 수 있다. 완전히 불안정하고 일시적이라면, 그것에 대한 지식은 존재하지 않는다. 그와 반대로, 움직이지 않는 것, 진리의 구속이 너무 강하거나 정지 능력이 너무 과도하여 가능한 모든 움직임을 벗어나 지속해서 고정되기에 이른 것은 의식 밑의 무의식적 자동성으로 빠지게 된다.

따라서 지식의 관점에서는 현실이 객관적 진리에 부합하는지, 진리가 참인지 아닌지 묻지 않는다. 어떤 진리들, 다시 말해 어떤 방식들이 현실의 형성을 주재했는지, 그 진리들이 현실의 윤곽을 만들어내는 능력을 얼마 동안 가지고 있었는지, 그 진리들이 정확히 어떤 의미로 작용했는지를 탐구한다. 그런 다양한 지식은 주어진 현실이 또 어떤 변화를 겪을 수 있는지, 어떤 변화가 그 현실을 파괴할 것인지를 밝힐 수 있다. 변경이 가능한 현실일수록, 특별한 진리의 구속을 받은 기간이 더 짧은 현실일수록, 그 현실은 더 많은 수의 새로운 진리를 무차별적으로 받아들일 수 있다. 그런 경우에는 현실이 아직 확정적이지 않고 어느 정도는 여전히 첫 재료이기 때문이다. 형태가 완성되지 않은 이런 현실에 "어떤 규칙이라도 규칙이 전혀 없는 것보다 낫다'라고 하는 니체의 말이 적용될 수 있다. 현실이 형성되기 위한 첫 번째 조건은 현실에 대한 진리의 권한으로, 그래야 진리가 현실을 구속하게 될 것이다. 그렇게 해서 현실은 모든 현실의 첫 요소, 즉 지속성을 얻게 된다. 니체는 살아 있는 모든 것에게는 "오랫동안 같은 방향으로 복종할"[111] 필요가 있다는 말도 했다. 어떤 현실이든 언제나 함께 고려해야 하는 주변의 현실들에 둘러싸여 있다는 점에서, 여러 진리 중에 선택하는 행운과 기회, 즉 적절성의 문제는 물론 매우 중요하다. 하지만 그 적절성의 문제는 지속성을 보장하는 권한의 문제 다음가는 것일 뿐이다.

지속성이라는 조건의 도움으로 어떤 현실이 형성되면, 곧 그 현실과 관련하여 현실이 받아들일 수 있는 변화의 수가 제한되는 것을 볼 수 있다. 이제 그 현실은 처음에 부과된 전반적인 방향으로만 움직일 수 있다. 너무 갑작스러운 방향의 변화나 너무 많은 분산은 모두 현실을 파괴하게 될 것이다. 그러므로 지속성의 요소가 없으면 어떤 현실도 형성될 수 없지만, 그 요소는 또한 자신이 탄생시킨 현실의 미래 발전에 장애가 될 수도 있다. 그것은 삶의 조건인 동시에 죽음의 위협이기도 하다. 모든 것은 선택과 제한으로 실현된다.

• •

111. *Par delà le Bien et le Mal*(『선악의 피안』), (Paris: Ed. du Mercure de France), p. 105.

살아 있는 모든 것의 법칙으로 설명되었던 반대의 원리에 따라, 현실은 어떤 순간에 어느 정도는 자신의 구성 요소 중 일부를 부정해야만 계속 변화를 이어가면서 살아남게 된다. 현상적 실체의 어떤 상태가 현실화되려면 지속되어야 한다. 따라서 그것은 시간 속에서 자기 자신을 오래 반복하는 일에 동참해야 한다. 그러나 또한 지속성이 자신의 모든 부분을 석화시켜서 변화의 가능성을 제거하기 전에, 부동성을 깨뜨리고 다소 변화하는 것을 소홀히 해서는 안 된다.

그러므로 끊임없는 전쟁과 대립의 상태가 현실을 존재하게 하는 조건이 된다. 살아 있는 모든 현실은 — 형성되기 위해서 어떤 방식으로 자기 자신을 생각했든 — 끈질기게 존속하려면 그다음부터는 자신을 다르게 생각하고 자기 자신과 약간 구별되어야 한다는 필연성의 지배를 받는다. "반드시 내가 투쟁, 생성, 목표, 목표의 반대가 되도록 하라",[112] 경청하는 차라투스트라의 귀에 대고 삶이 중얼거린 비밀스러운 고백은 바로 그런 것이다. 그 비밀스러운 고백은 플로베르의 작품에서 병적인 측면이 강조되어 나타난 능력, 우리가 보바리즘이라는 이름을 부여했던 **자신을 다르게 생각하는** 능력이 인간의 의식 차원에서는 변화의 법칙이라는 것을 시사해 준다.

. .

112. *Ainsi parlait Zarathoustra*(『차라투스트라는 이렇게 말했다』) Trad. Henri Albert, (Paris: Ed. du Mercure de France), p. 159,

고티에의 생애와 사상

1. 쥘 드 고티에, 그는 누구인가?

귀스타브 플로베르Gustave Flaubert(1821~1880)의 소설『마담 보바리』에서 유래한 용어인 보바리즘은 소설과 더불어 전 세계적으로 유명한 단어가 되었지만, 정작 보바리즘이라는 용어에 대한 정의를 내릴 때면 빠짐없이 인용되는 쥘 드 고티에 Jules Achille de Gaultier de Laguionie(1858~1942)에 대해서는 별로 알려진 것이 없다.

프랑스 철학자 쥘 드 고티에는 오늘날에는 거의 잊혔지만, 당시에는 문학계와 사상계에서 한동안 명성을 누리던 인물로서 여러 해 동안 철학 논평을 썼던『메르퀴르 드 프랑스Mercure de France』를 비롯해『라 르뷔 블랑슈La Revue Blanche』,『라 르뷔 데지데La Revue des Idées』와 같이 그 시대 가장 권위 있는 잡지들의 편집에 참여하며 많은 글을 발표했을 뿐만 아니라 10여 권에 이르는 저서도 집필했다. 하지만 그는 공인된 철학을 싫어하여 그것과 거리를 두고자 결코 대학에서 활동하지 않았고, 생활비를 벌기 위해 프랑스 재무부에서 근무하면서 글을 썼다. 그는 프랑스 작가들과 독일 철학자들에게 많은 영향을 받았는데, 특히 플로베르, 쇼펜하우어, 니체는 쥘 드 고티에의 철학 체계에서 매우 중요한 받침대가 된다. 1891년 33세의 나이에 처음으로 잡지에 글을 발표하기 시작하면서 자신의 철학적 성찰의 방향을 잡아가던 그는 니체의 사상을 접하고 1898년에 니체에 관한 첫 번째 글[113]을 발표하는데, 그것은 그에게 결정적인 전환점을 이루는 계기가 된다. 그때부터 그는 니체에 관한 수십 편의 글을 잡지에 발표했을 뿐만 아니라 『칸트에서 니체까지 De Kant à Nietzsche』(1900), 『니체와 철학의 개혁 Nietzsche et la réforme philosophique』(1904), 『니체 Nietzsche』(1926)와 같은 책을 쓰면서 니체 연구에 몰두했다. 그가 니체에 관해 쓴 첫 번째 저서 『칸트에서 니체까지』는 1899년과 1900년에 『메르퀴르 드 프랑스』에 발표했던 글들을 모아놓은 것인데, 이 책에서 그는 당시 철학계를 지배하던 칸트주의를 대체할 수 있는 사상으로 쇼펜하우어와 니체를 소개했다. 그리하여 쥘 드 고티에는 "쇼펜하

• •

113. Jules de Gaultier, "Frédéric Nietzsche," *La Revue blanche*, 1898년 12월 1일.

우어와 니체의 훌륭한 계승자"라는 찬사를 받으며 주목을 받기 시작했고, 이후 비평가들은 고티에, 니체, 쇼펜하우어의 이름을 늘 함께 거론하곤 했다.

그러나 쥘 드 고티에의 사상을 가장 압축적으로 보여 주는 것은 뭐니 뭐니 해도 보바리즘 분석이다. 오늘날 보바리즘이라는 용어를 제외하면 쥘 드 고티에에 대해서나 그의 사상에 대해서나 우리가 아는 것이 아무것도 없는 탓에 쥘 드 고티에와 보바리즘을 연결하면서 자칫 지나치게 단순화하고 잘못 판단할 우려가 있지만, 보바리즘이 그의 철학의 핵심을 이룬다는 것은 부인할 수 없는 사실이다. 그는 니체에 관해서 세 권의 책을 썼던 것처럼, 플로베르에 관해서도 세 권의 책을 썼다. 아마도 그는 일찍부터 플로베르의 작품에 매료되어 있었던 듯하다. 그가 글을 발표하기 시작하자마자 바로 다음 해인 1892년에 『보바리즘, 플로베르 작품 속의 심리학*Le Bovarysme, la psychologie dans l'œuvre de Flaubert*』이라는 소책자를 출판했기 때문이다. 그리고 10년 후인 1902년에 주 제목은 같고 부제만 다른 『보바리즘: 상상하는 능력에 대한 평론*Le Bovarysme: essai sur le pouvoir d'imaginer*』을 발표한다. 세 번째 책은 1913년에 출간된 『플로베르의 천재성*Le Génie de Flaubert*』이다. 이 세 권의 저서 중에, 쥘 드 고티에가 보바리즘을 통해 자신의 철학을 종합적으로 제시하고자 한 야망이 가장 잘 드러난 책은 1902년의 『보바

리즘』이다. 우리의 책은 바로 1902년의 『보바리즘』을 번역한
것이다.[114]

니체와 플로베르에 관한 책 이외에도 쥘 드 고티에는 『보편
적인 허구*La Fiction universelle*』(1903), 『이상주의의 논거*Raisons de
l'idéalisme*』(1906), 『공인된 철학과 철학*La Philosophie officielle et la
philosophie*』(1922), 『자연의 신비한 삶*La Vie mystique de la nature*』
(1924), 『형이상학적 감수성*La Sensibilité métaphysique*』(1924) 등의
저서를 발표했다. 이처럼 활발한 저술 활동에도 불구하고 쥘
드 고티에는 짧은 명성을 뒤로 하고, 그가 철학의 영역에 도입한
보바리즘이라는 용어를 제외하면 망각 속에 묻혀 있었다. 그러
다가 2000년대에 들어서면서 프랑스에서 그의 저서들이 재출
간되면서 새롭게 조명받고 있다. 보바리즘에 관한 그의 두
저서도 연구자들의 새로운 논문들을 함께 수록하여 2006년과
2007년에 재출간되었다.[115] 그리하여 프랑스의 독자들은 보바
리즘 이론에 관한 쥘 드 고티에의 생각이 어떤 변화를 겪었는지

· ·

114. 쥘 드 고티에는 아마도 1902년에 『보바리즘』을 처음 발표할 때만 1892년의
    저서와 구별하기 위해 부제를 달았던 듯하다. 1902년의 『보바리즘』은 같은
    해에 제2판, 1913년에 제3판이 나왔는데 제1판과 제2판은 현재 확인이
    불가능하고, 프랑스국립도서관에 소장되어 있는 제3판을 보면 이미 부제가
    달려 있지 않다.

115. Jules de Gaultier, *Le Bovarysme, la psychologie dans l'œuvre de Flaubert*, (Paris:
    Éditions du Sandre, 2007); Jules de Gaultier, *Le Bovarysme*, (Paris: Presses
    de l'Université Paris-Sorbonne, 2006).

두 저서 사이에 나타나는 차이를 직접 비교해 볼 수 있는 기회를 갖게 되었다. 현재 프랑스에서 재출간된 쥘 드 고티에의 저서는 6권에 불과하지만, 도서관 서고에서만 만날 수 있었던 그의 저서를 시중의 서점에서 만날 수 있게 해주는 재출간 작업이 계속 이어지기를 기대한다.

2. 보바리즘, 심리학에서 철학으로

쥘 드 고티에가 1892년에 보바리즘을 심리학의 용어로 소개한 이후, 정신의학자들은 보바리 부인이 구현하는 유형의 인물 즉 현실에 만족하지 못하고 늘 불가능한 '다른 것'을 갈망하는 인물들이 앓는 정신 질병에 보바리즘의 개념을 적용하였다. 정신의학에서 보바리즘은 일종의 히스테리나 망상증과 같은 것이었다. 그런데 쥘 드 고티에는 여기서 멈추지 않고 보바리즘에 관한 두 번째 책을 통해 보바리즘을 다시 철학의 영역으로 끌어들인다. 보바리즘에 관한 두 저서를 비교해 보면, 1892년과 1902년 사이에 쥘 드 고티에의 생각에 큰 변화가 있었다는 것을 확인할 수 있다. 특히 니체의 영향 아래 주로 심리적인 것으로 시작된 보바리즘 개념이 점점 철학적인 위상을 획득함으로써 처음에는 본질적으로 도덕적인 차원에 연결되어 있었던 개념이 나중에는 선과 악의 차원을 넘어서게 된다. 그러므로 쥘 드 고티에의 저서를 읽다 보면, 보바리즘이라는 개념이 놀라울 정도로 확장되는 것을 확인할 수 있다.

우선 쥘 드 고티에는 보바리즘이라는 용어의 기원이 된 플로베르로부터 출발한다. 그는 "제I부 보바리즘의 병리학"에서 플로베르 작품의 인물들에게서 볼 수 있는 다양한 보바리즘을 검토한다. 단지 보바리 부인의 경우만이 아니라 플로베르의 모든 등장인물을 검토하면서 감정적인 보바리즘, 지적인 보바리즘, 의지의 보바리즘, 예술적 보바리즘, 과학적 보바리즘, 형이상학적 보바리즘 등을 거론한다. 마치 문학 비평을 방불케 하는 플로베르 인물들에 대한 광범위한 분석을 통해 보바리즘이 플로베르의 작품에 일관성과 통일성을 부여하는 요소라는 것을 보여준 쥘 드 고티에는 곧이어 개인과 집단의 보바리즘에 대한 보편적인 고찰을 거쳐 인류와 현상적 실재의 보바리즘을 향해 나아간다. 그는 자유 의지나 자아의 단일성과 같은 관념의 이면에 숨겨진 기만과 착각을 파헤치면서 모든 존재는 필연적으로 자신을 실제와 다르게 생각할 수밖에 없다는 것을 밝힌다.

"진리의 보바리즘"에 할애된 제II부에서는 보바리즘이 현상적 삶의 본질적인 조건으로 드러나면서 보바리즘의 병리학에 뒤이어 건강한 측면이 부각된다. 쥘 드 고티에는 제II부의 마지막에 이르러 "자신을 다르게 생각하는 것은 현실을 반영하는 것이다. 우리는 현실을 객관적이라고 생각하지만, 현실은 끊임없이 달라진다. 자신을 다르게 생각하는 것, 그것은 살아가는 것이고 발전하는 것이다."라고 결론을 내린다. 이런 새로운 관점에서 출발함으로써 플로베르의 작중인물에게서는 하나의 결점이었던 보바리즘이 인류를 위한 진보의 원천이 된다. "제III부 보바리즘, 진화의 법칙"은 바로 이에 대한 상세한 고찰이다. 그리고 "제IV부 현실"은 실증적이고 현상학적인 관점에서 보바리즘이 현실을 생산하는 수단이라는 것을 보여준다. 말하자면 보바리즘은 이제 현실의 창조자가 됨으로써, 정신의 변형 능력에 불과하던 보바리즘은 창조적 능력으로 그 위상이 바뀌는 것이다.

이처럼 제II부~제IV부에서는 유사한 반전을 통해 보바리즘이 "상승 능력"과 "창조 능력"으로 재평가된다. 이와 같은 흐름을 따라가다 보면, 마치 보바리즘을 세상의 진보를 위한 만능열쇠로 여기는 일종의 메시아주의가 연상된다. 하지만 그런 해석은 쥘 드 고티에가 가장 비난하고 공격하는 것이다. 그는 삶에 윤리적인 목표, 다시 말해 끊임없는 진보를 통해 지향해야 하는 도덕적 목표가 있다는 가정을 일절 거부했다. 파리대학교 전신인 콜레주 데 카트르 나시옹Collège des Quatre-Nations 건물벽에 새겨진 그의 명언이 말해 주는 것처럼, 그에게 세상은 해결해야 할 문제가 아니라 바라볼 구경거리이다.[116]

쥘 드 고티에에게 보편적인 형태의 보바리즘이 유용한 이유는 현상적 드라마, 현상적 삶의 구경거리를 위한 다양하고 무한한 소재를 제공하여 구경꾼이 그것을 있는 그대로 존재하는 것 외에는 어떤 목적성이나 현실성도 없이 바라볼 수 있게 하기 때문이다. 플로베르는 보바리즘에 의한 착각과 실수를 누구보다 잘 알고 있었으나 그것을 즐기거나 인류의 원동력으로 보기는커녕 불가피한 비극적 요소로 여겼다면, 쥘 드 고티에에게 보바리즘의 착각과 실수는 삶의 변화를 초래하고 현실을 존재하게 하는 필수적인 요소로서 구경꾼에게 구경거리를 제공해 주는 역할을 한다.

요컨대 병적인 보바리즘으로부터 상승 능력이자 창조 능력으로의 반전은 일종의 가치 중립적인 전환으로 보아야 할 것이다. 그런 맥락에서, 쥘 드 고티에가 권두의 "이 책을 읽기 전에"에서 "이 책은 개선책을 세우는 것을 목표로 하지 않는다."라고 말한 의미가 명확해진다. 그럼에도 불구하고 보바리즘에 대한 새로운 관점에 긍정적인 가치를 부여하고 싶어지는 것은 "이 책을 읽기 전에"에서 그가 말한 것처럼 "인간의 언어로 이루어지는 모든 사실 확인이 도덕적 규칙으로 표현되는 경향"이 있기 때문이다. 그래서 우리는 "상승"이니 "창조"

• •

116. "Le monde est un spectacle à regarder et non un problème à résoudre."

니 하는 단어에 도덕적 가치를 부여하면서 보바리즘의 반전을 낙관적인 의미로 받아들이고 싶은 유혹을 느낀다. 하지만 쥘 드 고티에는 "이 책을 읽기 전에"에서 연구의 목적이 단지 현상적 삶과 존재를 지배하는 규칙을 알기 위한 도구를 제공하는 것일 뿐이라고 분명히 밝히고 있다.

그가 제공하는 "쌍안경"을 끼고 플로베르의 작품을 다시 읽는다면, 작품의 의미가 어떻게 달라질 수 있을까? 적어도 보바리 부인은 더 이상 욕구 불만에 차 있는 19세기의 전형적인 부르주아 여인의 상징이 아니라 진정한 존재론적 모델이 될 수 있을지도 모른다. 그 쌍안경으로 현실을 주시한다면, 우리는 우리 주변의 현상에 대한 이해력을 넓힐 수 있을까? 쥘 드 고티에가 쌍안경을 "몇몇 사람들의 손"에 맡긴다고 말한 데서 알 수 있듯이, 어쩌면 구경꾼의 미학은 매우 제한된 엘리트에게만 가능할지도 모르겠다. 하지만 보바리즘이 인간의 필연적인 운명이라면, 우리는 구경꾼의 미학적 시각을 갖추지 못했더라도 우리의 능력을 넘어서서 삶을 미학적으로 관조하려는 보바리즘적 시도를 하게 되지 않겠는가? 그리고 그 착각과 실수의 과정에서 우리의 능력과 감수성에 적합한 어떤 요소를 발견하여 예기치 않은 목표에 이르는 행운을 맛보게 될지 누가 알겠는가?

부족함이 많은 번역이지만 국내에 처음 소개되는 쥘 드 고티에의 책을 통해 많은 사람의 입에 오르내리던 보바리즘이라는 용어에 대한 궁금증이 충족될 수 있기를 소망한다. 쥘 드 고티에를 프랑스 철학사의 중요한 사상가라고 말하기는 어려울지 몰라도, 그의 명석한 사고, 치밀한 논리, 풍부하고 명확한 언어, 기성의 사상에 대한 거부와 같은 특성을 독자들이 만나게 된다면, 옮긴이로서는 크나큰 보람일 것이다.

ⓒ 도서출판 b, 2024

보바리즘

초판 1쇄 발행 | 2024년 11월 25일

지은이 쥘 드 고티에
옮긴이 진인혜
펴낸이 조기조

펴낸곳 도서출판 b
등 록 2003년 2월 24일 제2023-000100호
주 소 08504 서울특별시 금천구 가산디지털2로 169-23 가산모비우스타워 1501-2호
전 화 02-6293-7070(대) | 팩스 02-6293-8080
이메일 bbooks@naver.com | 홈페이지 b-book.co.kr
유튜브 www.youtube.com/@bbookspublishing

ISBN 979-11-92986-29-6 03160
값   15,000원

* 이 책 내용의 일부 또는 전부를 재사용하려면 도서출판 b의 동의를 얻어야 합니다.
* 잘못된 책은 구입한 곳에서 교환해드립니다.